Espectros de la Transición

Bloqueos de la modernidad democrática española

Germán Cano y Manuel Romero (eds.)

Primera edición, abril de 2025

Colección Ensayo

Diseño de colección: Alejandro Cerezo

Diseño de cubierta: Ana Nuño

Maquetación: Elena Iglesias Serna

Corrección: Andrea Vila

Impreso en España por Kadmos

www.lenguadetrapo.com

www.circulobellasartes.com

ISBN: 978-84-8381-291-4

Depósito Legal: M-8067-2025

Espectros de la Transición

Bloqueos de la modernidad democrática española

Germán Cano y Manuel Romero (eds.)

Índice

Introducción
Sobre la utilidad y el perjuicio de la modernidad democrática española para nuestro presente

Germán Cano y Manuel Romero

Spain is not different?

Ya destacándose como el más acreditado «cronista sentimental» español, un joven Manuel Vázquez Montalbán publica en otoño de 1969 en la revista *Triunfo* un artículo, «Los felices sesenta», en el que llama la atención sobre los cambios experimentados en España. El texto, un guiño a la exitosa película homónima de Jaime Camino de 1963, busca diagnosticar los efectos de la supuesta «apertura» de la sociedad española del momento, dirigida de modo tecnocrático por el *desarrollismo* económico de un equipo de economistas y políticos pertenecientes al Opus Dei. Son los años de la llegada de la televisión, ciertos cambios tímidos en los usos sociales, el arranque del turismo extranjero y la propagación del imaginario global del *american way of life*; hitos que modificaron profundamente las costumbres y los valores tradicionales. Las nuevas demandas para una sociedad distinta y la necesidad de huir de un pasado trágico se articularon en una nueva estructura de sentimiento con nuevos iconos y populares estrellas mediáticas. La llegada de las películas de Hollywood incluso permitió reconocer que una paisana manchega podía codearse con las grandes estrellas cinematográficas. Sirviéndose de la evolución en el exilio de Sara Montiel, Gloria Durán refleja en su capítulo la encarnación femenina de este nuevo espíritu de la modernidad que inauguraba un tiempo nuevo:

> La figura de Sara, sofisticada, estudiadísima, retadora, con su capacidad de sostener la mirada, arquear el cuerpo y desdoblar la lengua a ralentí, generó todo un repertorio de ideas para esas nuevas chicas que debían triunfar en el desarrollismo que asomaba ya sus luces de neón. Dio las claves de esa potencial nueva feminidad. Será una musa nómada, cantará en idiomas y acabará en un convento o muerta en el escenario o sola. Desde 1957, como si de un plan de estabilización se tratase y un absoluto milagro español, Sara Montiel modelará a una mujer que, aunque «es un poco golfa» es «muy buena», como dice su biógrafo Miguel Losada que solían comentar las mujeres que la admiraban.

Aunque es una exageración hablar del «milagro español», quizá ya no era tan ajustado seguir hablando del *Spain is different*. Como ha explicado Teresa Vilarós en términos foucaultianos, la gobernanza franquista de la década de los sesenta se acopla sin dificultad a un sistema-imperio de «segunda tecnología» que no le es de modo alguno ajeno a la nueva hegemonía global, sino que es aquella que hace surgir la

> masificación característica a toda población, aquella que trata de controlar la serie de sucesos imprevistos que ocurre en toda masa viviente, que trata de predecir la posibilidad de ocurrencia de tales sucesos (y de modificarlos), o al menos de compensar sus efectos (Vilarós, 2005: 76).

Es la nueva industria del turismo de masas y, en general, toda la nueva industria cultural vinculada con la nueva coyuntura propulsada por la Guerra Fría y apoyada por su entorno tecnológico nuclear —contexto de la Guerra Fría— y de información las que se constituyen como una intervención biopolítica capaz de atender a la administración y regularización de formas de vida en una economía capitalista en su tercer estadio de desarrollo:

> Apoyado por el flujo económico proporcionado por las bases nucleares militares, el ministerio de Fraga lanzó de forma extremadamente habilidosa un programa de biorregulación homoestática que apuntaba, en primer lugar, a la reeducación del proletariado urbano y de la población rural, y en segundo, a la población española en general. En un despliegue de eficacia, Información y Turismo usa de forma precisa y muy efectiva la entonces emergente tecnología de la imagen, mayoritariamente controlada por el Estado, para la producción y el despliegue de los nuevos espectáculos de masificación (*ibid.*).

Es en los años sesenta, con la aparición de un sector reformista en el seno del régimen, cuando este comienza también a dividirse en inmovilistas conservadores y moderados modernizadores, lo que se refleja en nuevas legislaciones como la Ley de Prensa, la Ley de Asociaciones y la Ley de Representación Familiar. Aunque esta «modernización» no dejaba de tener efectos en la estructura y en los imaginarios sociales, se trataba de un proceso claramente vertical dirigido desde arriba por unas élites que entraban en conflicto con el marco ideológico del catolicismo guerracivilista.

El desarrollismo hizo olvidar toda invocación a la cruzada y sus pretendidos fines trascendentes. Esto no molestaba a los que, como los hombres del Opus Dei, tenían una consideración elitista de la religión. Ellos tenían la suya y era su timbre de superioridad. Pero el clero sencillo, en contacto con los elementos comunitarios profundos de la gente, no podía seguir por ese camino y, poco a poco, se fue distanciando de su vinculación a un régimen que vaciaba las iglesias, y que quedaba reducido a un falangismo tanto más fanático cuanto más residual (Villacañas, 2022: 275).

En el artículo arriba citado, Vázquez Montalbán no dudaba en ridiculizar el lenguaje tecnocrático del régimen desarrollista en ciernes y mostraba su escepticismo a la hora de su éxito «cultural»:

> La revolución cultural que realizaron los tecnócratas a partir de 1958 ya ha influido en la conciencia social. Las aceleraciones y los

> frenazos han magullado a los viajeros de metro o autobús, pero se les ha inculcado la sabiduría convencional de Rostow o Galbraith, y se intercambian miradas de inteligencia antes de musitar: «Ya se sabe, pasamos una fugaz etapa de recesión». Y a continuación, el andaluz de Jaén, exaceitunero altivo, que ya sabe de quién son esos olivos, comenta: «Hay que esperar de nuevo el despegue reactivador» (Vázquez Montalban, 1969: 36).

Franco biopolítico

En el primer volumen de la *Historia de la sexualidad*, Foucault toma como ejemplo la muerte de Franco como símbolo del choque entre dos sistemas de poder: el de la soberanía sobre la muerte, ligado al poder clásico, y un nuevo biopoder, caracterizado por regular, producir y administrar la vida. Conmocionado por la brutalidad de un régimen moribundo que estaba dispuesto a aplicar la pena de muerte por «garrote» en el llamado «Proceso de Burgos» a varios militantes antifascistas, entre ellas dos mujeres embarazadas del FRAP, Foucault aceptó la propuesta de Catherine von Bülow de hacer algo inmediatamente y volar a Madrid, sugiriendo que se podrían repartir octavillas a la puerta de la catedral cuando saliera la gente de misa mayor. Finalmente, se decidió que llevaran el mensaje a España seis personas: Costa-Gavras, Debray, Foucault, el padre Ladouze, Jean Lacouture, Claude Mauriac, Yves Montand y la pareja de Foucault, Daniel Defert. La llegada a Madrid, el 22 de septiembre, fue poco menos que esperpéntica, pues, una vez en la capital, la conferencia de prensa como protesta contra las ejecuciones, en el edificio Torre de Madrid, sufrió todo tipo de esperables contratiempos: antes de que Debray pudiera leer la versión española del texto, primero leído en francés por Yves Montand —un actor conocido en España—, intervinieron los miembros de la policía de seguridad en ropas de paisano. La mera alusión crítica a Franco provocó el despliegue policial. Así lo describe Foucault:

> Yves Montand leyó el texto firmado por André Malraux y las otras cuatro personalidades francesas. Cuando la lectura terminó en medio de un silencio impresionante, intervinieron inspectores de paisano. Había algo fantástico en la apariencia de esos policías, para quienes la presencia de Montand era embarazosa en extremo: el hombre que encarna la imagen del «luchador de la resistencia» en tantas películas de repente se había encontrado frente a frente con policías que lo reconocían. Eso dio a la escena una intensidad política extraordinaria. [Yves Montand] fue el último en salir. Llegó a las escaleras del hotel flanqueado por policías armados; al final de las escaleras, la policía había despejado el camino y su furgoneta estaba mucho más lejos. Cerca de los vehículos policiales, observaban el cuadro centenares de personas. Parecía un poco un ensayo para la escena de *Z*, cuando el miembro del Parlamento es golpeado. Montand, muy digno, con la cabeza ligeramente echada hacia atrás, bajó los escalones muy despacio. Entonces fue cuando sentimos la presencia del fascismo. El modo en que la gente observaba sin decir nada, como si hubiera visto la escena cientos de veces antes. Y al mismo tiempo, la tristeza, y probablemente la estupefacción, de ver una escena muy real que había vivido cientos de veces con el héroe imaginario que había visto actuar en la pantalla. Estaba viendo una película sobre su propia realidad política. Y ese silencio.... (Foucault, 1975, en Macey 1996: 419).

La escena es simbólicamente muy sugerente: el conocido actor Montand dejaba la modernidad de la pantalla para poner el cuerpo en la ya anacrónica dictadura fascista española. Capturando la tensión del presente, la descripción de Foucault se hace aún más significativa cuando reparamos que la muerte del dictador era inminente. El primer infarto de Franco data del 15 de octubre de 1975, al que seguirán otros tres en los días siguientes, y el 25 de octubre se le administra la extremaunción tras agotadoras e interminables operaciones que buscaban prolongarle la vida ya de forma absurda.

Foto de José Luis de Pablos

El año 1975 fue especialmente convulso para el franquismo: el problema del Sáhara Occidental, el terrorismo de ETA y el rechazo mundial a las ejecuciones encontraron al dictador débil: «perdía peso por días [...] estaba continuamente nervioso y apenas podía conciliar el sueño con normalidad» (Pozuelo, 1980: 298). En breve, quien había ejercido el poder sobre la vida y la muerte de sus súbditos, de repente, aparece en un hospital entubado, como si ese poder sobre la vida y la muerte tradicional se desplazara para convertirse en un poder biopolítico que trataba de conservar la vida del dictador a toda costa. Esta imagen de la muerte de Franco, un punto de inflexión o umbral, donde pasamos de un poder tradicional que es coactivo, que domina la vida y la muerte de los súbditos, a un poder biopolítico, médico, que busca maximizar y prolongar la vida a toda costa, es significativa por varias razones.

El coraje de la intervención física, personal, de Foucault, en el corazón de la actualidad española ante este hecho intolerable, expresa ese compromiso kantiano con el aquí y ahora, que será cada vez más importante para él como diagnóstico del *ethos* moderno. En un momento de crisis orgánica del régimen, lo viejo estaba dispuesto a agonizar hasta la exasperación. Pero es significativo también que una de las primeras veces que Foucault usa el término «biopolítica» sea en una clase del 17 de marzo de 1976, en la que habla de la muerte de Franco como «ese pequeño y gozoso acontecimiento».

> Para simbolizar todo esto, tomemos la muerte de Franco, que es un acontecimiento, de todos modos, muy pero muy interesante por los valores simbólicos que pone en juego, dado que muere quien ejerció el derecho soberano de vida y de muerte con el salvajismo que ustedes conocen, el más sangriento de los dictadores, que durante cuarenta años hizo reinar de manera absoluta el derecho soberano de vida y de muerte y que, en el momento en que va a morir, entra en esa especie de nuevo campo del poder sobre la vida que consiste no solo en ordenarla, no solo en hacer vivir, sino, en definitiva, en hacer vivir al individuo aun más allá de su muerte. Y mediante un poder que no es simplemente proeza científica, sino ejercicio efectivo de ese biopoder político que se introdujo en el siglo XIX, se hace vivir tan bien a la gente que se llega incluso a mantenerlos vivos en el momento mismo en que, biológicamente, deberían estar muertos desde mucho tiempo atrás. De tal modo, quien había ejercido el poder absoluto de vida y de muerte sobre centenares de miles de personas cayó bajo el peso de un poder que ordenaba tan bien la vida y miraba tan poco la muerte que ni siquiera había advertido que ya estaba muerto y se lo hacía vivir tras su deceso. Creo que el choque entre esos dos sistemas de poder, el de la soberanía sobre la muerte y el de la regularización de la vida, está simbolizado en ese pequeño y gozoso acontecimiento (Foucault, 2014: 439).

En ese umbral entre el «hacer morir» franquista y el «hacer vivir» del proceso de transición, la agonía del dictador simboliza un singular desplazamiento posdisciplinario. Varias contribuciones de este volumen buscan analizar precisamente la situación cultural biopolítica del final del franquismo y el comienzo de la Transición. El artículo de Antonio Rivera, «Cinegética española: El final del régimen en *La caza* y *Furtivos*», se sirve de tres grandes películas

—*La caza* (1966) de Carlos Saura, *Furtivos* (1975) de José Luis Borau y *La escopeta nacional* (1978) de Luis García Berlanga— para ahondar en este umbral donde se impone el consumismo, cierta despolitización y una falsa tolerancia, aspectos que esconden una desigualdad social históricamente estructural:

> Precisamente, tal desigualdad es la que permite a Saura y Borau utilizar la metáfora cinegética para criticar los conflictos de clase de la España tardofranquista. [...] El general golpista, Franco, representa al cazador que quiere diezmar a una parte de la población que considera tan enferma como los conejos apestados por mixomatosis. Una de las metáforas políticas más frecuentes para justificar la guerra civil, y que encontramos a lo largo de toda la historia, ha sido precisamente la amputación de la parte enferma para salvar el cuerpo (político) (Rivera: 206-218).

La escena del Franco agónico también permite plantear la conocida y citada imagen, introducida por Teresa Vilarós, del «mono del desencanto» español. La muerte del dictador va a implicar, de alguna manera, también, paralelamente, la crisis de cierta comprensión de la oposición. Tras la desaparición de Franco, muerto en la cama, se ve desarticulado el proyecto positivo de construcción de España que existía desde la derecha más conservadora y rancia; pero también esa muerte desarticula paradójicamente el discurso de oposición. Entramos en un nuevo escenario casi melancólico y de fragmentación de todo horizonte político colectivo. El desencanto posfranquista que da forma al nuevo tiempo histórico tiene que ver con la desarticulación de la narrativa franquista, de la narrativa del padre castrador o del amo que hasta ese momento disponía de la vida de los españoles. Pero con un matiz: como si la ausencia brusca de ese poder coactivo, represivo, no desencadenara ya ningún sentimiento feliz de liberación, sino de desintegración también de la identidad resistente.

Esta regulación biopolítica de la vida española ya se había puesto en marcha en la década tecnócrata y desarrollista del franquismo y había allanado el camino a la conquista de libertades de la Transición. Frente a los discursos que tienden a saludar el deseo de libertad de la España desarrollista primero y, luego, posfranquista como un cuerpo social modernizado, aquí se plantea, en efecto, un escenario muy distinto, que tendrá su continuación en la Transición democrática. Como comenta Diego Herranz en relación con la película *El futuro* de Luis López Carrasco,

> la Transición que vivimos en los setenta no fue más que un sucedáneo de la transición verdadera, la que se produjo desde 1957, cuando los tecnócratas del Opus Dei entran en el poder, justo cuando España rompe con su periodo autárquico y se regula un nuevo estilo de vida social ante la llegada del turismo de masas. Para cuando los españoles votaron la Constitución, sus cuerpos y sus afectos ya habían hecho una revolución a la medida de las condiciones de aquella época de los sesenta (Herranz, 2013).

Apoyado por la buena coyuntura económica, el decisivo Ministerio de Información y Turismo de Manuel Fraga lanzó por entonces todo un programa de reeducación en todos los niveles de la población española. Es también en este punto en el que, en el capítulo dedicado a las llamadas «narrativas providenciales», Ana Fernández Cebrián trata de ofrecer una respuesta a la pregunta: «¿por qué el llamado "milagro económico español", supuestamente un proceso secular, racional y tecnocrático, se retrató a través de narrativas en las que elementos providenciales, sobrenaturales o extraordinarios estuvieron a menudo involucrados?»; a través de los imaginarios y los sentidos que se construyen en un entramado tecnológico que moviliza a un conjunto de ficciones, discursos políticos y prácticas sociales.

Ahondar en este planteamiento también nos ayuda a entender por qué la muerte de Franco apunta también a un cambio de régimen de la problemática del poder: el paso de las «sociedades disciplinarias» a las «sociedades de control», el tránsito de un poder generador de subjetividad desde instituciones de encierro a un poder «ondulatorio» que actúa desde la deuda y en espacios abiertos. Es justo esta distinción la que utiliza Eduardo Maura para plantear una reflexión sobre las gramáticas de futuro y los horizontes de expectativas en «El problema de lo abierto y lo cerrado en la modernidad democrática española. De Cecilia Bartolomé a Carla Simón». Con la intención de repensar el problema del progreso y el futuro en la España contemporánea, Maura recorre filosóficamente las angustias de índole institucional, sanitaria, bélica, económica y cultural, entre otras muy diferentes, pero intensamente interconectadas, que cabe experimentar en la vida cotidiana en la España reciente. Para ello se sirve «de dos películas a mi entender significativas en términos de angustia: *Vámonos, Bárbara* (Cecilia Bartolomé, 1978) y *Alcarràs* (Carla Simón, 2022), que acompañaré con la lectura de algunas obras relevantes de Henri Bergson, Herbert Marcuse, Gilles Deleuze y Michel Foucault».

El artículo de Maura presupone, de alguna forma, un contexto histórico previo, ligado a nuestra Transición. Mientras la izquierda marxista y su «asalto a los cielos» seguía apegada al modelo disciplinario del poder franquista, no advertía en qué medida ya la década tecnócrata y desarrollista del franquismo había dejado de funcionar simplemente como una forma de Estado disciplinario. También José Luis Villacañas ha analizado el desarrollismo como una suerte de revolución pasiva gramsciana, donde el proceso secularizador orientado a la creación de una sociedad de masas urbanas, inevitablemente, tenía que entrar en colisión con la Iglesia y su doctrina educativa:

> La construcción del Estado Administrativo debía ser un proceso paralelo al de la propuesta de un plan de desarrollo económico. Ambos tenían que lograr algo que se había bloqueado una y otra vez en España, dados los intereses arcaicos de los estamentos privilegiados; a saber, la creación de un Estado moderno estructurado y aliado a un capitalismo desinhibido, liberado de la ideología ascética católica que tantas veces había hecho colapsar la imaginación y el potencial psíquico del deseo en elites y pueblo (Villacañas, 2022: 255).

Por otra parte, entendiendo la lógica cultural del posmodernismo como una situación de eclipse histórico de la tradicional forma de distancia entre clases, Jameson nos brinda también un diagnóstico sugerente pare entender el debilitamiento del sentido del antifranquismo tras la muerte de Franco y la forja de la llamada «sociedad tardofranquista desarrollista». Las perplejidades de esta «salida de las catacumbas» del PCE a la sociedad española del destape posmoderno es clave en todos los sentidos para comprender el ciclo posterior. Por decirlo de otro modo, si «la posmodernidad es lo que sucede cuando el adversario ha desaparecido sin que se haya obtenido ninguna victoria sobre él» (Anderson, 2006: 119), ¿qué ocurre, como en el caso español, cuando desaparece el gran enemigo, el «contra Franco» del que hablaba Vázquez Montalbán? ¿Cómo puede organizarse un partido como el PCE de cara a una estrategia hegemónica cuando su decisiva identidad *antifranquista* ha de entrar en un escenario social ya posmoderno en el que no solo el adversario, sino la propia experiencia del tiempo histórico ha cambiado? Ernesto Laclau ha observado, teniendo en cuenta las experiencias de desencanto en Grecia, Portugal, Chile y España durante los setenta, cómo, en todo proceso posdictatorial, de derrota de un régimen represivo, conviven casi siempre, en un primer momento, situaciones marcadas ambivalentemente por la euforia y la depresión. Un escenario desencantado inevitable porque las grandes expectativas fundacionales previas a la caída de un régimen solo se cumplen como una serie de cambios de tipo limitado. De ahí proviene, para Laclau, la importancia de entender el régimen temporal de la modernidad a la luz de un específico «regreso a Gramsci», una operación que será oportunamente realizada por él mismo y Chantal Mouffe en los ochenta:

> [...] si uno piensa desde una perspectiva de izquierda, uno tiene que pensar más en lo que Gramsci llamaba "guerra de posiciones", es decir, procesos moleculares de transformación a largo plazo, que en todo ese imaginario jacobino del momento de ruptura

> total, porque siempre ese momento de ruptura total va ser limitado respecto a sus efectos, pero el cambio molecular de fuerzas que se da en una guerra de posición a largo plazo, eso es algo que puede cambiar las relaciones de la sociedad, aunque sea un proceso muchísimo menos entusiasmante, desde el punto de vista de nuestros imaginarios de izquierda. Pero ¿hay algo más? (Laclau y Mouffe, 2002: 123).

Desde este prisma, la modernización española puede entenderse, en términos de la economía foucaultiana de gobierno, como una fragmentación del poder estatal y una distribución efectiva del poder por toda la microfísica del cuerpo social, más allá del Estado, en la que mecanismos subestatales, distribuidos capilarmente por el cuerpo social —más técnicas que *instituciones*—, modulan el poder sobre la vida hacia las relaciones económicas y de mercado.

¿Cómo entender las fases de este proceso de modernización en España? Como advierte Vázquez Montalbán,

> nada más instalarse la pesadilla de la ciudad franquista, empezó el sueño de la reconstrucción de la razón, de la reconstrucción de la ciudad democrática. Fue el proyecto cultural y político dominante entre 1939 y 1982 [...]. En cierto sentido, el franquismo empezó a deconstruirse en 1945, en el momento en el que, perdido el impulso inicial imperial arropado y respaldado por la prepotencia nazi-franquista, la ciudad franquista debe resituarse en el mundo (Vázquez Montalbán, 1998: 95).

Este «proyecto de ciudad democrática», según Vázquez Montalbán, sin embargo, se entenderá paulatinamente en una clave dialéctica diferente del primer modelo orteguiano, aún dependiente de un sujeto plural pero minoritario y privilegiado que, en función de pertenecer a una élite capaz de predeterminar y dotar de categorías y de lenguaje a ese proyecto, estuviera en condiciones de imponerlo como objetivo a las masas:

> [...] La construcción de la ciudad democrática fue el proyecto cultural de una sociedad que había recuperado un cierto coraje histórico y un cierto sentido de la impunidad civil. Pero también partíamos de un entusiasmo ambiguo, porque en los años setenta ya estábamos en condiciones de hacer un balance de los sueños fallidos del siglo XX y entre ellos, el más estimulante, el de la construcción de la ciudad socialista. [...] Vivíamos esquizofrénicamente, hay que reconocerlo, en una ciudad a medio camino entre la ciudad franquista y una ciudad democrática que nunca llegaría. En Barcelona se asistía desde la platea al espectáculo de la esquizofrenia de una sociedad que durante seis días debía someterse a las verdades oficiales y el séptimo día cogía el coche para irse a Perpiñán a verle el trasero a Marlon Brando en *El último tango en París* (*ibid.*).

Precisamente, por no registrar esta nueva situación sociocultural, desencantada y modernizada, unilateralmente en términos productivos o tecnocráticos, como una transformación política y sociocultural de la sociedad española producida por las incipientes dinámicas del tardofranquismo, sino solo como un movimiento de futuro abstracto que solo podía ser catalizado desde dentro de las instituciones democráticas institucionales y mediáticas, el eurocomunismo, pese a captar analíticamente más «realidad» que otras corrientes radicales de izquierda, tampoco acertó en su estrategia política y cultural (Cano, 2022). Haciendo de necesidad virtud, su excesivamente idealizada consigna de unir «las fuerzas del trabajo con las fuerzas de la cultura» será un ejemplo de la impotencia y el anacronismo con la que la izquierda iba a ser apenas espectadora del éxito del PSOE a la hora de hegemonizar estas mutaciones, reconocer sus aspiraciones y cooptar bajo el horizonte de la modernización el hambre del país por el cambio (Andrade, 2012).

Sobrestimando el papel educador del hecho consumado, Vázquez Montalbán sostiene, en cambio, en 1978, que la izquierda estaba contribuyendo a construir «una democracia apoyada sobre una correlación de debilidades más que sobre una correlación de fuerzas» (Vázquez Montalbán, 2011, 192). El problema es que de esta forma también se bloqueaba lo que podría garantizar la supervivencia democrática en el futuro, su apoyo mayoritario. Entendemos así hoy que lo que Vázquez Montalbán apuntaba aquí entonces era algo decisivo: que la experiencia de la Transición y su «democratismo formal», en tanto correlación oportunista de *debilidades*, suponía también un bloqueo pedagógico de las tensiones existentes, un olvido no tanto del pasado como de la experiencia formativa de ese pasado español *concreto* para forjar el futuro de una nueva madurez ciudadana y, más allá de esto, un repliegue de la militancia a la vida privada. Esta distensión modernizadora y fruto de la voluntad de homogeneización internacional pagó también un alto precio cultural: desarmándose de particularidades nacionales que no fueran turísticas, lo que cambió con respecto al momento antes de Franco y su oposición es que «nos quedamos sin proyecto histórico peculiar, español e intransferible» (*ibid.*: 107). Este imperativo de dejar de ser diferentes y salir a Europa también tuvo consecuencias a la hora de difuminar y bloquear las posibles herencias.

En su valiosa discusión con el texto de Wendy Brown sobre la «melancolía de izquierda», en su ensayo *El horizonte comunista*, Jodi Dean alude a la fórmula de Lacan: «de lo único que se puede ser culpable es de ceder el deseo». De este modo, el desplazamiento que Brown describe —de una izquierda que, confiadamente, asumía el asalto al futuro a una izquierda que hace virtud de su derrota— parece para Dean ejemplificar otra transición: la del deseo que, en términos lacanianos, es el deseo de desear, a la pulsión, un goce melancólico a través del fracaso (Dean, 2013). El desencanto ¿no sería visto así como la renuncia al deseo y la «madura» adaptación a una nueva «realidad», la de un tiempo sin tensión?

El «mono» transicional y el deseo de modernización

El tránsito de la cultura de la resistencia bajo un clima de miedo a una moderna «cultura de escaparate», alimentada poco a poco por un cinismo generalizado, queda muy bien ejemplificado por un polémico artículo de Sánchez Ferlosio, publicado en *El País* en 1984: «La cultura, ese invento del Gobierno» (Sánchez Ferlosio, 1984). Parafraseando a Goebbels, la voz de Ferlosio clamaba en ese desierto denunciando que, cuando los Gobiernos del PSOE escuchaban la palabra «cultura», «extendían un cheque en blanco al portador». En medio de las transformaciones por las que el capitalismo asumía una lógica productiva cada vez más cultural, el PCE naufragó en la ola del desencanto, mientras que el PSOE supo navegar sobre ella eufóricamente. Gran protagonista de este giro posmoderno fue la gestión del ministerio de Javier Solana, pionero de la «marca España» y artífice de una burbuja cultural que en los últimos tiempos también ha terminado reventando (Quaggio, 2014).

Bajo un modelo espectacular, concentrado básicamente en la cultura de escaparate —la Expo, la Olimpiada, los grandes fastos—, el partido socialista, en el terreno cultural, no hizo sino allanar el camino al Gobierno con más voluntad inequívocamente hegemónica del Régimen del 78, el de José María Aznar, cuya revolución conservadora liderada por el *think tank* del instituto FAES consolidó e impulsó hacia la derecha neoliberal esa matriz ya desencantada. Lo significativo de este gesto «modernizador fue, sobre todo, el de entender el proceso como algo *cerrado*». Como escribe Jordi Ibañez, el problema en valorar la Transición, para bien y para mal, como algo clausurado en tanto objeto histórico,

> [...] es como decir: ¡qué buenos (o qué listos, o qué tontos, o qué mojigatos) fuimos! Lo que significa que ahora, de vez en cuando, o de nuevo, nos sentimos con fuerzas, o incluso con derecho, a ser otra vez un poco malos, o a hacernos de nuevo los tontos, o los valientes. En uno y otro caso, creo que es mejor sentirse en una transición perpetua hacia una nueva, aún inalcanzable (Ibáñez, 2009: 78).

Desde estas premisas, ¿no cabe también hablar de un «miedo a la historia» en aquellos historiadores liberales que intentaron distinguir entre los abusos de la memoria y los usos correctos de una historiografía supuestamente solo interesada en los hechos? Una llamativa imagen para comprender el proceso de modernización español la ofrece Teresa Vilarós:

> Aun cuando el país se ocupa, hacendoso desde la calle y desde la oficialidad, en la tarea de producir un nuevo texto histórico, mientras afanoso niega su pasado e intenta sustituirlo por uno nuevo y sin tacha desde un presente que se quiere limpio, no puede impedir que la aguja que compone los desgarros históricos deje en nuestro tejido reparado un dibujo que evoca implacable a la misma memoria subterránea que queremos eliminar (Vilarós 1998: 115).

¿Qué significa entender el proceso lineal histórico a la luz de esta herida apenas cicatrizada? Ciertamente, que el pasado persiste, pesa aún a pesar de la frenética y obsesiva huida hacia delante que plantea el horizonte de modernización lineal progresista. Percibir la cicatriz en la supuesta borradura o sutura, el subtexto replegado en el relato triunfante, implica que no hay superación limpia del pasado, porque justo aquello que supuestamente cierra la herida, esto es, que no carga con el trabajo del pasado en una ingrávida huida hacia delante, dibuja la cicatriz que persiste. ¿Cómo contar estos relatos a contrapelo de un «presentismo» retrospectivamente autocomplaciente que borra las capas y los estratos incómodos del pasado? En el texto de María Rosón y Ana Pol que incluímos en este volumen, ambas autoras exploran la materialidad de este olvido sirviéndose de fragmentos autobiográficos de escritoras y artistas republicanas que, empujadas a vivir en el exilio, narran su experiencia en relación con las cosas y los objetos que las acompañaron, dotándoles de agencia, de la capacidad de producir un efecto sobre el sujeto que las posee. Este sería el caso particular, por ejemplo, de la pintora surrealista Maruja Mallo, para la que el exilio trae «una nueva amalgama con lo que podríamos llamar restos de vida. Maruja inventa así un espacio nuevo rodeado de estas formas submarinas, que parecen comunicar lo vivo con lo inerte».

Teresa Vilarós habla del «mono del desencanto» en referencia a la cultura de la Transición posfranquista y su «enganche» tras la desaparición del dictador. Un país que había modelado íntimamente durante décadas sus expectativas e ilusiones bajo un modelo franquista no podía de la noche a la mañana construir otra sociedad nueva. ¿No seguimos viviendo hoy salvando las distancias, el desenganche del Régimen del 78 de una forma parecida? A veces no reparamos lo suficiente en que una «crisis orgánica» de un cuerpo social también genera un síndrome de abstinencia respecto a deseos y «enganches» anteriores. No se puede volver ya a ellos ni superarlos cómodamente porque se han hecho costumbre de nuestro metabolismo y siguen tirando inercialmente hacia ese pasado, sin embargo, perdido. Toda pedagogía política debe, por eso, situarse en una posición que comprenda el estado de adicción al que se enfrenta una población escindida y enfrentada a una crisis de creencias: para superar el «mono» de lo bueno viejo que se revela como caduco es estéril apelar, por tanto, a un cambio radical o a un discurso crudo y aguerrido que solo subraye lo totalmente nuevo y rupturista, algo que siente como «malo» el cuerpo habituado a sus rutinas y no necesariamente conservador en su totalidad.

El «mono» de Teresa Vilarós alude, por tanto, a una adicción emocional al franquismo en la que cuarenta años de dictadura alteraron todo el funcionamiento normal del sistema nervioso español. Caído el franquismo, queda el síndrome. Y lo malo del síndrome, en este caso de abstinencia, es que los consumidores siempre dependerán de la sustancia utilizada.

El franquismo fue somatizado. De tal manera que, cuando Franco murió, «sus efectos siguieron operando». Por eso, nos dice Vilarós, a través de su juego de metáforas: «el mono performatiza la necesidad del cuerpo por las substancias; no pudiendo, a su pesar, ni negarla, ni olvidarla, el cuerpo, recuerda físicamente aquello que le abandonó y que se mantiene ahora encriptado» (Soto Carrasco, 2018).

¿Qué se expresa en este bloqueo histórico? Si es importante acercarse a la producción cultural en los años que van de 1978 a 1982, es porque, celebradas las elecciones de junio de 1977, la naciente democracia experimenta de modo intenso, por una parte, diferentes desafíos históricos nacionales —crisis económica, terrorismo, amenaza de involución, etcétera— y, por otro, la distancia que surge, dentro del caso específico español, entre las expectativas globales de cambio histórico, básicamente marxistas, y la realidad sociológica efectiva del país. Vilarós se aproxima a los discursos culturales del trauma español partiendo de una singular perspectiva que se alimenta de los estudios culturales, sobre todo desde herramientas psicoanalíticas, la aproximación biopolítica (Foucault) y un conocimiento de realidad contracultural de la época. Hablar del *desencanto* como un posible lugar común, sin embargo, puede dejar de lado algunos matices interesantes. Aunque algunas interpretaciones apuntaron al interesado sentido «ideológico» del término como estrategia mediática de despolitización y desmovilización desde arriba, lo cierto es que captaba algo de la «estructura afectiva» del momento histórico.

El futuro español como revolución pasiva

No hemos de olvidar, asimismo, que el discurso cultural del Régimen del 78 como horizonte de modernidad necesitaba legitimarse bajo la oposición de una Transición orientada al futuro y una Guerra Civil que evocaba la sombra del pasado. Como ha señalado Javier Franzé:

> El presente connota concordia, generosidad, voluntad de entendimiento, pacto de convivencia, bienestar, modernización, prosperidad, pluralidad, futuro. El pasado, por el contrario, discordia, sectarismo, revanchismo, atraso, autarquía, pobreza, estancamiento. Modernización, bienestar y pluralidad remiten a la cohesión social y territorial, al reconocimiento de una diversidad identitaria que se opone al centralismo de la dictadura franquista, al atraso cultural, a la estrechez de miras y al aislamiento internacional (Franzé, 2015).

La idea de Manuel Vázquez Montalbán de que «contra Franco vivíamos mejor» resuena especialmente aquí: emerge una situación como de afasia, en donde toda la cultura militante de la resistencia, con toda la dureza y épica de la clandestinidad, se ve desarmada cuando cambia el tiempo histórico y su escenario político. Es decir, Franco, la muerte de Franco, genera un espacio vacío, una especie de agujero negro en el que esa situación colorida de carnaval convive ante un telón de fondo histórico más negro y trágico. En una hermenéutica profunda de la obra cinematográfica del «último» Joaquim Jordà, el capítulo de Steven Marsh nos ofrece una radiografía de la estructura de sentimientos del periodo de Transición. Según Marsh:

> el último Jordà, tal vez a su pesar, retrata la transformación sociológica, psicológica, y afectiva, producto —crítico— del proyecto ideológico de los tiempos que le han tocado vivir. En estas películas no se trata tanto de retratar la relación entre el individuo y la sociedad como de registrar los efectos latentes o inarticulados que surgen de modo parcial y fragmentario a raíz de las complicaciones de esta relación (Marsh: 231).

En realidad, no es exagerado hablar del miedo como el genuino «régimen afectivo» de la Transición española. Esto lleva a que, paradójicamente, el relato transicional necesite de manera reactiva de la sombra de un pasado amenazante para legitimar su presente: la paz alcanzada es solo un apaciguamiento del carácter cainita, no su superación.

El discurso de la Transición subordina la diferencia dictadura-democracia a la de pasado/Guerra Civil-presente/Transición. Esto determina una valoración de la democracia más por sus resultados materiales actuales que por sí misma. El principal argumento para legitimar la Transición democrática es que representa «el periodo de mayor libertad, prosperidad y democracia de nuestra historia», como afirmó la vicepresidenta del Gobierno Zapatero, María Teresa Fernández de la Vega, en el debate sobre la Ley de Memoria Histórica (Franzé, 2015).

Enrique Tierno Galván, figura fundamental del socialismo ilustrado y protagonista político de esas décadas, escribió en 1987 un evocador prólogo del *Leviatán* de Thomas Hobbes, donde avanza una reflexión el miedo *político* que cabría leer en clave nacional.

> El miedo político es, en intensidad, el más embargante y limitador de los miedos posibles. Para quien vive el miedo político nada conserva su sitio ni su cualidad. El mundo se transforma en ojos y cadenas; unos vigilan, otras atan. Es, al mismo tiempo, miedo mental, en cuanto nace de la previsión del futuro; miedo psíquico, en cuanto tememos que incurrir aquí y ahora en la ira de quien posee el poder, y miedo moral, en cuanto hace que nos temamos a nosotros mismos, pues nuestra propia valoración está disminuida y manchada por la conciencia de que tenemos miedo (Tierno Galván, 1976: 4).

Este supuesto horizonte hobbesiano de nuestra cultura política ¿no se invoca una y otra vez en un específico discurso liberal de la cultura de la Transición («específico» porque en España se reivindican poco otros usos liberales de la modernidad)? Un marco que, por ejemplo, ha determinado tramposos debates historiográficos entre una historia supuestamente guiada por el rigor objetivo y una memoria afectiva, usurera y oportunista.

De la necesidad de ampliar estas voces y de recuperar experiencias sepultadas bajo la imagen histórica dominante habla precisamente Nuria Sánchez Madrid en su aportación «Disputar el deseo y la patria al marco normativo. La disidencia cultural de Rosa Chacel y María Zambrano»:

> Jóvenes voces de la España de la Segunda República, como Rosa Chacel y María Zambrano, soñaron con una renovación social e institucional que la Guerra Civil dio al traste en la aciaga fecha de 1936. Sin embargo, ya en el periodo del exilio, y sin detrimento de la diversidad de acentos y métodos entre ellas, ambas desplegaron una reflexión sobre el alcance que los afectos y el vínculo con la patria poseían para la configuración de una conciencia individual integral

> disruptiva con los cauces dogmáticos que cercenaron la producción intelectual durante la dictadura de Franco (Sánchez Madrid: 165).

El texto de Sánchez Madrid nos ayuda a recuperar, por decirlo con las palabras de su último libro [*La música callada. El pensamiento social en la Edad de Plata española (1868-1936)*, Círculo de Bellas Artes, 2023], esa «música callada» que, de forma políticamente interesada, ha buscado configurar una supuesta identidad española forjada vertical y masculinamente desde arriba.

Ahora bien, plantear que el Régimen del 78 se apuntala solo desde un escenario hobbesiano, como señalaba Tierno Galván, ¿no conduce a no percibir la dinámica aspiracional de deseo de futuro de parte de la sociedad? Como ha señalado Eduardo Maura en *Los 90. Euforia y miedo en la modernidad democrática española*, ¿no se ha definido la estructura sentimental de la historia española reciente por una oscilación entre el miedo —a regresar— y la euforia —de la huida hacia adelante—? ¿Entre el miedo y la aspiración, pues, más que «miedo o caos»? En el ensayo de Maura observamos cómo la «modernidad democrática española», entendida como «relato oficial», de consenso y modernización, aparece como «la escena originaria de la única experiencia democrática estable que ha tenido España». Maura introduce dos conceptos sobre los que se orienta su exploración: «Euforia y miedo, sueño y despertar, son pares dialécticos de una historia apasionante, cuyo influjo es imposible de minusvalorar. Euforia y miedo en una España en que "todo iba bien, pero algo iba mal"» (Maura, 2018: 27). De ahí la imagen de Adolfo Suárez, tomada de Javier Cercas en su *Anatomía de un instante*, cuando el escritor le pregunta a su padre por qué se confió en el joven político franquista, y su respuesta es: «Porque era como nosotros». Con lo que el padre de Cercas es para Maura «la imagen de la Transición» (*ibid.*: 34), con su cúmulo de temores y esperanzas.

Sin embargo, lo relevante en este desplazamiento radica en que el objetivo más importante de las élites tras las revueltas y la incertidumbre de la época, recuperar el control en la situación, no se consiguió ya solo *coercitivamente* mediante la expansión disciplinaria de los instrumentos clásicos de autoridad, sino intensificando en términos inmanentes nuevas exigencias de autonomía y de responsabilización bajo nuevas formas de autocontrol laboral. De ahí que la protesta fuera absorbida cuanta más atención prestaron las empresas a las necesidades creativas de los empleados y su responsabilidad individual por medio de una estrategia que tiene mucho en común con lo que Gramsci denominaba «revolución pasiva». Podríamos definir como tal un contramovimiento que, ante un momento de crisis, es capaz de transformar, neutralizar y desplazar «desde arriba» las reivindicaciones populares emergentes hasta reducirlas a una pasividad susceptible de acomodarse a una nueva situación beneficiosa para las élites (Buci-Glucksmann, 1978). Esta restauración no solo bloquea las pulsiones transformadoras, sino que las coapta en su beneficio.

Bajo este planteamiento, el éxito del imaginario de modernidad español habría radicado en restaurar un movimiento hegemónico por parte del capital, restableciendo su protagonismo cuestionado. De la misma manera que en una «revolución pasiva» la iniciativa, ante un momento de crisis orgánica, termina correspondiendo al bloque dominante que reacciona de forma plástica a la «subversividad esporádica, elemental y desorganizada de las masas populares» y hace suya «alguna parte» de sus reivindicaciones (*ibid.*: 393), la Transición española habría generado su propia «reestructuración» apoyándose, en cierta medida, en las demandas y los deseos de las fuerzas adversarias. Esta «revolución pasiva», en efecto, apoyada en una temporalidad abstracta y lineal abierta al futuro, va a disolver aquellos espacios sociales comunitarios, modular en términos aspiracionales la sublimación del deseo y multiplicar su capitalización a través de la exaltación de la diferencia individual y la competencia del mercado. Al mismo tiempo, va a disgregar toda experimentación colectiva y bloquear la crítica a la lógica del capital.

Por ello, lo que no termina de explicar la lectura de la función ideológica de la Transición es por qué los impulsos protopolíticos, que de otro modo serían transformadores, se «administran» y neutralizan. Como subraya Fredric Jameson, en esta lectura limitada de la problemática hegemónica,

> debe teorizarse también algún paso preliminar, en el cual esos mismos impulsos —la materia prima sobre la que trabaja el proceso— se despiertan inicialmente dentro del texto mismo que trata de inmovilizarlos. Si la función del texto en la cultura de masas se considera a la vez como la producción de la falsa conciencia y la reafirmación simbólica de tal o cual estrategia legitimadora, incluso este proceso es imposible de captar como un proceso de pura violencia (la teoría de la hegemonía se distingue explícitamente del control por la fuerza bruta) ni como un proceso que inscribe las actitudes apropiadas sobre una tabula rasa, sino que debe implicar necesariamente una compleja estrategia de persuasión retórica donde se ofrecen incentivos sustanciales para la adhesión ideológica (Jameson, 1989: 232).

Dicho de otro modo, si la «modernidad» cultural de la Transición tuvo, al principio, la habilidad política de coaptar y desplazar este nuevo «material libidinal» antidisciplinario en su beneficio, fue también por su desprecio por parte de la izquierda. Cuando, en 1979, Stuart Hall diagnosticaba —de modo parecido a Michel Foucault— la crisis de la izquierda en su incapacidad para entender cómo el imaginario neoliberal thatcherista entroncaba con un nuevo sentido común que recogía la experiencia individual y los sentimientos antiburocráticos de las clases populares ante el Estado social, deducía de ello que el laborismo británico no podía seguir identificándose con aquella pesadez estatal y corporativa a riesgo de aparecer como anacrónico (Hall, 1979).

De ahí que el desencanto pueda también leerse como un régimen temporal no incompatible con una voluntad de huida hacia adelante, de aceleración. Como plantea Santiago Auserón, el desencanto como fórmula generacional no parecía justificable inmediatamente después del fin de la dictadura.

> Personalmente me parecía dudosa esa precipitación en declararse vencido por lo obvio. Había prisas en el desencanto, y había prisas en muchas cosas, en aquellos años: en la propaganda de los partidos reformistas, que aparecieron de la noche a la mañana con nuevas siglas en los ambientes universitarios. Y también en declararse rockero, todo el mundo era rockero de repente, los «progres» más existencialistas y aburridos, y por supuesto los hombres de negocios (Auserón, 2006: 162).

El eclipse del futuro

Un cierto imaginario de futuro desempeñó, por tanto, una función ambivalente en la hegemónica modernidad democrática española:

> Se están empezando a sentir entre nosotros los efectos negativos de la constitución de una *clase política*, de una élite del poder que tiende a la unificación pragmática y al desprecio de aquellos elementos históricos incordiantes. La izquierda pragmática primó el reforzamiento constitucional porque, sin duda, era urgencia necesaria en la Transición fundamentar la institucionalidad democrática, pero, en su horror al incordio incontrolable de la presión social, fue desarmándose de instrumentos de articulación de la crítica social y de la presión de la sociedad civil frente al Estado para mantener conquistas viejas y exigir nuevos objetivos (Vázquez Montalbán, 1984).

Una interesante película española de 2014, *El futuro*, del citado Luis López Carrasco, disecciona de forma alegórica el momento transicional español mediante la filmación de una fiesta doméstica estéticamente evocadora de la Movida, donde se interrelacionan unos cuerpos, casi maniquíes, moviéndose en una atmósfera en la que se dan cita las ansias de modernidad y de distinción, incluso cierto nihilismo dadaísta y apolítico (recuérdese cómo Warhol bendijo a España con su visita y le otorgó el certificado de «moderna»). En la película, los guiños musicales futuristas, como al grupo Aviador Dro, son también elocuentes.

El filme comienza con un fundido en negro y una retransmisión de radio: es la noche electoral de 1982 y Felipe González anuncia, ya con todo el poder en sus manos, su agenda. Habla de la consolidación definitiva de la democracia, de la superación de la crisis económica y del fin de la construcción del Estado de las autonomías. También habla de modernización, progreso y solidaridad de todos los españoles. La voz de González se corta, empieza el silencio, y comienza una fiesta que parece reflejar «ese pacto inmemorial entre la desesperación y el conformismo» del que hablaba en 1984 Sánchez Ferlosio en su ya citado y polémico artículo en *El País*.

Siguiendo estas pautas, Luis López Carrasco nos ofrece en su contribución, «¿Qué hace un documental como tú en una ficción como esta? Itinerarios, mapas y vías de escape para salir de una vez por todas de la Movida madrileña», una sugerente reconstrucción de la situación cinematográfica de esta época, pero también —en diálogo con otros textos aquí compilados, como el de Eduardo Maura— un análisis fenomenológico de nuestro actual estado de incertidumbre:

> si el relato de la Transición no encontrará su forma canónica mayoritaria hasta la emisión de los documentales de Victoria Prego en 1995, la narrativa dominante de los 80 se establece como un relato cerrado desde el final de la propia década (López Carrasco: 87).

Volviendo a la película de López Carrasco, *El futuro*, podemos decir que 2014 marca el agotamiento de la experiencia del 15-M y la traducción institucional en el asalto institucional del primer Podemos, por lo que la película es interpretada a la luz de los debates acerca de la llamada crisis cultural del Régimen del 78 o CT, la cultura de la Transición. Escribe López Carrasco:

> [En 2011] me encontraba en un estado de desánimo de decepción y desorientación profunda. Era una época oscura, superada,

> no obstante, en oscuridad en los años posteriores. Por primera vez en mi vida no podía concebir ningún proyecto duradero, no podía idear ningún plan consistente y no era capaz de sobreponerme a la sensación de que no volvería a tener el control de mi vida profesional nunca más. No podía verme en el futuro, no podía imaginarme en el porvenir. No podía edificar ninguna imagen plausible de cómo sería mi vida en los años venideros. No sabía nada, no veía nada. Era la primera vez que eso me sucedía de un modo tan agudo y concluyente. La incertidumbre y la precariedad habían alcanzado un escalón tan alto, se habían generalizado con tal velocidad caníbal, que no podía siquiera apoyarme en el recurso que hasta entonces nunca me había fallado: la imaginación (López Carrasco, 2020).

Bajo esta perspectiva, el régimen cultural de la Transición se forja sobre unos carriles y unas reglas de juego de una temporalidad básicamente «reformista» y una revolución pasiva que se afianza introduciendo pequeñas dosis de novedad desde arriba bajo el apremiante imperativo de no volver atrás. Como señala el historiador Pablo Sánchez León:

> Había una clara tendencia, por parte del régimen, a moldear, a través de discursos, políticas y convenciones instituidas, la conciencia de los españoles en la dirección de una sociedad civil adquisitiva y consumista. Visto así, el régimen no se limitaba a reprimir y coartar las libertades de una población crecientemente desafecta, sino que el desarrollismo franquista pudo calar profundamente sobre la configuración de valores socialmente compartidos. En este punto, de lo que se trata es, ante todo, de comprender que la legitimidad del régimen se apoyaba en un imaginario social, o si se prefiere, en una teoría del orden social, una teoría sociológica, por pobre que esta pudiera ser en términos teóricos (Sánchez León, 2022: 79).

Centrándose en esta «fiesta» de los ochenta que se desenvuelve en un interior doméstico de los sesenta, López Carrasco apresa este clima cínico que termina obstaculizando todo contacto que no sea banal. Pero, como si el Buñuel de *El ángel exterminador* hubiera entrado en una fiesta de la Movida, el director constata y no juzga ese encierro. Lo meritorio es que su mirada no conduce al puritanismo ni al rechazo absoluto de ese momento de transición que parece congelarse sin movimiento real. Incluso se aprecia cierta comprensión y autocrítica. Huyendo del maniqueísmo y de la tentación de apelar a una tabula rasa respecto a esa «fiesta», *El futuro* se interroga por el momento en el que las expectativas de cambio se tuercen o se inmovilizan. Que el «futurismo» del PSOE lograra capturar ideológicamente ese momento de euforia de cambio para implementar su hegemonía de modernización y desarrollo (de huida hacia adelante) no debiera hacernos condenar moralmente ese momento utópico de apertura colectiva. Aunque la fiesta terminara deviniendo una nueva «jaula» y terminara fomentando posteriormente la incertidumbre individual, ¿no es cierto también que ese horizonte prometido de modernidad fue un avance ambivalente? «Es como si la modernidad democrática española se hubiera impuesto muchísimos límites colectivos a fin de que nadie tuviera que sufrir más una limitación individual. La paradoja es obvia, pero el éxito del constructo no es ni mucho menos despreciable» (Maura, 2018: 134).

****

Este volumen, de vocación plural e interdisciplinar, busca reflexionar sobre el sentido de la modernidad democrática española a la luz de diferentes problemáticas culturales, políticas o sociales especialmente relevantes para captar la «figura» histórica de este concepto. Su origen se remonta a la actividad *Expresiones culturales de las aporías de la modernización española: de la autarquía franquista a la contemporaneidad neoliberal*, organizada por el Departamento Filosofía y Sociedad en la Facultad de Filosofía de la UCM en los días 30 de mayo y 1 de junio de 2022 y coordinada por la profesora Cristina Catalina. Muchas de estas intervenciones han quedado aquí recogidas y muchos de los títulos allí propuestos se han mantenido o modificado con ligeras variaciones en esta versión final.

Bajo el hilo conductor de las aporías de la modernización española, se pretendía cartografiar una fase decisiva de la España contemporánea en un momento, como el actual, donde la crisis del llamado Régimen del 78 ha encontrado diferentes reacciones. La actividad también tenía como objetivo poner sobre la mesa el comentario y la discusión de películas o documentos especialmente significativos para comprender esta «estructura de sentimiento», por decirlo con Raymond Williams, y así capturar las matrices afectivas de una modernidad que aún constituye un estrato histórico decisivo en nuestra actualidad. La proyección de *El año del descubrimiento* (Luis López Carrasco, 2020), Goya 2021 a Mejor Película Documental, fue el colofón final de dos días intensos y especialmente fructíferos de discusiones y reflexiones.

Bibliografía

Anderson, Perry (2006): *Los orígenes de la posmodernidad*, Barcelona, Anagrama.

Andrade, Juan (2012): *El PCE y el PSOE en [la] transición. Le evolución ideológica de la izquierda durante el proceso de cambio político*, Madrid, Siglo XXI.

Auserón, Santiago (2006): «Entrevista», en Tango, Cristina, *La Transición y su doble*. Madrid, Biblioteca Nueva.

Bucci-Glucksmann, Christine (1978): *Gramsci y el Estado. Hacia una teoría materialista de la filosofía*, México, Siglo XXI.

Cano, Germán (2022): «El intelectual orgánico en el Desencanto español. Manuel Sacristán como educador» en *Efecto Gramsci* (Villacañas, J. L-Garrido, A., eds.), Madrid, Lengua de Trapo,

Dean, Jodi (2013): *El horizonte comunista*, Barcelona, Bellaterra.

Deleuze, Gilles (2000): *Conversaciones*, Valencia, Pre-Textos.

Franzé, Javier (2015): «Podemos: ¿regeneración democrática o impugnación del orden? Transición, frontera política y democracia», *Cahiers decivilisation espagnole contemporaine*, n.º 15, otoño de 2015.

Foucault, Michel (1975): «Aller á Madrid», *Liberation*, pp. 1 y 7. *Cit.* en Macey, D. (1996): *Las vidas de Michel Foucault*, Madrid, Cátedra.

—(2014): *Seguridad, territorio y población*, México, Fondo de Cultura Económica.

Hall, Stuart (2018): *El largo camino a la renovación*, Madrid, Lengua de Trapo.

Herranz, Diego (2013), «El futuro. Teoría materialista de la acción política», en http://detour.es/tiempo/diego-herranz-luis-lopez-carrasco-el-futuro.htm

Ibañez Fanés, Jordi (2009): *Antígona y el duelo*, Barcelona, Tusquets.

Jameson, Fredric (1989): *Documentos de cultura, documentos de barbarie*, Madrid: Visor.

Laclau, Ernesto y Mouffe, Chantal (1998): *Estrategia y hegemonía socialista*, México: Fondo de Cultura Económica.

López Carrasco, Luis (2020): «Formas cinematográficas para reconstruir la historia reciente», en *CTXT*.

Maura, Eduardo (2018): *Los 90. Euforia y miedo en la modernidad democrática española*, Madrid, Akal.

Pozuelo Escudero, Vicente (1980): *Los últimos 476 días de Franco*, Madrid, Planeta.

Sánchez Ferlosio, Rafael (1984): «La cultural, ese invento del Gobierno», *El País*.

Sánchez León, Pablo (2022): *De plebe a pueblo. La participación política popular y el imaginario de la democracia en España, 1766-1868*, Barcelona, Bellaterra.

Soto Carrasco, David (2018): «Las marcas de los pinchazos: Del desencanto al neoliberalismo en la España de provincias», *Astorga Digital* en https://www.astorgadigital.com/las-marcas-de-los-pinchazos-del-desencanto-al-neoliberalismo-en-la-espana-de-provincias/194575

Tierno Galván, Enrique (1976): «Introducción», en Hobbes, Thomas, *Leviathan*, Madrid, Tecnos.

Quaggio, Giulia (2014): *La cultura en Transición. Reconciliación y política cultural en España, 1976-1986*, Madrid, Alianza.

Vázquez Montalbán, Manuel (1969): «Crónica sentimental de España (4). Los felices sesenta», *Triunfo*, n.º 383, p. 36.

— (1984): «Contra la utopía», *El País*.

— (1998): *La literatura en la construcción de la ciudad democrática*, Barcelona, Grijalbo.

—(2011): *Obra periodística. 1974-1986. Del humor al desencanto*, Barcelona, Galaxia Gutenberg.

Vilarós, Teresa (2005): «Banalidad y biopolítica: la Transición española y el nuevo orden del mundo», en *Desacuerdos*, n.º 2, 2005. *Cfr.* en http://www.macba.cat/uploads/publicacions/desacuerdos/desacuerdos_02.pdf

Vilarós, Teresa (1998): *El mono del desencanto. Una crítica cultural de la transición española (1973-1993)*, Madrid, Siglo XXI.

Villacañas, José Luís (2022): *La revolución pasiva de Franco*, Madrid, Harper-Collins.

Narrativas providenciales en la transición de la autarquía al «milagro económico» (1950-1967)

Ana Fernández-Cebrián

En 1961, dos años después de la puesta en marcha del Plan de Estabilización y Liberalización económica de 1959, Francisco Franco se dirigía a los españoles en su discurso de fin de año recapitulando los logros conseguidos en un balance que sintetizaba en la siguiente afirmación: «La sangre de los héroes y de los mártires produjo sus frutos en esto que los profanos llaman el milagro español» (Franco, 1964: 360). Con esta declaración, el general sentaba las bases discursivas para la producción de un nuevo relato en el que se resignificaba el imaginario teológico del martirio, que había sido un elemento vertebrador de la imaginación política del nuevo Estado en la inmediata posguerra. Según esta nueva narrativa, el desarrollo sería un objetivo que estaría ya inscrito en la misión providencial del régimen desde su origen fundacional: «El desarrollo económico no es cosa nueva, viene practicándose desde la Cruzada» (*ibid.*: 480). En este giro dialéctico, el dictador justificaba las nuevas políticas económicas argumentando que estas ya estaban presentes en sus planes desde la guerra, la cual pasaba a tener un sentido político y teológico, pero también económico: «La liberación que con la Victoria habría de conseguir para nuestro pueblo no sería verdaderamente efectiva mientras no hubiéramos conquistado la libertad económica que España había venido perdiendo al correr de medio siglo de abandono» (*ibid.*: 112). Como señaló Raymond Carr, «la "dictadura de la Victoria" pasaba a convertirse de este modo en la "dictadura del desarrollo"» (Carr, 1983: 223).

Entre 1961 y 1964, el PIB en España creció a un ritmo del 8,7 % anual (Gallo, 1974: 43). La población activa agraria, que en 1950 aún representaba el 50 % del total, descendió hasta el 28 % en 1968, y entre cinco y seis millones de habitantes abandonaron sus comunidades rurales con el objetivo de buscar trabajo en las ciudades o en el extranjero. En este sentido, las divisas en forma de remesas enviadas por los trabajadores emigrados y las que reportó el turismo —que pasó de 7'5 millones de turistas en 1961 a más de 17 millones en 1966— fueron decisivas para el crecimiento económico del país. Usando estos datos macroeconómicos, desde finales de los años cincuenta, los tecnócratas comenzaron a propagar el mito político del «milagro económico» de España como una hoja de ruta para lo que en la década siguiente afirmarían que era «*an administered post-ideological society*» [una sociedad posideológica administrada] (Pavlović, 2011: 10), cuya legitimidad no descansaba en la voluntad popular democrática, sino en la «eficacia» para garantizar el desarrollo y el acceso al consumo.

El desarrollismo en la España de Franco se fraguó en esta compleja dialéctica entre el poder soberano del dictador, entendido como un poder teológico-político, y la expansión de un régimen tecnocrático autoritario en el que los modos de gobernanza emergentes promovieron y ordenaron el surgimiento de nuevas formas de vida. El análisis que propongo sobre la transición de la autarquía al capitalismo tecnocrático se basa en el examen de este proceso como una problemática socialmente instituida a nivel imaginario y ficticiamente retratada en un conjunto de narrativas providenciales. Las narrativas que he denominado en trabajos anteriores como «fábulas del desarrollo» (Fernández-Cebrián, 2023) —que se describirán en la última sección de este capítulo— se caracterizan por recrear un contenido de tipo providencial que la modernidad suele negar ostensiblemente, por lo que, siguiendo la estela de los debates sobre las implicaciones teológicas y «encantatorias» del capitalismo, mi análisis se centra en una paradoja básica: ¿por qué el llamado «milagro económico español», supuestamente un proceso secular, racional y tecnocrático, se retrató a través de narrativas en las que elementos providenciales, sobrenaturales o extraordinarios estuvieron a menudo involucrados? Para contestar brevemente a esta pregunta, examinaré, en primer lugar, la noción de «narrativas providenciales» dentro de la coyuntura de las transformaciones económicas y sociales en el periodo que abarca desde 1950, año en el que el Gobierno franquista comenzó a integrarse en los mercados e instituciones internacionales tras sus acuerdos con los Estados Unidos, hasta 1967, momento en el que finalizó la implementación del Primer Plan de Desarrollo (1964-1967). A continuación, describiré cómo estas narrativas providenciales caracterizaron las fábulas del desarrollo en la producción cultural de este periodo[1].

1. Narrativas providenciales en la transición de la autarquía al desarrollismo

El filósofo Louis Althusser habló de desarrollo desigual o impar (Althusser, 2005: 177) para describir el proceso por el cual el desfase o *décalage* entre las instancias económica, política e ideológica en toda formación social no solo no supone una amenaza, sino que es completamente necesario para el apuntalamiento de su coherencia en tanto totalidad histórica. En el caso del desarrollismo español, ese *décalage* entre el liberalismo económico, la teología política y la ideología nacionalcatólica se expresaron a través de una serie de contradicciones que se articulan en el nivel imaginario con una proliferación de narrativas providenciales en la literatura, las artes audiovisuales, los medios y los discursos políticos. En su texto «Los experimentos del tiempo: providencia y realismo», publicado en *Las antinomias del realismo*, Fredric Jameson describía las narrativas providenciales como formas que expresan las nociones de destino y providencia en un tiempo histórico que comenzaba a experimentarse en la modernidad como un tiempo secular. Lo «providencial» es descrito por el crítico estadounidense

1 Las ideas de este capítulo pueden leerse ampliadas en mi ensayo *Fables of Development: Capitalism and Social Imaginaries in Spain (1950-1967)*, Liverpool, Liverpool University Press, 2023.

como una superación de la antinomia entre el libre albedrío y la predestinación, entre el voluntarismo y el fatalismo, que se despliega en estructuras narrativas en las que la noción de salvación, de milagro o de resurrección son resignificadas en clave secular. De este modo, Jameson destaca el papel del capital como «nexo efectivo» de los destinos individuales y colectivos, por lo que la esencia financiera de la noción de «providencia», entendida tanto en un sentido sagrado como secular, es clave a la hora de analizar las ficciones y los imaginarios sociales de una coyuntura histórica.

A comienzos de la década de 1950, la continuidad de la dictadura franquista tras la derrota de los fascismos europeos fue posible gracias a la intervención política estadounidense, que acompañó su estrategia de expansión del capitalismo de mercado con el despliegue de bases y tecnología militar en territorio español, incluyendo la presencia de armas atómicas (Delgado, 2015: 47). Se trataba de una estrategia geopolítica, articulada en torno a la idea de «desarrollo», concepto clave utilizado en el «Point Four Program» que presentó Harry Truman en su toma de posesión como presidente el 20 enero de 1949. La noción de «desarrollo» se convirtió en el significante político alrededor del cual pivotó la propuesta de intervención de Estados Unidos en el nuevo orden global, con el que el país afirmaba su hegemonía al presentarse como un ideal de modernidad y progreso. En su discurso, el presidente Truman ofrecía ayuda y asesoramiento financiero y técnico a los «países subdesarrollados» o «en vías de desarrollo» y animaba a otras naciones a ser capaces de superar su situación de «subdesarrollo», considerada como una carencia y no como el resultado de las circunstancias históricas. El modelo de desarrollo estadounidense asociado al modo de producción fordista y a la correspondiente «*social consumption norm*» [norma de consumo social] (Aglietta, 1986: 130), que incluía bienes de consumo como la vivienda, el automóvil y los equipamientos del hogar, fue rápidamente adoptado como paradigma también entre los países europeos. Este profundo optimismo con respecto a la sociedad de consumo ofrecía a los ciudadanos un «reencantamiento» del mercado como lugar que podía satisfacer sus demandas y deseos. Un «reencantamiento» que crecía de manera paralela al llamado «*disenchantment of the world*» [desencanto del mundo], la célebre expresión con la que Max Weber había descrito la pérdida de las expectativas mágicas y las explicaciones espirituales sobre la realidad como consecuencia de los procesos modernos de racionalización y secularización. Filósofos como Theodor Adorno y Karl Löwith también analizaron las implicaciones que el paradigma teológico habría tenido en el pensamiento occidental sobre el progreso y el desarrollo, considerando que sería heredero del legado de la tradición de la filosofía patrística, en la que la teleología de la historia era concebida como un relato de salvación. De este modo, discursos como el del presidente Truman sobre el desarrollo no solo se dirigían a sus compatriotas, sino que también apelaban a una visión compartida en todo el mundo «*by everyone who belonged to a salvationist religion*» [por todos los que pertenecían a una religión salvacionista] (Rist, 2014: 77).

Tras la muerte del general Franco, Manuel Vázquez Montalbán reflexionaba, en su *Diccionario del franquismo*, sobre el término «desarrollismo», subrayando cómo desde los años cincuenta se había fomentado la integración social de los españoles a través del consumo mientras eran apartados de la participación en la esfera política:

> El sistema capitalista de los años cincuenta generó esta doctrina, sustitutiva de la del crecimiento económico, para estimular la producción y el consumo, garantizar el pleno empleo con su consecuente tranquilidad social y ofrecer así un modelo de prosperidad «para todos» dentro del sistema capitalista. La paz y la democracia eran equivalentes a la integración social a través del bienestar y el consumo (1977: p. 28).

Desde comienzos de la década de los sesenta, Francisco Franco había comenzado a referirse en sus declaraciones a «aquellos pueblos subdesarrollados» que necesitaban una «acción sistemática de asistencia y ayuda» (Franco, 1964: 122) en su estadio de despegue. Una etapa que, en su opinión, España ya habría superado. Su discurso seguía la terminología de Walter Whitman Rostow en su obra *Las etapas del crecimiento económico*: *un manifiesto no comunista* (1960). En este ensayo, el economista estadounidense sintetizaba sus ideas sobre el desarrollo como modelo histórico uniforme que ocurría en cinco etapas básicas de duración variable. Según este planteamiento, las llamadas «sociedades tradicionales» podían superar su desfase respecto a las «sociedades modernas» mediante un periodo de asesoramiento y financiación que sentaría las bases de un despegue (*take-off*), tras el cual accederían a una etapa de «madurez tecnológica» que culminaría en una fase de «alto consumo masivo». No por casualidad el libro concluía con la alusión a un «Credo» en el que se desplegaba la promesa de que el bloque capitalista occidental contribuiría a que otras naciones pudieran alcanzar el pleno desarrollo bajo la creencia de que los principios de la racionalidad administrativa y el incremento de la productividad conducirían a una nueva era de paz y prosperidad. Siguiendo las ideas de Rostow, Laureano López Rodó, comisario del Plan de Desarrollo desde 1962, planteaba en 1971 que el desarrollo en el país se había llevado a cabo precisamente gracias a la intervención providencial del general Franco:

> Rostow, en su conocida obra sobre *Las etapas del crecimiento económico*, señala como factor decisivo para el despegue de una economía la presencia de un hombre excepcional que sepa canalizar las energías latentes de un pueblo y darle confianza en sí mismo. El Caudillo ha conseguido que los españoles hayamos recobrado nuestra propia confianza. El cerco de la pobreza había que romperlo por un doble frente: el de la justicia social y el de la industrialización, motor principal de la expansión económica (1970: 53).

Durante los años cincuenta y sesenta, el capitalismo español se inscribió en lo que, en 1962, instituciones como el Banco Hispano Americano denominaron la «mística del desarrollo» (1963: 21).

Poco antes de la entrada de los tecnócratas del Opus Dei en el Gobierno, en 1957, Rafael Calvo Serer había publicado *La aproximación de los neoliberales a la actitud tradicional* (1956), un ensayo en el que dialogaba con algunos de los economistas de la Mont Pèlerin Society para destacar la existencia en España de un Estado fuerte que permitía albergar bajo el paraguas de las nuevas racionalidades neoliberales el desarrollo de la economía europea, auspiciado por el sector nacionalcatólico del régimen franquista. En su intento por pensar la integración de España a nivel internacional, Calvo Serer se adhería de este modo a los discursos de los arquitectos intelectuales del movimiento neoliberal global, quienes, desde su reunión fundacional en Mont Pèlerin (Suiza) en la Semana Santa de 1947, se habían centrado en la teología cristiana y su relación con la economía (Moreton, 2021: 88-90). En una fecha tan temprana como 1949, Alberto Ullastres, ministro de Comercio de España entre 1957 y 1965 y miembro del Opus Dei, había cursado una invitación a economistas como Friedrich Von Hayek, Walter Eucken, Joseph Schumpeter y Wilhem Röpke. Hayek presentó en España una serie de conferencias, acompañado por su discípulo en la London School of Economics Lucas Beltrán, único español presente en las sesiones anuales de la Mont Pèlerin Society, y por Juan Sardá, futuro arquitecto del Plan de Estabilización y Liberalización.

Desde la década de 1950, los miembros del Opus Dei se convirtieron en agentes de la reestructuración económica en España y en todo el mundo de habla hispana como economistas, ejecutivos, pedagogos, legisladores y formadores de opinión. La historiadora Bethany Moreton ha denominado recientemente a esta corriente como la «Escuela de Navarra del neoliberalismo católico» (2021: 88), un proyecto de teología económica que puede sumarse a la red de otras escuelas neoliberales, con unas características propias basadas en su raíz nacionalcatólica. La Escuela de Navarra elaboró de este modo su propia praxis empresarial para promover nuevas instituciones y nuevos modos de subjetivación, operando como mediador entre la España autárquica y la liberalización económica. Su singularidad se concentraría en la expansión de un capitalismo «espiritualizado», ya que mientras otras escuelas de pensamiento neoliberal anunciaron sus productos como ciencia positiva, la tecnocracia del Opus en España justificó explícitamente la teología empresarial y abrazó la tarea de transformar las almas para los mercados.

Los tecnócratas del Opus continuaban de este modo el proyecto nacionalcatólico que el ideólogo protofascista Ramiro de Maeztu había imaginado para España. Un proyecto que tenía como objetivo consolidar un capitalismo católico, sostenido por una sociedad de clases medias despolitizadas, que pudiera integrarse en los circuitos internacionales, y que Florentino Pérez Embid resumió en la fórmula «la españolización de los fines y la europeización de los medios» (Casanova, 1983: 29). Si la Reforma protestante hizo salir de los monasterios el ascetismo cristiano y la vida metódica para implantarlos en la vida profesional, cuatro siglos más tarde, un instituto secular como el Opus Dei sancionaba este mismo proceso en el seno del catolicismo. Es en este sentido en el que el autoritarismo tecnocrático del Opus Dei puede analizarse a partir de la figura dialéctica que Fredric Jameson denominó «mediador evanescente» (Jameson, 1973: 52-89), como el elemento entre dos periodos históricos que nos permitiría formalizar estructuralmente la narrativa de una coyuntura de transición, traduciendo la vaguedad del «flujo» y del «cambio histórico» a fenómenos anclados a dos momentos sincrónicos. De este modo, el autoritarismo tecnocrático del Opus Dei pudo aparecer como un elemento mediador entre el código simbólico de la autarquía y el de las nuevas relaciones de producción para ejercer su sutura en la gradual transformación del contenido ideológico nacionalcatólico dentro de las nuevas estructuras económicas.

El neoliberalismo se ha analizado recientemente como una verdadera teodicea contemporánea que utiliza las lógicas de sacrificio de los mercados para justificar la explotación, la precariedad y la devastación ecológica. Una ideología que nació para destruir la solidaridad social y el estado de bienestar y que interviene en la creación de subjetividades y estructuras de salvación basadas en la capacidad de los sujetos para competir, las cuales absorben el significado de la noción de ciudadanía. Tal y como explicaba Margaret Thatcher al afirmar «*economics are the method, the object is to change heart and soul*» [la economía es el método, el objetivo es cambiar el corazón y el alma] (Thatcher, 1981), el capitalismo tardío tiene como meta la construcción de nuevas subjetividades e identidades a partir de unas creencias compartidas. Con anterioridad a los Gobiernos de Thatcher y Ronald Reagan, el neoliberalismo como estrategia para el desarrollo ya se había introducido en los países del Sur global (Ban, 2016: 101-115). En este sentido, podemos considerar el llamado «milagro económico español» como un laboratorio que permitió experimentar nuevas políticas económicas y las fantasías asociadas a ellas en el escenario de una dictadura. Se trataba de un régimen represor ya consolidado, en el que no era necesario provocar un golpe de Estado como los que formaron parte de la «doctrina del *shock* neoliberal» (Klein, 2007) en los años setenta. Como ya había sucedido en el caso español, durante la Guerra Fría, el bloque capitalista apoyó a los Gobiernos militares que implementaron las propuestas neoliberales de la Escuela de Chicago en países como Chile, Argentina o Indonesia, y es ampliamente conocido el componente antidemocrático de las ideas de economistas como Röpke, Mises, Hayek o Friedman a la hora de apoyar golpes militares, el *apartheid* o Gobiernos dictatoriales que reemplazaron la noción de ciudadano por la del «*sovereign consumer*» [consumidor soberano] (Olsen, 2019: 19-64). En paralelo a la emergencia de los estados de bienestar tras la Segunda Guerra Mundial, las escuelas neoliberales habían reforzado un modelo que rechazaba la idea de que la justicia distributiva pudiera formar parte de las atribuciones del Estado, cuya única política social efectiva debería ser garantizar el orden legal y jurídico para que la sociedad se desarrollara como una empresa. Siguiendo este modelo económico, Mariano Navarro Rubio, ministro de Hacienda en España entre 1957 y 1965, consideró que el estado de bienestar era un sistema «implacable con los ciudadanos laboriosos» (Navarro Rubio, 1991: 71), contra los que lanza «todo un ejército de inspectores» mientras reserva «todas sus ternuras para con una larga serie de parásitos derrochadores». Se trataba de una visión de la distribución de la riqueza patriarcal y autoritaria, anclada en un modelo patrimonial de estratificación social. Una visión en la que la responsabilidad individual y la caridad en sus diferentes formas se consideraron los únicos remedios para solucionar los problemas de la pobreza y la desigualdad estructural.

2. Cuatro fábulas del desarrollo

Los imaginarios sociales que se articulan en coyunturas de transición como la de la autarquía al desarrollismo nos ayudan a comprender las contradicciones en el espacio inefable del cambio histórico. Las narrativas que denomino «fábulas del desarrollo» parten de una reflexión de Jacques Derrida en la que reivindica el análisis atento de las fantasías colectivas que sostienen el capitalismo: «No hay capital sin una fábula acreditada» (Derrida, 2010: 39). Mi análisis se centra en los imaginarios que conforman ficciones, discursos políticos y prácticas sociales que giran en torno a la puesta en escena de «fábulas» sobre la circulación y distribución de capital en las que se administra públicamente el «hacer saber» histórico y las lecciones políticas y morales que de ellas pueden extraerse. En este sentido, los elementos milagrosos, prodigiosos o sobrenaturales que poblaron las fábulas del desarrollo, utilizadas por el régimen y los creadores afines a la dictadura para celebrar los logros del desarrollismo, fueron dotados de nuevos significados en las prácticas de resistencia estética y política de los creadores antifranquistas. Las narrativas providenciales que caracterizaron las fábulas del desarrollo en la producción cultural en la transición al liberalismo económico expresaron las contradicciones del desarrollo desigual de la formación social a través de la incorporación de elementos sobrenaturales, trascendentes o extraordinarios en los imaginarios de la modernización económica que, progresivamente, desplazaron el esquema ideológico del periodo autárquico. El análisis de las lógicas culturales que organizaron la circulación y distribución de capital durante la dictadura franquista nos impulsa a seguir cuestionando el impacto de los imaginarios del «milagro económico» en nuestras propias subjetividades neoliberales y en la construcción de las fantasías colectivas que dan forma al modelo económico y social español.

Algunos ejemplos de estas fábulas serían las que denomino «fábulas de la intervención» y «fábulas del espacio exterior», las cuales formarían parte del repertorio de las narrativas de los mundos soñados del desarrollismo y de la Guerra Fría globales. En ellas se expresan las lógicas culturales en torno a los procesos de circulación de capital relacionados con supuestos o fantaseados avistamientos de fenómenos aeroespaciales no identificados, así como su representación en la ciencia ficción espacial. En el contexto español, la presencia de ovnis y la representación de la tecnología aeroespacial se interpretaron comúnmente como una señal providencial que daba forma a nuevos imaginarios sociales y políticos sobre la intervención estadounidense en el país y las políticas de liberalización económica implementadas en España tras su incorporación al bloque capitalista. Las que denomino «fábulas del azar» y las «fábulas de la gracia» recrearían una manera de entender el capitalismo providencial durante el franquismo, centrado en los procesos de distribución de la riqueza y los recursos, a través de las lógicas de los juegos de azar y de la caridad en un país que carecía de un estado de bienestar. En este sentido, se presentaron como «manos invisibles» smithianas de distribución de riqueza dispositivos como las loterías nacionales, los juegos de azar, las rifas, los concursos, las tómbolas y prácticas caritativas y el funcionamiento del propio capitalismo de Estado. En esta compleja relación entre la proliferación de oportunidades de juego, la emergente promoción del consumo y la gestión de la desigualdad social, puede comprenderse mejor cómo la noción liberal de «azar» y la idea católica de «providencia» se superpusieron en ficciones, prácticas sociales y discursos institucionales. Esta superposición ideológica es particularmente significativa en la medida en que funciona como la matriz simbólica de los imaginarios sociales de circulación y distribución del capital en este periodo.

2. 1. Fábulas de la Intervención

El debate sobre el origen de las aeronaves no identificadas en la España de Franco incluyó la consideración del espacio exterior como un lugar de colonización, como una extensión de los cielos cristianos, como un signo de la pluralidad de los mundos habitados o como un lugar para representar alegorías apenas disfrazadas sobre el sueño de un Plan Marshall que caería como «maná» del cielo. Los relatos sobre los objetos voladores coincidieron con las alianzas entre España y Estados Unidos que culminaron en los Pactos de Madrid en 1953, y aparecieron en conexión con otras visiones milagrosas y sobrenaturales frecuentes en la época, pero también en relación con noticias que destacaban los descubrimientos de yacimientos minerales como el petróleo y el uranio, recursos energéticos que, según las informaciones en prensa, harían de España un potencial bastión clave en el Eje atlántico, tanto por su posición geoestratégica como por el valor de sus posibles exportaciones.

Tras los acuerdos con Estados Unidos, estos recursos naturales adquirieron un significado recurrente en algunas ficciones de la cultura popular, los cómics, el cine y la literatura, donde la aparición prodigiosa o mágica de capitales ocultos se traducía en una recapitalización de la propia imagen de la nación frente a sus aliados, superiores económica y militarmente. Se trataba de fábulas culturales organizadas alrededor de procesos de «encantamiento» que tenían lugar de manera simultánea tanto en el cielo como en los espacios subterráneos del territorio nacional. De este modo, el «encantamiento», entendido como mecanismo constructor de fantasías en la modernidad, se desplazaba progresivamente hacia el espacio exterior, una nueva frontera para la colonización que encubría los costes de los procesos tecnológicos y científicos de una escalada bélica terrestre que se jugaba en el control del espacio aéreo. La representación de las reservas energéticas, tanto reales como imaginarias, destinadas a revalorizar la imagen de España después del fracaso del régimen autárquico, fueron un tema central en la prensa de la época, así como en películas como *Todo es posible en Granada* (1954), de José Luis Sáenz de Heredia, sobre el hallazgo de uranio y *¡Aquí hay petróleo!* (1956) de Rafael Salvia. De manera paralela al ascenso de los avistamientos de aeronaves y de la emergencia de la ufología, la fantasía de un posible «tesoro» nacional español ambicionado por los estadounidenses daba forma a una serie de ficciones sobre la intervención económica y militar de Estados Unidos, en las que la sublimación del capital nacional adquiría la propia forma del «tesoro escondido».

2. 2. *Fábulas del espacio exterior*

La ciencia ficción espacial fue un lugar de enunciación para la representación de la alteridad en la España franquista. De modo paralelo a los informes de actividad ufológica, la tecnología espacial y las fantasías sobre otros mundos habitados fueron dispositivos para reimaginar antagonismos sociales, así como diversos anhelos utópicos. Los imaginarios espaciales españoles desplazaron las coordenadas ideológicas de la ciencia ficción estadounidense que había proliferado en plena Guerra Fría, y en la que de manera recurrente los extraterrestres que amenazaban con invadir la Tierra compartían muchos rasgos con los infiltrados comunistas popularizados por la llamada propaganda del «*red scare*» [temor rojo]. En este sentido, las ficciones españolas desplegaron nuevas interpretaciones de la vida en el espacio exterior, determinadas por la posición política de la España franquista, como el «otro» fascista incorporado al bloque democrático capitalista. En la ciencia ficción espacial se imaginaron modelos políticos y sociales en disputa, como en las novelas de quiosco *La saga de los Aznar* (1953-1958) de George H. White (seudónimo de Pascual Enguídanos), que presentaron el espacio exterior como una utopía socialista bajo la apariencia de valores cristianos, o *La nave* (1959), obra del escritor falangista Tomás Salvador, que albergó las alegorías políticas de la «reconciliación nacional» al tiempo que narraba la nostalgia por la hegemonía falangista perdida tras la apuesta del Gobierno por la familia política de los tecnócratas.

Otro ejemplo de mundos utópicos en los que una España nacionalcatólica ficticia jugaba un papel cada vez más destacado en un nuevo «orden interplanetario» global fue la serie de radioteatro y cómics *Diego Valor* (1953-1958), escrita por el general Enrique Jarnés Bergua, jefe del Servicio de Publicaciones del Estado Mayor del Ejército. Por su parte, los creadores de historietas y tebeos que podemos considerar como «exiliados interiores» también utilizaron la ciencia ficción espacial para transmitir visiones utópicas de un futuro en el que ciudadanos como ellos, que vivían como aliens, como «los otros» dentro de la España franquista, fueron retratados como seres extraterrestres. Las imágenes de tecnología aeroespacial mostradas en sus cómics revelaron, en clave costumbrista, la pobreza y la escasez reales de la vida cotidiana junto con los deseos colectivos de nuevos bienes de consumo producidos industrialmente. El excedente utópico de los imaginarios de la ciencia ficción y la ufología también se recrearon a finales de los años sesenta en el libreto de ópera *Mito* (1967) de Antonio Buero Vallejo, en el que se invita a los espectadores a imaginar una comunidad democrática por venir en la que seres extraterrestres que imitan la apariencia humana han conseguido infiltrarse con éxito en la sociedad para resistir en un estado dictatorial imaginario.

2. 3. Fábulas del azar

Denomino «fábulas del azar» a las narrativas que explican la ontología social del azar en la España franquista a partir de la representación de loterías nacionales, sorteos, concursos radiofónicos y tómbolas benéficas. Estos dispositivos configuraron una sociedad de potenciales consumidores que promovían la imagen de que cierta socialización de la riqueza se lograba a través del juego. La esperanza en el azar se convirtió en una suerte de fe «secularizada», y las expectativas de experimentar un giro fuera de lo común en la vida cotidiana permitieron a los españoles trascender algo del sentido del tiempo estático en dictadura. La circulación de capitales, debido a la inflación, y de nuevas mercancías —o al menos, su creciente representación en los medios— permitió a los ciudadanos recuperar una noción de contingencia en la que el azar se convertía en un *primum movens* no teológico que podía impulsar nuevas esperanzas sociales. En contraste con las nociones seculares de aleatoriedad y azar, los discursos nacionalcatólicos sobre el juego reforzaron la presencia de la divina providencia, como una fuerza que intervenía en las loterías nacionales —cuyo principal beneficiario era el Estado como recaudador de ingresos—, así como de las rifas benéficas patrocinadas por la Iglesia católica española y otras organizaciones.

Esta confluencia entre las políticas de Estado y las industrias del entretenimiento de masas aparecen en películas como *Historias de la radio (*1955), de José Luis Sáenz de Heredia, donde los concursos y sorteos radiofónicos se recreaban a través de narraciones providenciales en las que la ausencia de protección del estado de bienestar colectivo se sustituía ficcionalmente por la «mano invisible» de la divina providencia. También podemos analizar los efectos de concursos y loterías en películas como *Esa pareja feliz* (Bardem y Berlanga, 1951) y *Felices Pascuas* (Bardem 1955), en la obra de Antonio Buero Vallejo *Hoy es fiesta* (1956) y en la novela *Fiestas* (1958) de Juan Goytisolo. Estas ficciones desafiaron la figura franquista del jugador-consumidor, cuyo bienestar se basaba en el acceso a los bienes de consumo que posibilitaban los juegos de azar. En estas obras, los juegos fueron recreados como lo opuesto de lo que se suponía que eran, transformando los premios en pérdidas y las pérdidas económicas en victorias políticas y morales, de modo que las lógicas del beneficio se dislocaban por completo. Al desplazar tanto la noción de «providencia», fundamentada en razones teológicas, como la idea de «aleatoriedad», implícita en la lógica del libre mercado, las «fábulas del azar» recreadas por productores culturales antifranquistas ofrecieron al público una imaginación política y estética alternativa sobre el juego a través de la representación de redes de solidaridad entre los miembros más vulnerables de la sociedad.

2. 4. *Fábulas de la gracia*

Durante los años cincuenta y sesenta, la caridad fue un importante principio rector de la gestión de la distribución de la riqueza y los recursos en España. Entendida como lazo social, reforzaba en la vida diaria la jerarquía de unas relaciones de poder desiguales y arbitrarias, al tiempo que presuponía por parte de quienes la ejercían la sumisión de los asistidos, que quedarían obligados a corresponder con su obediencia o su agradecimiento. Para el proyecto biopolítico franquista, los ciudadanos no eran considerados como sujetos titulares de derechos sociales, sino como miembros de una comunidad nacionalcatólica en la que la beneficencia se convertía en la base del carácter graciable de la asistencia social. Se trataba de una particular «economía de la gracia» que operaba de manera arbitraria, como un código opuesto al de la justicia social que se obtiene a partir de unos derechos reconocidos. En este sentido, la caridad se convirtió en un importante vector que articulaba este modelo de distribución de la riqueza en la particular intersección entre la teología y la economía que caracterizó el neoliberalismo católico franquista.

El historiador Bartolomé Clavero estudió la trayectoria histórica de la noción de caridad como una relación en la que las personas que reciben un beneficio deben corresponder recíprocamente a sus donantes de alguna forma, y denominó a esta relación «antidora», «contra-don». El código de la «antidora», tal y como se configuró desde la Edad Media en Europa, establecía que los individuos situados en una posición superior debían relacionarse con aquellos situados en un nivel inferior a través de la liberalidad, la magnificencia y la caridad, unas virtudes a las que las partes beneficiadas estaban obligadas a corresponder con la gratitud o el servicio. El ejercicio de la caridad como virtud, en las sociedades que mantuvieron el credo católico tras la reforma protestante, dio lugar a lo que Clavero denomina una «antropología católica de la economía moderna». Un modelo en el que se establecía la prioridad de «las relaciones de generosidad y caritativas sobre las relaciones contractuales y jurídicas; la prioridad de la igualdad proporcional y distributiva sobre la estricta igualdad conmutativa; la prioridad del orden de la familia y los amigos sobre las autoridades públicas y administrativas» (Hennaf, 2003: 317).

El régimen franquista no necesitó el consenso civil para mantener la paz social, por lo que el sistema de seguridad social general y redistributiva que formó parte del modelo de los estados de bienestar europeos no tuvo lugar en España. Los promotores de los nuevos planes económicos, como Navarro Rubio, seguían las ideas de economistas ordoliberales como Wilhelm Röpke, divulgador de las ideas del llamado «capitalismo cristiano», que fue invitado a España por el Instituto de Economía del CSIC en 1949. Se trataba de un modelo basado en la contigüidad entre liberalismo y cristianismo, en el que la responsabilidad individual y la caridad en sus diferentes formas pasaban a ser las únicas soluciones para los problemas derivados de la pobreza y la desigualdad. Algunos ejemplos, a la hora de examinar el papel de la Iglesia católica como agente responsable de las políticas de caridad en torno a la infancia, podemos encontrarlo en las películas *Cerca de la ciudad* (Luis Lucia, 1952), *Marcelino, pan y vino* (Ladislao Vajda, 1954) y *Sor Citroën* (Pedro Lazaga, 1967). En el contexto del concordato con el Vaticano de 1953, estas películas reforzaron la idea de que los ciudadanos asistidos no eran considerados como titulares de derechos sociales, sino como sujetos que podían ser «redimidos» en una comunidad nacionalcatólica.

Sor Citroën, la comedia de Pedro Lazaga también un ejemplo de los cambios dentro de la Iglesia católica provocados por el Concilio Vaticano II (1962-65), donde podemos encontrar los nuevos imaginarios de la caridad tecnocráticos, impulsados por el mercado y orientados al mercado. Otros ejemplos de las narrativas contrahegemónicas de la caridad privada son dos películas de 1961: *Viridiana*, de Luis Buñuel, y *Plácido*, de Luis García Berlanga. En estas ficciones audiovisuales tiene lugar una interacción entre benefactores y donantes, recreada a través la situación de un banquete en el que participan pobres y ricos. Según examinó Rosa Luxemburg (2001: 103), la imagen del banquete correspondía a una visión de la caridad que en los tiempos del cristianismo primitivo se había configurado a partir de la creación de comunidades de consumo de los bienes distribuidos por el Estado. Una imagen que, como recuerda Raymond Williams, siguió expresándose históricamente a través del emblema del banquete comunitario con «la mesa cristiana y la fracción del pan como sus imágenes naturales, y la fiesta como su consumación social» (1975: 31). Se trataba de una idea de la redistribución comunitaria que, inevitablemente, se convirtió en una mistificación que suponía que toda desigualdad existente podía ser redimida «por la caridad de la fiesta consiguiente» (*ibid.*). Finalmente, la relación entre la beneficencia voluntaria y el Estado tecnocrático puede analizarse en *La oscura historia de la prima Montse* (1970), la novela de Juan Marsé que retrata las profundas transformaciones que tuvieron lugar dentro del catolicismo español con el *aggiornamiento* del Concilio Vaticano II, a partir de las lógicas culturales de la caridad, en las organizaciones de apostolado laico catalán y sus conexiones con las instancias económicas y políticas de los años sesenta.

Coda

Un ejemplo de las narrativas providenciales que todavía hoy articulan algunas de las fantasías económicas del país lo encontramos en la construcción, a comienzos del siglo XXI, de los llamados «aeropuertos fantasma», aeropuertos sin aviones que tienen escaso o nulo uso tras inversiones públicas de millones de euros. Estos lugares, auténticas ruinas del desarrollo contemporáneo, han pasado a ser un emblema de la burbuja inmobiliaria que colapsó en la crisis iniciada en 2008. Si uno de los personajes de la ciencia ficción de los sesenta mencionados anteriormente visitara uno de estos lugares, se preguntaría qué clase de fantasías colectivas sostienen un modelo económico que cree que la construcción de espacios sin ninguna función real es capaz de atraer capitales procedentes del turismo y el comercio. Se trata de una creencia que ya estaba presente en los cargamentos soñados que lanzaban los aviones estadounidenses en *Bienvenido Mr. Marshall* (García Berlanga, 1952) o en las creencias en la existencia de agentes donantes providenciales alrededor de los cuales se articulan rituales colectivos de atracción de la riqueza, tal y como sucede en los llamados «cultos al cargo».

Como se ha examinado en este texto, durante los cincuenta y los sesenta, numerosos productores culturales desafiaron los relatos sobre el «milagro económico» y la circulación y distribución de capitales que el régimen franquista promocionaba. Los escritores, cineastas y dibujantes que reflexionaron sobre la situación del país en la Guerra Fría y que imaginaron una vida en el espacio exterior más justa y solidaria, así como los creadores que inventaron ficciones críticas con el espectáculo de los juegos de azar o contra los privilegios de quienes ejercían la caridad, otorgaron nuevos significados a las ideas sobre el desarrollo y la distribución de la riqueza. Tal y como afirmaron en 1973 los vecinos de Sástago (Zaragoza) en un cartel colgado en la iglesia de su pueblo, con el mensaje «Llaman milagro al desarrollo, pero el milagro está en el reparto», otras alternativas sobre el reparto de la riqueza y los recursos son posibles. Si, como apuntó Walter Benjamin, «cada época sueña la siguiente»; el análisis de las fantasías colectivas que formaron parte de la vida de las generaciones que nos precedieron puede llevarnos a comprender no solo cuáles fueron sus ideas sobre el «milagro económico español», sino también a conservar el recuerdo sobre cuáles fueron sus deseos acerca del reparto de ese «milagro».

Bibliografía

Aglietta, Michel (1986): *Regulación y crisis del capitalismo*, Madrid, Siglo XXI.

Althusser, Louis (2005): *For Marx*, Londres, Verso.

Ban, Cornel (2016): *Ruling Ideas: How Global. Neoliberalism Goes Local*, Oxford, Oxford UP.

Banco Hispano Americano (1963): *La situación económica en 1962*, Madrid, Banco Hispano Americano.

Calvo Serer, Rafael (1956): *La aproximación de los neoliberales a la actitud tradicional*. Madrid, Editora Nacional.

Carr, Raymond (1983): *España: de la Restauración a la democracia, 1875-1980*, Madrid, Ariel.

Casanova, José (1983): «The Opus Dei Ethic, the Technocrats and the Modernization of Spain», en *Social Science Information/ Sur les sciences sociales*, vol. 22, nº 1, pp.27-50.

Clavero, Bartolomé (1991): *Antidora. Antropología católica de la economía moderna*, Milán: Giuffrè.

Delgado Gómez-Escalonilla, Lorenzo (2015): «Modernizadores y tecnócratas. Estados Unidos ante la política educativa y científica de la España del desarrollo», en *Historia y Política*, n.º 34, pp. 113-146.

Derrida, Jacques (2010): *Seminario La bestia y el soberano. Volumen I (2001-2002)*, Buenos Aires, Manantial.

Fernández-Cebrián, Ana (2023): *Fables of Development: Capitalism and Social Imaginaries in Spain (1950-1967)*, Liverpool, Liverpool University Press.

Franco, Francisco (1964): *Discursos y mensajes del Jefe del Estado 1960-1963*, Madrid, Publicaciones Españolas.

Gallo, Max (1974): *Spain Under Franco; A History*, Nueva York, Dutton.

Hennaf, Marcel (2003): «Religious Ethics, Gift Exchange and Capitalism», *European Journal of Sociology*, n.º 44, pp. 293-324.

Jameson, Fredric (1973) «The Vanishing Mediator: Narrative Structure in Max

Weber», en *New German Critique*, vol. 1, pp. 52-89.

— (2013) «The Experiments of Time: Providence and Realism», en *The Antinomies of Realism*, Nueva York, Verso, pp. 195-231.

Klein, Naomi (2007): *The Shock Doctrine*, Toronto, Knopf.

López Rodó, Laureano (1970): *Política y desarrollo*, Madrid, Aguilar.

Luxemburg, Rosa (2001): «Socialism and Churches», en *Marxism, Socialism and Religion*, Chippendale, Resistance Books.

Moreton, Bethany (2021): «Our Lady of Mont Pelerin: The "Navarra School" of Catholic Neoliberalism», en *Capitalism: A Journal of History and Economics*, vol. 2, n.º 1, pp. 88-153.

Navarro Rubio, Mariano (1991): *Mis memorias. Testimonio de una vida política truncada por el Caso Matesa*, Barcelona, Plaza y Janés.

Olsen, Niklas (2019): *The Sovereign Consumer: A New Intellectual History of Neoliberalism*, Nueva York, Palgrave Macmillan.

Pavlović, Tatjana (2011): *The Mobile Nation. España cambia de piel (1954-1964)*, Bristol, Intellect.

Rist, Gilbert (2014): *The History of Development: From Western Origins to Global Faith*, Londres, Zed Books.

Thatcher, Margaret (1981): «Economics are the Method; the Object is to change the Hearth and Soul, *Sunday Times*, consultado en https://www.margaretthatcher.org/document/104475.

Vázquez Montalbán, Manuel (1977): *Diccionario del franquismo*, Barcelona, Dopesa.

Williams, Raymond (1975): *The Country and the City*, Nueva York, Oxford University Press.

El problema de lo abierto y lo cerrado en la modernidad democrática española. De Cecilia Bartolomé a Carla Simón

Eduardo Maura

Mi intención en estas páginas es repensar el problema del progreso y el futuro en la España contemporánea. En particular, se trata de recorrer filosóficamente las angustias de índole institucional, sanitaria, bélica, económica y cultural, entre otras muy diferentes pero intensamente interconectadas, que cabe experimentar en la vida cotidiana en este país. La manera de hacerlo será el análisis de dos películas, a mi entender, significativas en términos de angustia: *Vámonos, Bárbara* (Cecilia Bartolomé, 1978) y *Alcarràs* (Carla Simón, 2022), que acompañaré con la lectura de algunas obras relevantes de Henri Bergson, Herbert Marcuse, Gilles Deleuze y Michel Foucault.

Mis motivos no son tanto eruditos, aunque me interesan el periodo y sus recovecos filosóficos y éticopolíticos. Parto de que desde hace un tiempo se siente una onda reaccionaria, una sensación de bloqueo ante el futuro, una corriente de incertidumbre existencial, de agotamiento del cuerpo y también de la imaginación. Esto, naturalmente, no ocurre solo en España. También se habla en términos existenciales de cansancio y angustia cuando se observan los asaltos al Capitolio estadounidense en 2021 y a la Plaza de los Tres Poderes brasileña en 2023; cuando se estudian el referéndum del Brexit de 2016 y el voto a Marine Le Pen en los sectores llamados «populares»; cuando se abordan tendencias como la «gran dimisión» o, por supuesto, la pandemia y la guerra de Ucrania. Sin cerrarme a pensar estas conexiones globales, voy a centrarme en el caso español, que creo puede ser útil para pensar también más allá de dichas fronteras.

La hipótesis que quiero compartir no es si estamos angustiados, que más que una hipótesis parece una obviedad, sino si nos encontramos, angustia mediante, ante una transformación de las formas espaciales y temporales de nuestra experiencia. En concreto, quiero pensar si está en crisis la configuración simbólica según la cual «pasado = cerrado» y «futuro = abierto». En otras palabras, si nos encontramos ante un cambio de paradigma en la experiencia del futuro y, por extensión, de su relación con el presente y el pasado.

Si pensamos desde España, la idea de que todo tiempo pasado fue peor y que una vida abierta es mejor que una vida cerrada, una vida ancha mejor que una estrecha, es el imaginario constitutivo de la modernidad democrática española. La modernidad democrática española se construye, en sus momentos definitorios, como huida hacia delante, como salida del gris y de los grises del franquismo (Maura, 2018). Sin embargo, hay algo en nuestro lenguaje, en nuestros debates, actitudes y gestos cotidianos, que dice otra cosa. Dice que no soportamos más apertura, que estamos cansados de no tener nada firme a qué agarrarnos, que vivimos en crisis de ansiedad permanente y anhelamos la certeza de que todo esto va a servir para algo. Estas sensaciones conviven con la idea de modernidad como apertura y de la historia como progreso de manera matizada y complementaria, pero puede que también contradictoria.

Esta sensación generalizada de angustia existencial viene acompañada de un cierto «bloqueo» o «cierre de la imaginación» (Bustinduy, 2023; Maura, 2022a; 2022b). Me interesa esta idea porque enlaza con debates importantes sobre la vida en condiciones capitalistas: ¿ha llevado a cabo el capitalismo, en sus diferentes etapas y líneas de fuga, una apertura o un cierre de nuestra existencia? ¿El capitalismo contemporáneo, en lo que tiene de ampliación del principio de competencia a niveles conscientes e inconscientes, de conector universal y nexo afectivo, es un factor de ensanchamiento de la vida con respecto a épocas anteriores? ¿O, por el contrario, nos hace «más pequeños»?

Sin duda, en el relato español, pero también en el de Europa del Norte y en el estadounidense, que son los relatos hegemónicos en nuestro ámbito, el consumo de masas está directamente asociado a la ampliación de la vida. No hay más que recordar el célebre sueño de Juan en *¡Bienvenido Míster Marshall!* (Luis García Berlanga, 1953), en el que «el Juan», agotado por el trabajo, sueña con unos Reyes Magos norteamericanos que, plagados de resonancias militares como el avión y el paracaídas, le «traen» un tractor para que le ayude con la labranza.

Es también el caso de la transición del campo a la ciudad en películas tan importantes como *Surcos* (José Antonio Nieves Conde, 1951) o *El mundo sigue* (Fernando Fernán Gómez, 1965). Se trata de obras producidas en contextos muy diferentes —*Surcos* todavía en clave de crítica de la modernidad urbana y de la ciudad como perdición y como pesadilla y *El mundo sigue* ya en condiciones desarrollistas—, pero que comparten la idea de que el acceso a bienes de consumo determina absolutamente la vida, tanto si se logra como si no. En ambos casos ocurre que una de las hijas de la familia puede acceder al encantamiento del consumo de masas a cambio de convertirse en la amante mantenida de un hombre pudiente, lo cual genera tensión con la mirada tradicional a la sexualidad y a la familia, pero en ningún caso una contradicción insalvable.

En definitiva, el capitalismo aparece como un modo de apertura, y el acto de consumir como una manera de significar algo en el mundo, individual y colectivamente. Este «formar parte», integrándose en los mercados internacionales, también significa aspirar a ser uno mismo a través de nuestras decisiones de consumo (qué nos ponemos, qué hacemos en nuestras vacaciones, a qué colegio llevamos a nuestros hijos, etc.). Existe, por tanto, una línea que conecta el capitalismo con la apertura y con el futuro. No hay futuro sin capitalismo, igual que no hay vidas abiertas sin libertad para consumir.

La pregunta que cabe plantearse es: ¿se puede seguir trazando esa línea recta que vincula capitalismo, apertura y futuro o algo se ha torcido? ¿Cómo se manifiesta culturalmente la posibilidad de la ruptura de esa linealidad? ¿Se manifiesta en nuestras conversaciones, en nuestros memes, en nuestras películas? Y si es así, ¿cómo lo hace? Para tratar de dar una respuesta, voy a plantear un argumento en dos fases. Primero haré una breve consideración teórica sobre dos polos interpretativos del capitalismo que pueden ayudarnos a pensar el problema de la incertidumbre y después comentaré brevemente la obra de las dos cineastas mencionadas: una icónica de la Transición como Bartolomé, otra representativa de una nueva generación como Simón.

1. Capitalismo cerrado/capitalismo abierto

Cuando se discuten los diferentes modelos interpretativos de la historia de las sociedades capitalistas contemporáneas, es habitual encontrar una tensión entre dos polos. Uno, representado por Herbert Marcuse y Guy Debord, piensa el capitalismo como cierre, como sistema de dominación total. El otro, liderado por Michel Foucault y Gilles Deleuze, plantea que la dominación capitalista está en proceso de transición de un modelo basado en la fábrica, la disciplina y el control de los salarios, a un modelo, en los términos de Deleuze, de sociedades de «control al aire libre», en las que el alma empresarial se extiende universalmente en forma de «estados metaestables y coexistentes de una misma modulación» (Deleuze, 2014: 278-280).

En el curso del Collège de France titulado *Nacimiento de la biopolítica* (1978-1979), Foucault dialoga con críticos de la modernidad capitalista como Werner Sombart y el propio Marcuse, de quienes señala que su imagen del capitalismo consiste en que este arranca a los individuos de su comunidad natural y los junta en una nueva unidad de sentido llamada «masa» que, por definición, es homogeneizadora. La sociedad de consumo va da la mano con el Estado burgués para producir una mediación total:

> El capitalismo y la sociedad burguesa privaron a los individuos de una comunicación directa e inmediata de unos con otros y los forzaron a comunicarse solo por intermedio de un aparato administrativo y centralizado. Por lo tanto, los [han] reducido a la condición de átomos, sometidos a una autoridad, una autoridad abstracta en la que no se reconocen. La sociedad capitalista impuso asimismo a los individuos un tipo de consumo masivo que tiene funciones de uniformización y normalización. Por último, esta economía burguesa y capitalista condenó a los individuos, en el fondo, a no tener entre sí otra comunicación que la que se da a través del juego de los signos y los espectáculos (Foucault, 2007: 144-145).

Según este argumento, el capitalismo posterior a la Segunda Guerra Mundial apuntaría a formas de dominación social que Marcuse (2010a: 55-57) denomina en *El hombre unidimensional* (1964) «sociedad de movilización total», pues en ella se ponen en juego enormes cantidades de esfuerzo y tecnología al servicio de «necesidades represivas». Estas necesidades, que son proporcionadas al individuo desde el aparato tecnoeconómico, son «represivas» porque «perpetúan el esfuerzo, la agresividad, la miseria y la injusticia» y porque su satisfacción no produce felicidad: «el resultado es, en este caso, la euforia dentro de la infelicidad» (Marcuse, 2010a: 35). Mantener activo y legitimado un sistema como este implica un enorme gasto de energía, lo cual hace que nos encontremos:

> [...] ante uno de los aspectos más perturbadores de la civilización industrial avanzada: el carácter racional de su irracionalidad. Su productividad y eficiencia, su capacidad de incrementar y difundir el confort, de convertir lo superfluo en necesidad y la destrucción en construcción, el grado en que esta civilización transforma el mundo-objeto en extensión de la mente y el cuerpo del hombre hace cuestionable hasta la noción misma de alienación. La gente se reconoce en sus mercancías; encuentra su alma en su automóvil, en su aparato de alta fidelidad, en su casa, en su equipo de cocina. El mecanismo que une el individuo a su sociedad ha cambiado, y

> el control social se ha incrustado en las nuevas necesidades que ha producido (Marcuse, 2010a: 39).

La paradoja que Marcuse quiere mostrar, y que Foucault no parece tener en cuenta, es que esta sociedad de la racionalidad irracional pone en juego capacidades que podrían servir para romper sus propios moldes. Siempre reconociendo, claro está, que en sociedades industriales avanzadas las viejas nociones de libertad, igualdad y fraternidad han cambiado drásticamente: liberarse ha pasado a significar algo diferente de lo que significaba en épocas anteriores, esto es, liberarse de la servidumbre del poder absoluto.

Liberarse de las formas de vida capitalistas de posguerra tiene más que ver con rehabilitar la negación concreta frente a la queja abstracta, con visibilizar las formas de vida que dicho capitalismo no es capaz de cohesionar, integrar o racionalizar, que con armar al pueblo al estilo de las revoluciones modernas. De hecho, históricamente, casi todas las formas de liberación han tendido a convertirse en formas de cohesión social. La primera de todas: la idea tradicional de «pueblo» como «fermento del cambio social» (Marcuse, 2010a: 285).

Por motivos teóricos y prácticos, pero también por ciertos déficits de lectura, Foucault se siente muy lejos de Marcuse. Para Foucault, cuyo objeto es el incipiente neoliberalismo de fines de los setenta, el capitalismo contemporáneo, supuesto heredero del capitalismo fordista de consumo de masas, no consiste en la prolongación de un programa de dominio de clase ni de una racionalidad totalizadora. Al contrario, se trata de una racionalidad de gobierno que, para hacerse hegemónica, debe crear sus propias formas de subjetividad. La más conocida: el individuo como «empresario de sí». Esto es, un individuo que mantiene relaciones empresariales consigo mismo, con su vejez, sus capacidades, sus afectos, su formación, etc. Un sujeto que atrae deuda y capitales sobre sí mismo y que, en consecuencia, procura no depreciarse en un mercado competitivo.

Para Foucault, el neoliberalismo no aplana al individuo ni es una prolongación del liberalismo clásico, sino una ruptura con los principios clásicos del *laissez-faire*, del libre cambio y del primado del sujeto de intereses sobre el sujeto de derechos. El neoliberalismo no realiza un cierre unidimensional[1]. Más bien, produce modos de vida intensamente competitivos para los cuales abrirse y relacionarse con el mundo es un imperativo de mercado: vivir es competir y, quizá todavía más, vivir es luchar contra la pérdida del propio atractivo inversor.

Según esto, el capitalismo neoliberal se impone abriendo, no cerrando, diversificando, no homogeneizando. En palabras de Deleuze, ya no es una sociedad disciplinaria que produce un cuerpo fabril, que puede ser movilizado en masa, que se identifica con máquinas simples (palancas, poleas, relojes) y máquinas energéticas (telares, fogones, ferrocarriles), sino una sociedad de control atravesada por una etérea dimensión empresarial, una sociedad con «alma empresarial». Si el capitalismo del siglo XIX tendía a la concentración, el actual es un capitalismo de ventas:

> Por eso es especialmente disperso, por eso la empresa ha ocupado el lugar de la fábrica. La familia, la escuela, el ejército, la fábrica ya no son medios analógicos distintos que convergen en un mismo propietario, ya sea el Estado o la iniciativa privada, sino que se han convertido en figuras cifradas, deformables y transformables, de una misma empresa que solo tiene administradores. Incluso el arte ha abandonado los círculos cerrados para introducirse en los circuitos abiertos de la banca (Deleuze, 2014: 283).

Dado que el objeto de este texto no es la filosofía política de Deleuze y Foucault, y por tanto sin entrar en si este diagnóstico

1 Debe señalarse que en *El hombre unidimensional* y en *Eros y civilización* (1955), Marcuse llega a conclusiones compatibles con este diagnóstico. No existe tal cosa como un cierre definitivo, en su opinión: «Pero si el carácter abstracto de la negación es el resultado de la reificación total, el fundamento concreto para la negación puede existir todavía, porque la reificación es una ilusión. Por el mismo motivo, la unificación de los opuestos en el medio de la racionalidad tecnológica debe ser, en toda su realidad, una unificación ilusoria, que no elimina ni la contradicción entre la creciente productividad y su uso represivo, ni la necesidad vital de resolver la contradicción» (Marcuse, 2010a: 285).

puede ser matizado o disputado, ¿por qué nos interesa esta tensión entre lo cerrado y lo abierto de cara a pensar la modernidad democrática española? El motivo es que las corrientes principales del capitalismo hispano, derivadas del desajuste de la posguerra civil y la autarquía, se piensan muy bien desde esta tensión entre lo cerrado y lo abierto. De hecho, la cultura política de la modernidad democrática española puede definirse como una «cultura de lo abierto», acostumbrada a identificar lo cerrado con el pasado, nunca con el futuro.

2. La España de Ana y Bárbara

El capitalismo hispano, potenciado por el Opus Dei con el Plan de Estabilización de 1959 y con el llamado «milagro económico» del segundo franquismo, todavía se explica en nuestros días en términos de apertura, particularmente cuando se compara con la economía ruralizada y poco menos que deprimida que vemos en películas como *La venganza* (Juan Antonio Bardem, 1958). Sin embargo, tampoco cabe duda de que el capitalismo español de los sesenta sigue un patrón de concentración orientado a la inversión en infraestructuras e industrias y al aumento de la recaudación pública. Es un modelo económico que promueve el éxodo rural y busca el fortalecimiento de un Estado que se había encontrado muy cerca de ser inviable. Todo ello sin cuestionar la necesidad de un poder dictatorial que oriente el proceso (Villacañas, 2022).

Esto encaja bien con la mirada de Marcuse, que veía en el capitalismo de consumo de masas un cierre general de la vida, incluido un «cierre del universo político». Marcuse lo detecta en la maquinaria bipartidista norteamericana y en la represión de la imaginación política que esta lleva a cabo, pero su reflexión no queda lejos de la tecnocracia opusdeísta. En España, la dictadura convive con la apertura a los flujos internacionales de consumo, produciendo una imagen ambigua: autoritaria, qué duda cabe, pero también de diversificación de las vidas posibles, siempre dentro de un orden. Esta aleación de dictadura y apertura, de consumo y futuro, es una construcción enormemente exitosa en lo cultural y lo político. Casi se diría que paradójicamente marcuseana.

Y es que, si bien Marcuse está pensando en las sociedades democráticas avanzadas como las principales productoras de unidimensionalidad, no en una dictadura periférica del sur de Europa, cabe pensar que el franquismo desarrollista tiene rasgos de sociedad de movilización total. Según se explica en *El hombre unidimensional*, algunos de estos atributos son una racionalidad tecnológica que mantiene el cuerpo y el espíritu en un «estado de permanente movilización» al servicio del sistema productivo; un gobierno que ejerce de estímulo de los intereses de las grandes empresas; una economía mundial sujeta a un sistema de alianzas militares y unos hogares que se abren cada vez más a los medios de comunicación de masas (Marcuse, 2010a: 57).

La piel quemada (Josep Maria Forn, 1967) es un buen ejemplo de cómo la «movilización total» integra la vieja España y la nueva economía de consumo. En ella se cuentan los últimos días de «soltería» de José (en sentido figurado, pues está casado, pero se ha ido a trabajar por su cuenta unos meses), un obrero de la construcción andaluz, en Lloret de Mar: días de trabajo duro y noches de desenfreno con turistas francesas, de flamenco y de desprecio racial y de clase. A la vez, se cuenta el viaje de Juana, la mujer de José, cuyo trayecto en tren opera como contraste entre el pasado sureño que dejan atrás y el futuro encarnado por la nueva economía turística.

A mi entender, *Vámonos, Bárbara* aporta una mirada incisiva a este contexto. La película, ambientada a mediados de los setenta, cuenta la ruptura de Ana con su marido, su universo familiar y su educación sentimental en el área metropolitana de Barcelona. Primero, sabemos que Ana tiene alrededor de cuarenta años y ha sido educada para ser la mujer de su marido. También que se aburría tanto que decide trabajar en el emergente mundo de la publicidad, donde, probablemente por tedio, se acuesta con un compañero de trabajo.

Pero su historia no es la de una mujer que abandona todo por otro hombre. Al contrario, es la historia de una mujer que descubre que se ha abandonado a sí misma por los hombres. Esto lo enfatiza Bartolomé en una escena en la que Ana le dice por teléfono a su marido, que está en Londres trabajando (y pasando unos días con otra mujer), que lo mejor es que se separen, que se había resignado «a vivir como una mujer acabada» y que ya no lo soporta. A lo largo de la escena se intercalan planos de Ana al teléfono con fotografías de su boda, de su hija Bárbara, de su madre y de sus tías en la posguerra, imágenes que representan su procedencia y el sentido (fallido) de su vida hasta ese momento. En esta escena, lo abierto es la vida que viene, la que se trata de conquistar contra el criterio de su familia y de sus amigos, que le dicen que está loca y que sin su marido no hay futuro. A partir de la separación, la película se convierte en una doble huida hacia delante: Por un lado, madre e hija recorren diferentes escenarios en busca de una vida posible: primero se alojan en la casa de una tía muy querida, pero que acaba pactando con el marido una «recompensa» por devolverlas a casa. La acción tiene lugar en un pueblo de la costa que, abarrotado de turistas y lleno de bloques de apartamentos, ya no se parece al mundo rural de los veranos de infancia de Ana. Aquí, el desarrollismo implica a la vez una apertura económica y un cierre visual.

> Más tarde, madre e hija se van a otro pueblo costero, también turistizado, donde Ana visita a su amiga Paula y se abre a nuevas experiencias sociales, afectivas y con estupefacientes. Ahí conoce a Iván, un guía turístico con el que tendrá sus más y sus menos. La economía de servicios turísticos es el hilo conductor de los viajes de Ana y Bárbara. Allá donde van, todo está cambiando y no necesariamente a peor. Hay incertidumbre, pero también hay camino.

Por otro lado, Ana ha iniciado una lucha contra el pasado lo suficientemente importante como para que sea justo este el que determine su relación con Iván. Se divierten, salen, disfrutan juntos como Ana nunca había disfrutado con su marido. Las cosas están cambiando en lo económico y en lo cultural, pero no tanto ni tan rápido para las mujeres. En cuanto Iván empieza a parecerse a un hombre normativo, y no tarda mucho, en cuanto se vuelve posesivo, altivo y cruel como su marido, lo abandona en una gasolinera y sigue adelante con su hija. Solo que lo hace sin el soporte de su familia, a la que no va a recurrir nunca más.

La película puede, y debe, leerse con perspectiva de género (con escenas explícitamente *riot*, como la de las mujeres que se rebelan contra el chófer machista de un autobús de línea al que acaban persiguiendo por el campo), pero a la vez puede interpretarse como una reflexión sobre el futuro.

Bartolomé no escatima críticas al turismo como modelo económico, pero sus personajes asumen con naturalidad, como Paula le dice a Ana, que las cosas simplemente cambian; es decir, que hay horizontes viables en el marco del nuevo fordismo turístico hispano, que existe dominación, pero que esta es más llevadera en un mundo de consumo de masas que en el modelo autárquico anterior, que el modelo de las sociedades hiperconsumistas tiene una dimensión liberadora y que la ambivalencia que Marcuse señalaba, según la cual en las sociedad avanzadas conviven procesos de dominación y liberación, se puede pensar también apolíticamente. Ni un solo personaje de la película piensa en términos macropolíticos de transformación institucional, pero tampoco micropolíticos de transformación de las formas de vida. Digamos que no hablan de política. No son franquistas y les va cierto estilo de vida «alternativo», pero eso es todo lo que sabemos. Cómo se traduce políticamente su estilo de vida, si lo hace, es un misterio.

Sin embargo, la película no carece de intensidad política. Al contrario. Solo que se trata de una intensidad ambigua. Ana participa de las posibilidades del mundo del consumo. No se rebela contra él, sino que lo abraza, y a la vez no quiere estar cerca de un hombre que aspire a poseerla como una propiedad privada: «se creen que nosotras somos cosas», dice de los hombres (heterosexuales) en una conversación con un amigo (homosexual). Además, como sabemos por la primera escena, Ana está en condiciones de ganarse la vida por sí sola, de no depender de nadie nunca más. En *Vámonos, Bárbara*, el presente puede ser difícil, pero siempre queda el futuro; siempre hay esperanza.

«Al fin solas», le dice Ana a Bárbara cuando abandonan a Iván, el último hombre de sus vidas, en una gasolinera. Ese «al fin solas» no conlleva angustia ni desesperación. Es un «solas» optimista, no desvalido. Puede que Ana y Bárbara no vayan a cambiar el mundo, que sean subproductos de la España consumista, pero son más libres al final de la película que al principio. Su conformismo con respecto al sistema económico no es incompatible con una evidente sensación de liberación. Como mujeres, desde luego, pero no solo. Y lo más importante de todo: tienen un lugar al que ir y ese lugar es el futuro. El «Vámonos, Bárbara» del título es, en suma, descriptivo (indica una situación objetivamente en curso) y prescriptivo (porque hacen lo que deben).

3. La España de los Solé

Si avanzamos una década con respecto a la historia de Ana y Bárbara, vemos cómo el capitalismo español de los ochenta gira en torno a modos de subjetividad económica que tienden más al tipo social de Mario Conde que a la España turística (y que, en todo caso, son perfectamente compatibles).

Esta transición se aprecia mejor si comparamos las opciones vitales de Ana con un anuncio de Repsol emitido en televisión unos meses después de su debut en bolsa, el 11 de mayo de 1989, en el marco de la privatización de la compañía, donde se publicita una campaña de suscripción de acciones. Aquí el futuro ya no pasa por el coche, una pequeña red de amistades y la certeza de que, al fin y al cabo, cualquier tiempo pasado fue peor, sino por la incorporación al flujo capitalista global[2].

2 El anuncio puede verse en https://youtu.be/p1KZuLJyRc8 (visitado el lunes 3 de julio de 2023).

Tras ver una enorme plataforma petrolífera emerger en alta mar entre la niebla, llena de trabajadores y en plena actividad, observamos cómo comienza a moverse hacia la costa. Numerosas personas esperan su llegada. Se abre la puerta y todas comienzan a subir. Allí les espera una larga mesa estilo junta de accionistas. Una voz en *off* enfatiza que al fin uno puede formar parte de algo grande, sentarse en la mesa de los que importan. Todo ocurre a la manera de lo que Deleuze denomina la empresa como «alma etérea» de la sociedad, que aquí se representa como imagen privilegiada del porvenir. Tener éxito es formar parte de la «totalidad del flujo» (Groys, 2016: 19), un enorme fluir de vidas y procesos, de fuerzas, datos y cuerpos, donde la principal distinción, tal como señala el anuncio, es entre «ser jefe de nuestra empresa más grande» o quedarse fuera, como casi le ocurre a un accionista dubitativo que llega cuando las compuertas están a punto de cerrarse.

Liberarse, por tanto, ya no consiste en liberarse del pasado, como le ocurría a Ana. Liberarse consiste en invertir bien, en «pasar a la acción». En este periodo avanzado de la nueva configuración del capitalismo neoliberal, con España en la Comunidad Económica Europea y la reconversión industrial a pleno rendimiento, produciendo ya efectos reales en la vida cotidiana, tiene lugar el cambio definitivo de fase económica de la modernidad democrática española. Deleuze lo reconoce de manera destacada en su «Post-scriptum sobre las sociedades de control» (1990):

> En el *régimen empresarial*, los nuevos modos de tratar el dinero, de tratar los productos y de tratar a los hombres [...] ya no pasan por la antigua forma de la fábrica. Son ejemplos mínimos, pero que nos permiten comprender mejor lo que hay que entender por «crisis de las instituciones», es decir, la instalación progresiva y dispersa de un nuevo régimen de dominación (Deleuze, 2014: 285).

Aquí nos encontramos de nuevo con el problema de gestionar la incertidumbre. Los personajes de Bartolomé están en apuros, pero parecen nadar a favor de una corriente que los deja respirar incluso en el marco de un capitalismo altamente centralizado y monopolista, *a priori* más dominante que el «capitalismo disperso» al que se refiere Deleuze. La pregunta clave para abordar este punto es si, en condiciones capitalistas, la liberación de los grandes flujos de movimiento financiero trae consigo una ampliación de la vida o si, por el contrario, la apertura económica y la apertura vital se han divorciado. Esto es, han dejado de operar de manera socialmente coherente y efectiva.

Desde estas coordenadas, se dibuja más claramente el lugar de *Alcarràs* en la modernidad democrática española. Simón propone un escenario y una historia muy diferentes a las de *Vámonos, Bárbara.* La trama, muy resumidamente, se despliega en torno a los Solé, una familia rural de Lleida que se dedica a la fruta. Tras décadas trabajando una tierra que no les pertenece por ley, pero que siempre ha sido suya porque el abuelo ayudó al propietario a escapar de las represalias de grupos, seguramente anarquistas, tras el golpe de 1936, ven cómo su modo de vida se ha vuelto imposible. La fruta no da dinero suficiente. Es un negocio duro en el que, además, impera la desigualdad entre clanes, razas, mujeres y hombres. Los precios bajan, los intermediarios crecen, los grandes mayoristas marcan los precios, la especulación impera. No hay más remedio que aceptar que el futuro está en instalar placas solares donde antes había árboles frutales, pero las placas también duelen. Abandonar la tierra para instalar placas solares implica dejar que las energías renovables ocupen el lugar de la familia y de la solidaridad tradicional, a las que ni siquiera el fordismo desarrollista había desplazado completamente.

La dialéctica de la modernización, tantas veces tematizada en la filosofía del siglo XX, consiste en que toda fuerza productiva puede ser a la vez una fuerza destructiva. Esta dialéctica aparece explícitamente en *Alcarràs* bajo la forma de una tensión entre la vida asociada a la fruta y la vida asociada a las placas. Desde cierto punto de vista, que el futuro de una comarca pase por las renovables no está mal. El tema es que, por más verdes que sean, el progreso de las renovables transforma la experiencia del mundo de una manera que nadie en la película parece desear o haber elegido libremente[3].

Esto produce una enorme ansiedad en el cabeza de familia. Al mismo tiempo que desea seguir con su modo de vida, no puede evitar sentir que sus hijos tienen que pasar página y ponerse a estudiar. La ciudad y los estudios, como las renovables, aparecen como algo incierto que quizás pueda ofrecer una salida mejor que el campo, pero también como un destino que se impone desde fuera y que en ningún caso es garantía de nada. Las placas parecerían simbolizar un futuro más abierto y sostenible, pero, al mismo tiempo, se experimentan como una forma de «control al aire libre».

En *Alcarràs* hay dos personajes adolescentes que encarnan la incertidumbre como tema y motor de la película. Viven ansiosamente este proceso que podríamos llamar de «apertura sin liberación»: Roger, el mayor, trabaja con su padre y oscila entre perseguir la validación paterna en el campo y la necesidad de salir de fiesta y desahogarse. Por su parte, Mariona se identifica con la hermana urbanita, lesbiana, a la que defiende en una pelea entre hermanos, pero permanece atada a su familia, a sus amigas y a su pueblo. En todo momento el futuro aparece como amenaza. Nadie en el pueblo se imagina el futuro como algo excitante, lleno de posibilidades.

Una alternativa a este abismo sería entender la película como un canto a la tierra y a la tradición, a lo viejo y previsible como alternativa a lo nuevo y angustioso. Sin embargo, la película no endulza de manera explícita el pasado. Si lo hace es implícitamente y por contraste con una angustia digamos «neoliberal», debida a un peligro externo que tampoco presenta hasta el final[4]. En *Alcarràs* el pasado aparece atravesado por la violencia de la guerra y la desigualdad de clase. Y cuando se subrayan los vínculos afectivos a través de las canciones y del teatro familiar, no se ofrecen como alternativa, sino como reliquia.

3 Este mismo dilema aparece de otra manera en *As bestas* (Rodrigo Sorogoyen, 2022).

4 La distinción entre la angustia debida a motivos externos y la angustia debida a amenazas pulsionales es de Sigmund Freud (1992). También puede verse una interpretación muy productiva de este problema en el marco del capitalismo de posguerra en *Los usos del desorden* (1970) de Richard Sennett (2022).

Ciertamente, hay muchas lecturas disponibles de la obra de Simón: algunas ponen lo nostálgico en el centro (Ferrá, 2022; Cinelli, 2023), otras descartan que la nostalgia sea un motor de la película (Blanes, 2022; Zurro, 2022); las hay que apuntan a una nostalgia «corpórea y provechosa» (Alba Rico, 2022) en contraposición con la nostalgia más melancólica y reaccionaria (Lenore, 2022). Por último, las posiciones más críticas se hallan en redes sociales y enfatizan su carácter conservador y sus contradicciones en materia de ecologismo y feminismo, aunque se trata de un posicionamiento notablemente minoritario en la prensa generalista y especializada. Es llamativa la brecha entre la recepción universalmente elogiosa de *Alcarràs*, dentro de cierta variedad, cuando la película solo se había visto en festivales, y la mirada de las redes sociales, mucho más escéptica, cuando la película se va viendo más.

Por mi parte, no termino de ver que en *Alcarràs* el pasado esté construido como algo cerrado, seguro, firme, lo cual sería clave para definir la película como «nostálgica». En el ecosistema cultural contemporáneo, no se tiene nostalgia de lo que no es firme. Para el nostálgico, el pasado es un Leviatán, no un Behemoth. Es un suelo, no una nebulosa. Incluso si lo que se echa de menos es un pasado de fiestas y diversión (como ocurre en el mito de la «edad de oro»), se echa de menos como un bloque homogéneo de fiestas y diversión, no como un mixto de altos y bajos. Esto es, lo que se echa de menos es casi siempre una idealización general, no algo concreto. Sin embargo, la representación del pasado en *Alcarràs* está suficientemente abierta, o es suficientemente ambigua, como para impedir idealizarlo. Pese a la simbología del final, con la grúa desarbolando la tierra mientras la familia embota melocotones, tampoco se nos propone volver al paraíso perdido.

Mi propuesta de interpretación es que, más que adolecer de nostalgia, a *Alcarràs* le ocurre que sus personajes no son capaces de imaginarse el futuro; que lo que tienen es un bloqueo de la imaginación política o, por decirlo con Henri Bergson, un «déficit de fabulación», una merma de la capacidad de fabular. Para Bergson, la «función fabuladora» es la capacidad humana de sobreponerse a los problemas e inquietudes que no conseguimos resolver con la inteligencia. Según él, la inteligencia ha sido un éxito porque su desarrollo ha servido para resolver muchos de los problemas prácticos de nuestra vida (Bergson, 2020: 177). Aunque a menudo es tipificada como un órgano fundamentalmente cognitivo-teórico, la inteligencia tiene que ver con actuar eficazmente en el mundo, sobre la naturaleza, con arreglo a fines. Su función es esencialmente activa y resolutiva, no contemplativa y especulativa, y su principal plasmación son las herramientas de intervención en el entorno de las que nos hemos dotado precisamente como seres inteligentes[5].

Esto incluye los problemas causados por la propia inteligencia cuando se vuelve conflictiva, pues los seres inteligentes, por más que nos dotemos de lenguajes, ciencias, religiones y culturas compartidas, no estamos exentos de antagonismo. El predominio de nuestra inteligencia sobre la naturaleza no nos exime de problemas sociales y no nos garantiza un final feliz: «Hoy día, en pleno desarrollo de la ciencia, vemos los más bellos razonamientos del mundo derrumbarse ante un solo experimento: nada resiste a los hechos» (Bergson, 2020: 108). Singularmente, entramos en conflicto cuando la inteligencia aconseja el egoísmo para resolver una determinada situación problemática, decisión comprensible en términos de mera racionalidad instrumental, pero no necesariamente buena para la mayoría. Ni siquiera para quien la toma, pues tiene efectos disolventes en la sociedad que se trataba de reparar.

En este «imperio de los hechos», ni siquiera la inteligencia puede garantizar un final feliz. Al revés, los hechos resultan tan apabullantes que el individualismo se vuelve la única salida «inteligente». Como un mundo bien ordenado se ha vuelto imposible, lo racional es retirarse al reducto aislado y previsible de una vida de semejanza y armonía (Sennett, 2022: 73-98). Esta deriva de la inteligencia humana conduce al «sálvese quien pueda», que es

5 Tomo la idea bergsoniana de recuperar la «función fabuladora» de una entrevista de Deleuze con Antonio Negri en la que se afirma que «sería necesario recuperar la noción bergsoniana de "fabulación" y dotarla de un contenido político» (Deleuze, 2014: 272).

lo contrario de lo que la humanidad buscaba cuando comenzó a vivir en comunidad. La función fabuladora compensa, de alguna manera, los riesgos del desarrollo histórico de la inteligencia; nos ayuda a resistir y salir adelante cuando la inteligencia nos conduce a lugares a los que, cuando los atisbamos, ya no queremos ir libremente (Abraham Zunino, 2012; Maura, 2022b).

La función fabuladora es la facultad humana de reconocer, sin bloquearnos, que ninguna inteligencia sabe del todo hacia dónde caminamos y si hay solución a nuestras inquietudes. No consiste en «generar relato» o en «construir imaginarios», aunque también estas tareas sean necesarias. Más bien, es la imagen de lo que somos capaces cuando decidimos avanzar como sociedad, incluso si al hacerlo sentimos que la inteligencia nos falla. Nos ofrece un vistazo a lo que sigue siendo posible cuando, en pleno bloqueo, la única salida parece el cinismo egoísta, ese impostor que se hace pasar por la Inteligencia con mayúsculas, pero que es solo su cara triste, disolvente y paradójicamente menos resolutiva. Nos permite contrarrestar la libido nostálgica de una época en la que el reparto de la violencia y el sufrimiento nos era más favorable y en la que los grandes hombres, supuestamente, eran capaces de sacarnos del apuro. La función fabuladora no es, en definitiva, un asunto de comunicación política, que es la manera dominante (y reduccionista) en la que habitualmente se piensa la imaginación, sino de *filosofía* y *libido políticas*[6].

En resumen, lo más importante que ha ocurrido entre *Vámonos, Bárbara* y *Alcarràs* es un cierre de la función fabuladora. Por supuesto, han ocurrido muchas cosas más, entre otras una

6 En *Eros y civilización* (1955), Marcuse plantea que es posible organizar la escasez de una manera no represiva y es posible lanzar procesos sociales que él denomina de «abolición del esfuerzo innecesario» y de «creación del lujo» (Marcuse, 2010b: 183). Más que plantearse la imaginación como imaginación comunicativa, como capacidad de transmitir mejor las ideas, Marcuse piensa que es posible llevar a cabo un trabajo del Eros, un trabajo que apunta más al principio de placer que al de realidad porque la realidad es algo más que un mar de escasez y humillación. Podemos reorganizar la necesidad en nombre de la libertad siempre que generemos las condiciones para una cultura no represiva capaz de durar, con memoria del dolor y del sufrimiento del que proviene (incluido el dolor y el sufrimiento del trabajo) y que parecían definitivos.

transición democrática, una reconversión industrial, el auge y declive de ETA, la integración europea, un ciclo cultural progresista entre 2008 y 2018 y una reacción a las conquistas de dicho periodo. Pero también ha tenido lugar este bloqueo fundamental. No cabe duda del rebrote de la tentación de que «cualquier tiempo pasado fue mejor». Para operar en este terreno, mi impresión es que necesitamos pensar, además de las maneras en que la nostalgia «vende como nueva una mercancía muy antigua» (Gómez Urzaiz, 2022: 12), la atrofia específica de nuestra función fabuladora. Hay que pensar hacia atrás para repensar nuestros condicionamientos históricos y culturales, hacia delante para despejar camino y hacia los lados para detectar los movimientos de los demás agentes culturales en liza.

En este último sentido, debemos abordar el problema de que la filosofía política de la modernidad democrática española, de la que seguimos siendo herederos, se atasca allí donde lo cerrado ya no corresponde exactamente a lo regresivo (como ocurre en *Vámonos, Bárbara*) y lo abierto no conecta con el progreso y el futuro (como sucede en *Alcarràs*). Debemos aprender de ambas experiencias (la de Ana y Bárbara y la de la familia Solé) para no convertir la incertidumbre en nuestra propuesta política no deseada, cediendo el universo de las certezas al campo conservador. También para reaprender que las vidas abiertas, incluso si a veces implican más irresolución material y simbólica, siguen siendo un camino posible a la felicidad. Si algo nos han enseñado las conquistas de la modernidad democrática es que, cuando nos encontramos al borde del precipicio, tenemos que aprender a saltar o a volar. Nunca el abrazo conformista de la semejanza, de lo familiar, fue más productivo que la experiencia de la diferencia. Dar un paso atrás nunca ha sido la solución al abismo, sino una manera de encontrárselo de nuevo, de repetirlo.

Puede que en este preciso momento sea cierto que no sabemos fabular una apertura que no sea angustiosa, un futuro que no sea incierto. Deleuze nos recuerda a este respecto que «es posible que los más duros encierros lleguen a parecernos parte de un pasado feliz y benévolo frente a las formas de control en medios abiertos que se avecinan» (Deleuze, 2014: 274). Pero con ello no afirma que los viejos encierros sean mejores que las actuales angustias. Dice solo que es posible que un encierro puede llegar a parecernos más benévolo siendo, de hecho, una opción intolerable. Lo que nos sugiere, con razón, es que si aprendemos a fabular estaremos bien. Que tenemos que pensar hasta el final qué nos impide seguir fabulando.

Y es que, pese a todo, seguimos «conservando» ideas, políticas públicas, experiencias y energías suficientes para hacer algo digno con el presente, aunque esté lleno de malestares, flujos y poderes incontrolables; aunque nuestra modernización haya sido aporética; aunque haya que luchar contra un tiempo que a la vez nos invade y se nos acaba. No vamos sobrados, pero no estamos tan solos.

Bibliografía

Abraham Zunino, Pablo (2012): «Inteligencia y superstición en Bergson. La función fabuladora», *Síntesis. Revista filosófica*, n.º 6 (1), pp. 9-18.

Alba Rico, Santiago (2022): «Nostalgia, ¿por qué no?», *Público*, https://blogs.publico.es/dominiopublico/47448/nostalgia-por-que-no/.

Bergson, Henri (2020): *Las dos fuentes de la moral y la religión*, Madrid, Trotta.

Blanes, Pepa (2022): «*Alcarràs*, la maravillosa mirada de Carla Simón al campo y la familia», *Cadena Ser*, https://cadenaser.com/2022/03/19/critica-alcarras-la-maravillosa-mirada-de-carla-simon-al-campo-y-la-familia/.

Bustinduy, Pablo (2023): «¿Cómo hacer frente a la ola reaccionaria?», *Público*, https://blogs.publico.es/dominiopublico/53633/como-hacer-frente-a-la-ola-reaccionaria/.

Cinelli, Juan Pablo (2023): «*Alcarràs*: una España rural casi al margen del tiempo», *Página 12*, https://www.pagina12.com.

ar/520378-alcarras-una-espana-rural-casi-al-margen-del-tiempo.

Deleuze, Gilles (2014): *Conversaciones*, Valencia, Pre-Textos.

Ferrá, Ana (2022): «*Alcarràs*», *El espectador imaginario*, https://www.elespectadorimaginario.com/alcarras/.

Foucault, Michel (2007): *Nacimiento de la biopolítica. Curso en el Collège de France (1978-1979)*, Madrid, Akal.

Freud, Sigmund (1992): *Inhibición, síntoma y angustia* (1926), en *Obras completas XX*, Buenos Aires, Amorrortu, pp. 83-163.

Gómez Urzaiz, Begoña (ed.) (2022): *Neorrancios. Sobre los peligros de la nostalgia*, Barcelona, Península.

Lenore, Víctor (2022): «Alba Rico, *Alcarràs* y la batalla política de la nostalgia», *Vozpopuli*, https://www.vozpopuli.com/altavoz/cultura/alcarras-nostalgia-alba.html.

Marcuse, Herbert (2010a): *El hombre unidimensional*, Barcelona, Ariel.

— (2010b): *Eros y civilización*, . Barcelona, Ariel.

Maura, Eduardo (2018): *Los 90. Euforia y miedo en la modernidad democrática española*, Madrid, Akal.

— (2022a): «Crítica de la cultura y nostalgia de los noventa españoles. Una lectura desde la Teoría Crítica», *Constelaciones. Revista de Teoría Crítica*, n.º 14, pp. 435-444.

— (2022b): «Función fabuladora y gobierno de la crisis. Una propuesta desde la filosofía política», *Galde*, n.º 38, pp. 46-47.

Sennett, Richard (2022): *Los usos del desorden*, Madrid, Alianza.

Villacañas, José Luis (2022), *La revolución pasiva de Franco*, Madrid, HarperCollins.

Zurro, Javier (2022): «*Alcarràs*, una obra maestra íntima y política que ya es historia de nuestro cine», *eldiario.es*, https://www.eldiario.es/cultura/cine/alcarras-obra-maestra-intima-politica-historia-cine_129_8952000.html.

¿Qué hace un documental como tú en una ficción como esta? Itinerarios, mapas y vías de escape para salir de una vez por todas de la Movida madrileña

Luis López Carrasco

0. Los ochenta antes de los ochenta

26 de diciembre de 1979. Paloma Chamorro, desde el plató de *Imágenes* (1978-1981) —espacio sobre tendencias contemporáneas en las artes plásticas que dirige y presenta en la Segunda Cadena de TVE—, anuncia una emisión especial sobre la década que comienza, un programa doble con un «coloquio especulativo-futurista» (Chamorro, 1979)[1], donde se dan cita diferentes representantes varones de la pintura y escultura española acompañados de una adivina profesional, Paloma Navarrete, que profetizará el recorrido profesional de los artistas allí reunidos, desde los «abstractos consagrados», como Eusebio Sempere, a las generaciones más jóvenes y de actividad creativa más heterodoxa como Ceesepe o Luis Auserón. Es más, el programa se ameniza con la actuación de un grupo de muy reciente creación del que Auserón forma parte y que «tiene una clara vocación y unas decididas intenciones para los ochenta. Así apuesta Radio Futura por el sonido de los ochenta: *Trepidación*». El programa acaba con un guateque y tiene un tono a la vez intelectual y desenfadado, riguroso y experimental, rasgo característico de la actividad divulgadora de su directora. En su presentación, Chamorro expresa también sus pronósticos para la década:

1 Todas las citas entrecomilladas en esta página pertenecen a la presentación de Paloma Chamorro.

> Muchas veces hemos hablado en este programa de nuestros deseos y esperanzas para los ochenta, que, por otra parte, se anuncian ya [...] como esplendorosos para la cultura y el arte españoles. Aquí, muchas veces hemos hablado, por ejemplo, en junio, con Mariscal, el dibujante, de que en los ochenta triunfaríamos los buenos, que no era cuestión más que de esperar. Otras veces hemos deseado que nos trajeran un mogollón de arte más divertido y más sano, o que Madrid se convirtiera en un Nueva York europeo, aunque fuese de bolsillo.

Al leer estas líneas aparecen algunas preguntas (¿Quiénes son «los buenos»? O, al menos, ¿a quién considera exactamente Chamorro como los buenos? ¿Qué es un arte «más sano»?[2]) y, desde luego, se constata lo mucho que la periodista parece acertar en su predicción: no es descabellado considerar esas declaraciones programáticas de lo que se articulará como cultura oficial a lo largo de la década siguiente, concretamente bajo el Gobierno del PSOE a partir de octubre de 1982. Unos años «esplendorosos», de arte «divertido y sano», donde triunfarán «los buenos», y donde Madrid aparentemente se convertirá en esa «Nueva York de bolsillo» hacia donde se dirigirán buena parte de las energías comerciales e institucionales, de las que tanto la puesta en marcha de la feria Arco, en 1982, como la promocionada visita de Andy Warhol al año siguiente serían ejemplos paradigmáticos. Al leer esas declaraciones en la actualidad se dibuja una imagen nítida de las caracterizaciones habituales, no solo del arte, sino de la cultura y la sociedad españolas de los ochenta: una cultura que, en estos relatos, representa de forma unívoca a una sociedad que es también, y ante todo, una joven democracia con todo el futuro por delante (Medina, 2015). Las declaraciones de Chamorro —sobre las que volveremos al final del texto— adquieren, al ser leídas, un intrigante tono oracular. ¿Son un deseo, una consigna, un mantra, una condena? Depende. Depende de la posición desde la que observemos ese discurso.

2 Y también, ¿qué implica decir que solo era cuestión de «esperar»? ¿Qué era aquello que se esperaba? ¿La democracia? ¿El éxito? ¿La normalidad? ¿Todo?

Con el paso de las décadas, las sucesivas miradas retrospectivas que han analizado, idealizado o reprobado los años fundacionales de nuestra democracia atribuirán diferentes enfoques (deseo, consigna, mantra, condena) a discursos como el de Paloma Chamorro. Una idea de fondo, sin embargo, apunta a una pregunta que creo que todavía nos atañe: ¿cuándo se instituyó la narrativa hegemónica sobre los años ochenta? ¿Acaso se imaginaron los ochenta antes de que sucedieran? ¿O se perfiló su significado colectivo mientras sucedían? ¿O se definió su «sentido de época» con la década recién terminada? ¿O fue quizá mucho después? En el caso de esta década en particular —y por mucho que estemos razonablemente cansados de la época y su *revival* permanente—, me parece pertinente preguntarnos cuándo y cómo se caracteriza una época y a través de qué cauces, instancias y procedimientos. Partiendo del análisis de las particularidades de los *procesos de caracterización de época* de los años ochenta, podemos detectar unos fetiches históricos y culturales que han condicionado y condicionan de manera extremadamente rígida no solo cómo nos relacionamos con nuestro pasado, sino, en especial, el modo en que comprendemos nuestro presente, cuya influencia concierne a nuestra memoria colectiva, pero también a procesos de constitución del horizonte democrático y la imaginación política de nuestro futuro.

1. El marco de la época. Los años visibles

29 de mayo de 1992. Mercedes Odina presenta el penúltimo capítulo de *Los años vividos*, la serie que dirige para TVE1. El programa relata en diez capítulos la historia de España en el siglo XX, a través de testimonios de personas que vivieron cada década. El penúltimo de ellos, «Tiempos modernos», está dedicado a la década anterior:

> Los jóvenes de los ochenta, los nacidos en los años sesenta, presenciaron las contradicciones de una época supuestamente *light*, pero,

> sin embargo, llena de convulsiones que modificaron el mundo. En España, los jóvenes de los ochenta también encontraron las contradicciones que les planteaba una época de libertades y crecimiento económico, conviviendo con graves problemas como el sida, la marginación y el desempleo. El programa de hoy se inicia en el palacio de la Zarzuela. Su Alteza Real, el príncipe don Felipe, recibió allí a los jóvenes de su generación que participan en este capítulo y se fotografió con ellos.

No tenemos espacio aquí para analizar en detalle las operaciones discursivas llevadas a cabo en el capítulo, que delimitan la narrativa general sobre la década, tanto en el ámbito internacional como en la política, la economía y la sociedad españolas[3]. Me centraré, por tanto, en la imagen cultural de ese momento. El capítulo, de cincuenta minutos, reproduce una efectiva y tranquilizadora estructura narrativa, habitual en las editoriales de los periódicos de tendencia progresista. La podemos resumir así:

1) Ante una situación difícil y preocupante (o unos tiempos de incertidumbre)

2) se han dado respuestas ante las que no todo el mundo está de acuerdo (y que, desde luego, podrían haber sido mejores o haberse explicado mejor);

3 En el relato que se hace de la década de los 80 atendiendo a lo sucedido en el territorio español encontramos referencias al 23 F, las victorias electorales socialistas, la expropiación de Rumasa, el referéndum de la OTAN, la entrada en la CEE y la candidatura olímpica, la «cultura del pelotazo», la actividad de ETA, la huelga general de 1988, el desempleo o las epidemias de heroína y SIDA. La selección de temas nos habla de una cierta apuesta por la pluralidad (no se esquivan temas espinosos, si bien no se menciona en absoluto la desindustrialización) que, además, va a ser manifestada con cierta diversidad ideológica por los diferentes participantes del capítulo. Es, probablemente, en la selección de «jóvenes de los 80», donde podemos encontrar un sesgo amparado en una engañosa idea de neutralidad. Estos jóvenes se seleccionan en virtud de su «protagonismo» en la década. Personalidades de éxito como actores célebres, deportistas de élite, periodistas, poetas, empresarios, dramaturgos, músicos, toreros... La idea de que el marco representativo de lectura de época lo ofrece el profesional reconocido y mediático que se hará una foto conmemorativa con el futuro rey constituye una declaración de intenciones que confunde la representatividad con la elite. ¿Son estos los «buenos» a los que se refería Chamorro en 1979?

3) sin embargo, debemos confiar en que nos encontramos en la senda de la solución (el futuro es para los optimistas).

En el caso del capítulo que nos ocupa: 1) ante la inestabilidad global y 2) los problemas económicos y laborales nacionales mejor o peor resueltos 3) los años ochenta han significado un resurgimiento de la cultura, las artes y, especialmente, el deporte: el 92 es la meta desde la que España accederá, al fin, de una vez por todas, al olimpo de los países desarrollados. La cultura es, de este modo, el cierre en positivo que equilibra la conflictividad política o social de la década. Tras una mención breve del joven empresario José Barroso al «pop en español», la escritora barcelonesa Mercedes Abad nos define así la cultura de los ochenta: «la Movida fue un estallido de euforia en un momento en que empezaba a asentarse la democracia y a vivirse un tiempo de mayor prosperidad económica»[4]. Tras dedicar casi la totalidad del apartado cultural a hablar de la Movida, con algunas reflexiones inteligentes, y nada mitómanas, de Bonnezi, Berlanga o Alaska, que describen esa escena como una «operación mediática», «una etiqueta vil», de «gente que quería sacar tajada [ya que nosotros] no vimos ni un duro» (Odina, 1992), otros participantes como Almudena Grandes o Barroso comentan que el interés internacional por España se ha visto reflejado en un aumento «brutal» de las ventas en literatura y en la proyección y reconocimiento de artistas como Tàpies, Chillida o Barceló. Para terminar, la buena salud de la cultura se evidencia en las altas cifras de asistencia a la macroexposición de Velázquez en El Prado.

El augurio de Paloma Chamorro parece haberse cumplido. Por supuesto, pasaron muchas otras cosas en la década desde el punto de vista cultural, pero lo que me interesa analizar aquí es cómo esa reducción de la cultura a pop, macroexposiciones, éxito internacional de Grandes Nombres y, sobre todo, ante todo y por encima de todo, a Movida madrileña, va a perdurar con una robusta solidez

4 Esa idea de «prosperidad económica» al inicio de la década es completamente errónea, pero es reveladora de la percepción subjetiva que se tenía sobre ella desde un momento tan cercano como 1992.

hasta nuestros días, y cómo ello está, además, directamente relacionado con la velocidad con la que se fosilizó su narrativa. El relato hegemónico sobre los ochenta, compartido por una mayoría abrumadora de la población, aparece ya plenamente establecido en un año tan temprano como 1992. La década no solo se ha visto ejemplificada en unos pocos fetiches culturales, que responden a un concepto muy específico de una cierta idea de cultura —que es, a su vez, una cierta de idea de sociedad y de democracia—, sino que esos fetiches cristalizaron con una extraordinaria rapidez. El significado colectivo de la década de consolidación de la convivencia democrática española se habría definido y empaquetado al instante, manteniéndose relativamente inmune a cualquier posible relectura o reconfiguración —las críticas, que las hay, responderán a un modelo que analizaremos posteriormente—.

2. La construcción del marco

El proceso de caracterización de época de los ochenta en España y su consecuente y acelerada fetichización se podría describir a través de los siguientes rasgos y particularidades:

Un tiempo autoconsciente

La idea de estar viviendo una época que es especial y no se parece a ninguna otra se puede rastrear, como hemos podido ver, desde incluso antes de que se inicie el periodo. Los ochenta aparecen como un momento largamente esperado, algo comprensible tras una dictadura de cuatro decenios y una década como los setenta, esperanzada, revolucionaria y utópica, pero todavía tensa y tétrica, donde el franquismo sigue persiguiendo, censurando, encarcelando y matando. A pesar de los diferentes desencantos y las limitaciones de la Transición (Marín Cobos, 2020), un porcentaje amplio de las personas comprometidas con la democracia anhelan que la siguiente década les traiga la alegría, la tranquilidad y el disfrute de las libertades que se habían reprimido durante varias generaciones. Eso producirá también un nuevo horizonte de deseos y experiencias que se conjuga en unos términos afectivos y culturales distintos a la década anterior (Hooper, citado en Fouce, 2006). Esas expectativas, ese deseo íntimo pero compartido ante la potencialidad de un tiempo que al fin habilite la posibilidad de desarrollar unos modos de vida largamente esperados, le conferirá a la década un encanto instantáneo. Los ochenta, mientras suceden, se percibirían a sí mismos como el momento inaugural de algo inédito en la historia de España. Esta percepción ha contribuido probablemente a que la década, nada más terminada, se pueda contemplar de forma retrospectiva.

Un tiempo clausurado

Si el relato de la Transición no encontrará su forma canónica mayoritaria hasta la emisión de los documentales de Victoria Prego en 1995, la narrativa dominante de los ochenta se establece como un relato cerrado desde el final de la propia década. Con anterioridad a *Los años vividos*, encontramos una serie documental titulada *Los felices 80*, emitida durante 1990 en TVE, como si la especificidad de ese tiempo «feliz» mereciera una conmemoración casi en vida. El presente se habría convertido en pasado con tal velocidad que ese tiempo vivo y plural, transformado rápidamente en un monumento acabado, solo admitirá desde entonces una lectura, un sentido y una interpretación posibles: el relato del «estallido de euforia» que ha llegado hasta la actualidad.

Silvia Bermúdez habla de procesos de «fosilización acelerada» (2009: 178), mientras que Williams Nichols introduce la perspectiva de «osificación cultural» de Huyssen (2009: 115). Ambas terminologías resultan útiles para entender por qué el marco de época de esos años se ha traducido en un relato tan monolítico y uniforme, tan asimilado y asimilable, que ha devenido instantáneamente en mito y nostalgia, y cuyas formas culturales *mainstream* han sido fácilmente institucionalizadas con los procesos de archivización y, en definitiva, de domesticación que toda museificación del presente instituye (Bermúdez, 2009: 175). La rápida clausura de la década y su significado histórico, que es ante todo una propuesta de sociedad, es un factor decisivo para entender por qué ese tiempo se ha mantenido tan infranqueable ante tentativas de un relato alternativo, y explica también su éxito intergeneracional como objeto de añoranza.

Un tiempo irrecuperable

«Años ochenta, allá voy». En el quinto capítulo de la primera temporada de *El Ministerio del Tiempo* (2015-2020), Irene Larra, personaje interpretado por Cayetana Guillén Cuervo, debe viajar al Madrid de 1981 para finalizar una misión relacionada con la llegada del Guernica. Mujer homosexual, nacida en 1930 e incorporada a nuestro presente a partir de 1960 tras un matrimonio desdichado, el personaje de Irene Larra ya ha comentado anteriormente que «no hay fiestas más divertidas que las del Madrid de los ochenta», por lo que se propone como voluntaria para cualquier tarea que implique volver a esa época y aprovecha para salir por bares del centro de la ciudad y ligar. Utilizo este ejemplo de un formato televisivo popular, como podría elegir muchos otros, como caso paradigmático de los clichés a los que se asocia la década en nuestro imaginario cultural. La saturación comercial de reencuentros, musicales, festivales, bares de época o hasta ¡cruceros temáticos![5] convierte a los ochenta en la década más homenajeada de un tiempo presente por lo demás especialmente obsesionado con el reciclaje y el tributo a décadas pasadas. Aunque se trata de un fenómeno internacional, que en los últimos años ha incorporado a la generación EGB y los *remakes* de historias fantásticas con

5 Un ejemplo ilustrativo lo podemos encontrar aquí: https://www.facebook.com/elbarcoochentero/videos/el-barco-ochentero/1108796135824906/

adolescentes entrañables[6], podemos considerar a la cultura española como verdaderamente pionera en la melancolía obsesiva por ese periodo. Algunos de los motivos los he comentado anteriormente: una década democrática inaugural largo tiempo anhelada, donde se reconquistan derechos y libertades. Pero esas razones, teniendo un peso innegable e importante para nuestra memoria civil, quizá no expliquen del todo la profunda conexión emocional que tantas generaciones tienen con ella. ¿A qué es debido? Quizá esos años sean ante todo un estado de ánimo. Un estado de ánimo que es completamente irrecuperable, como es irrecuperable el tiempo pasado de la juventud —de ahí la eficacia dramática de ese capítulo del *Ministerio del Tiempo*, que permite a sus personajes volver a aquel momento y a nosotros con ellos—[7]. Demográficamente nunca ha habido tanta gente joven en España como en esa década y no sería descabellado pensar en ella como ese enclave mítico *en el que todo el mundo era joven*. Los ochenta funcionan en el inconsciente colectivo español como el tiempo de una juventud que tenía todas las opciones de vida disponibles y en donde el marco histórico parecía especialmente tolerante con la experimentación, el juego y el ocio: la época en que *las fiestas eran más divertidas*[8]. Un tiempo, por tanto, felizmente irresponsable al que recientemente se le han sumado los nacidos en los setenta y los ochenta, aquellos niños que recuerdan la época como un refugio de tranquilidad y bienestar, el lugar confortable de una infancia en la que vivir felizmente despreocupado. Ese pasado nostálgico, reducido a unos pocos lugares comunes que solo representan a una parte de la sociedad, favorece una relación colectiva con un periodo histórico que se extraña de un modo indulgente, idealizado y acrítico.

Un fenómeno como *Ochéntame otra vez* (2014-2020), analizado por Almudena Marín Cobos en su tesis *Beyond Desencanto:*

6 El fenómeno de la serie *Stranger things* (2016-actualidad) sería uno de sus casos más exitosos.

7 El título de ese capítulo es, de hecho, «Cualquier tiempo pasado [fue mejor]».

8 Un largometraje que mira retrospectivamente a esa época desde la música de los Hombres G se titula, elocuentemente, *Voy a pasármelo bien* (David Serrano, 2022).

Challengin the Archivization of the Spanish Transition (2020), resulta elocuente al respecto. Formato basado en la reutilización de archivo salpicado con entrevistas actuales, se emite tras cada capítulo de la ficción revisionista *Cuéntame cómo pasó* (2001-actualidad) para expandir en modo documental las temporadas que se ambientan en la década que nos ocupa. Su desarrollo, sin embargo, se expandirá tanto que propondrá miradas retrospectivas a cualquier momento de la segunda mitad del siglo XX. Metáfora quizá algo burda, pero desde luego operativa, el verbo «ochentar», como panorámica fragmentada y remezclada de imágenes sin contexto del archivo de RTVE, se ha extendido hasta abarcar ya todas las décadas posteriores a 1956, año de creación de la televisión en España. Estaríamos siendo *ochentados* una y otra vez, exhortados a una íntima regresión emocional a un tiempo al que es imposible volver, pero que no podemos dejar de mirar; un pasado mistificado «cuya conexión con el presente está cerrada», pues es inmóvil (Marín Cobos, 2020: 98). La mirada ochentera, afectiva, conmovedora y sin conflicto, estimula una relación con un pasado convertido en santuario, panteón familiar recuerdo de tiempos mejores. Los ochenta son un monumento que recordar en las sobremesas.

Un tiempo homogéneo

No me gustaría dar la sensación de que considero el relato sobre unos años ochenta de experimentación personal y efervescencia creativa como algo equivocado, o peor aún, indeseable. La institucionalización de las diferentes «movidas» urbanas y su instrumentalización por parte de partidos políticos de diferente signo[9], ha convertido la imagen retrospectiva de esa escena cultural en un objeto adorado o, posteriormente vilipendiado, lo que ha empañado desafortunadamente su carácter transformador de una sociedad tradicional y católica, además de su potencial emancipador

9 Junto a la caída en desuso del término «nueva ola», mucho más plural y abierto, que era el que se empleaba en su momento.

para la mujer y los colectivos LGBT. Considero, igualmente, que la defensa del disfrute, el placer o la diversión, además de coherente y rupturista con la década previa, tenía un carácter subversivo y transgresor para una sociedad que —se nos olvida— era extraordinaria y peligrosamente reaccionaria y represiva, y estos modos de vida contraculturales entrelazaron solidaridades y redes politizadas que, precisamente por ser antiinstitucionales, no entran dentro del radar de los relatos habituales sobre la política de esos años (Lasén, 2017). La elevación de la Movida a escaparate de toda una sociedad —«gran mito sociocultural de la llegada de la democracia a España» (García-Torvisco, citado en Nichols y Song, 2012)—, unida a la trayectoria complaciente u oportunista de muchas de sus figuras más reconocibles, ha opacado el relato de sus formas de vida alternativas, tarea todavía en proceso de recopilar y narrar. Esa sería la tarea que debemos atender: el modo en que la construcción de sentido de época ha reducido la complejidad histórica y dinámica de la sociedad a unos pocos fetiches que privilegian un discurso funcional al poder, donde la época se ha narrado principalmente como consolidación y protagonismo de la clase media urbana, motor y espejo de todo un país, «felizmente irresponsable» y «felizmente despreocupado», sin mayores problemas o angustias que las rutinas privadas del día a día, que no son poca cosa pero que dejan fuera del relato a la mayoría de la sociedad, a la mayoría de territorios, a la mayoría de economías y hogares. Si escama la repetición reiterada de esa imagen de los ochenta como «fiestas divertidas», es porque expulsa la conflictividad social de una década durísima para producir un relato coincidente con las sinergias neoliberales de los poderes fácticos y desplegar un horizonte de confort, individualismo, consumo y bienestar del que durante mucho tiempo la sociedad apenas ni quiso ni pudo formar parte[10]. Analizar los procesos constituyentes de hegemonía (Williams, 2009) nos permite entender cómo la definición de ese imaginario cultural no es

10 La reconversión industrial, las altas cifras de desempleo, la conflictividad sindical y las epidemias de heroína y sida afectaron a amplias capas de la población que viviría la década entre la amargura, la desesperanza y la angustia permanente.

«natural» ni «neutral», sino que obedece a los intereses de una clase social dominante que disfraza sus intereses específicos del «sentido común» de la época. La sobrerrepresentación de los estilos de vida de clase media urbana, estimulada por las políticas culturales del periodo, adquirirá una preponderancia abrumadora en la década.

3. El marco en disputa

La construcción de hegemonía precisa de la homogeneización gradual de los discursos culturales, asunto que requiere de unas políticas específicas, de la participación de la intelectualidad (Pecourt, 2008), así como la desaparición de canales alternativos de comunicación (Bustamante, 1985)[11]. Uno de los principales problemas que produce la homogeneización cultural es que parece haber afectado también a los discursos críticos sobre los años ochenta (y la Transición, pues en algún momento del camino se han convertido en un *pack* indivisible). Dependiendo de la generación a la que pertenezcamos, la ideología que profesemos —o quizá de cómo tengamos el día—, podemos pensar la cultura de la época desde dos paradigmas, que, como intentaré argumentar, en realidad son uno. La década se ha narrado históricamente como una imagen fija —eso sí, muy agitada— de un tiempo eminentemente juvenil y urbano.

11 Así planteado, parezco amparar discursos que otorgan un poder excesivo a la esfera mediática, que, aunque tiene efectos reales, no son «omnipotentes ni exhaustivos» (Hall, 1981). La relación entre cultura y sociedad, entre discurso dominante y mayoría social, siguiendo a Hall, es ante todo un proceso donde no podemos considerar a la población como un recipiente meramente pasivo de los productos culturales —lo que implicaría, probablemente, la consideración más cínica y conservadora posible—, sino como un proceso complejo y cambiante en el que cada ciudadano elabora un significado donde se entrelazan en distintas proporciones el reconocimiento, la identificación, la resistencia y el rechazo. La relación de las clases no burguesas con la cultura dominante de los ochenta —cultura que empezó siendo emergente y acabó siendo oficial— habrá sido contradictoria e inestable, fuente de satisfacción y de frustración, de empoderamiento, deseo, antagonismo o una aleación de todo ello: su significado político es dinámico y dependerá de cada experiencia subjetiva, por lo que es improductivo asignar un valor ideológico a un contenido cultural, dado que las relaciones entre diferentes esferas culturales son oposiciones que están en tensión y cambio constante, que se modifican e influyen unas sobre otras.

El paradigma que llamaré «canónico» nos ofrece, como hemos visto, un relato de experimentación y transgresión, de efervescencia y creatividad, de ilusión y alegría, de confianza y optimismo, de celebración y desenfreno, de hedonismo lúdico y liberación de las costumbres, de eclosión mercantil y entusiasmo por una Marca España que triunfará internacionalmente en el ámbito del diseño, la literatura, la fotografía o la pintura. Las claves de lectura que podemos encontrar en documentales, reportajes, anuarios o libros de historia de consumo general incorporan, tanto para los ochenta como para la Transición, unos términos fetiche: *normalización*, *modernización* y *homologación* con «los países de nuestro entorno». Un relato que conectará, además, con la variante más antiutópica de la narrativa del desencanto (Vázquez Montalbán, 1984). La normalización democrática pasa por la reivindicación de un pragmatismo «realista» o «neoescepticismo» (Savater, 1981) y su subsiguiente desafección política ciudadana, que, superada la dictadura, puede dedicarse al goce privado y donde el asociacionismo vecinal, la movilización ciudadana y la solidaridad de clase parecerían desaparecer de un día para otro. Estas ideas, de enorme recorrido y proliferación en columnas de opinión, estipularán una idea de cultura al servicio del disfrute desprejuiciado, alérgica al compromiso político y desdeñosamente paternalista hacia cualquier modalidad de intelectualismo y vanguardia (Paramio, 1984).

El segundo paradigma, al que podemos llamar «crítico», adquirirá mayor relevancia y popularidad tras la crisis de 2008 y el 15M, aunque tiene antecedentes desde el transcurso de la propia década. Es un paradigma que, en términos generales, plantea en negativo las características del párrafo anterior y vincula las críticas a la cultura de la época a su cliché por antonomasia: la Movida madrileña[12]. Estas palabras de Eduardo Subirats condensan de manera contundente esta visión:

12 Para no hablar exclusivamente de la Movida madrileña, mencionemos también otras tendencias emblemáticas de la época como la nueva figuración, la nueva novela española, la comedia madrileña, el cómic de línea clara o el pop en español, que también estarían dentro del marco canónico cultural.

> La Movida fue un efecto cultural de superficie [...] Se identificó enteramente con una fiesta frívola y corrupta, con una estrategia de signos bufos y con una acción social comprendida como mercancía y simulacro. [...] Pese a su banalidad, o precisamente a causa de ella, la Movida significó, sin embargo, una verdadera y radical transformación de la cultura. Neutralizó cualquier forma imaginable de crítica social y de reflexión histórica. Introdujo, en nombre de una oscura lucidez, la moral de un generalizado cinismo. Su oportunismo mercantilista, indisolublemente ligado a una estética de la trivialidad, desembocó finalmente en una praxis política entendida como acción comunicativa: síntesis de despolitización de la sociedad y estetización política (Subirats, 1991, citado en Albarrán, 2008).

De este modo, la posibilidad de disputa y discusión crítica de las inercias culturales de la Transición y los años ochenta se ha reducido a los términos epocales que hemos considerado anteriormente como fetiches. Dialogar con la época implicará en la mayor parte de las ocasiones hacerlo en los términos hegemónicos de la misma, solo que *en contra* de ellos. Tan exitosa ha sido lo que ahora conocemos como «Cultura de la Transición» (Martínez, 2012) que durante décadas tampoco hemos sabido discutirla fuera de su propio marco de lectura[13]. Asumimos, pues, su sesgo como representativo. Indudablemente, la corriente crítica con la Transición abarca a autoras y autores que han trabajado muchas veces en un régimen intermitente o periférico y cuya obra ha sido pionera, sugestiva, estimulante y necesaria para poder articular una genealogía de la disidencia ante el oficialismo cultural. Desde el clásico —y quizá demasiado *socorrido*— artículo de Sánchez Ferlosio «La cultura, ese invento del Gobierno» (1984) hasta la pertinente formulación de Cultura de la Transición, de Guillem Martínez, que sintetiza de manera extraordinariamente

13 Lo que sería, desde luego, un síntoma del acierto del diagnóstico de Guillem Martínez, dado que es un sistema tan cerrado que difícilmente se puede pensar desde su exterior. Ese exterior, si acaso, es forzosamente marginal.

productiva cómo las limitaciones del relato cultural de nuestra democracia son las limitaciones de la democracia misma[14]. Será el éxito de esta categoría, junto al desmoronamiento sistémico de la crisis financiera de 2008, lo que producirá quizá un exceso de libros y artículos que discuten la época desde la impugnación, el ajuste de cuentas o el juicio moral. No habría, por tanto, dos paradigmas, sino tan solo uno, que se puede conjugar en positivo o en negativo: el terreno de juego, el marco de época, es siempre el mismo[15]. Esta estructura binomial ofrece poco margen para vías de análisis alternativas que den cuenta de las experiencias culturales y ciudadanas que quedaron fuera del régimen de hipervisibilidad del relato oficial, aunque en los últimos años han aparecido algunas obras que, desde la perspectiva personal, el comentario cultural o la ambición histórica, tienen una idea más integradora y menos circunscrita a los estereotipos de la época[16].

En todo caso, recuperando los procesos de homogeneización cultural —y política—, si atendemos a análisis que ponen el acento en la estructura económica de la esfera mediática y las industrias culturales, es extremadamente significativo y revelador el acelerado proceso de concentración monopolística en los medios de comunicación, que, unido a la desaparición por «las reglas espontáneas del mercado» de las revistas de información política y la gradual asfixia e inseguridad administrativa de medios independientes como las radios libres, repercutirán en un estrechamiento del discurso ideológico a lo largo de los ochenta[17]. «Una vez más, la multiplicación

14 Pasando por las obras de Morán (1991), Vilarós (1998) o trabajos en prensa de Alfonso Ortí, Belén Gopegui, Isaac Rosa, Ignacio Echevarría, Amador Fernández Savater y un largo etcétera.

15 Podemos citar títulos sintomáticos como *La Movida modernosa. Crónica de una imbecilidad política* (José Luis Moreno-Ruiz, 2016) o *Espectros de la Movida. Por qué odiar los años 80* (Víctor Lenore, 2018).

16 Pensamos en obras como *De un tiempo libre a esta parte* (Beatriz Alonso Aranzábal, 2015), *Mecano 82: La construcción del mayor fenómeno del pop español* (Grace Morales, 2013) o *Culpables por la literatura* (Germán Labrador, 2017).

17 El final de la dictadura ofrece algunos indicios de diversificación, independencia y participación de los trabajadores en los comités de los medios en los años setenta; sin embargo, con la «normalización democrática» estos mecanismos participativos

de los medios de comunicación, la especialización de sus mensajes, la fragmentación incluso de las audiencias [...] no traía consigo un mayor pluralismo comunicativo» (Bustamante, 1985: 67)[18]. Por otro lado, desaparecida la censura, la ausencia de regulación o control mediático en los medios privados, reforzará su total impunidad. La legitimación de los medios de comunicación como un elemento más de comercialización mercantil neoliberal en detrimento de su función como servicio público se consolida también en esa década, asunto que obedece asimismo a cambios de orden tecnológico y publicitario que se están experimentando en toda la Europa capitalista. Esta concentración empresarial implica un monopolio de los discursos, de una mayor homogeneidad de lo que aparenta su supuesta variedad informativa. La preeminencia de los procesos de comercialización y competitividad privada será una tendencia también en las industrias culturales, repercutiendo en la concentración de la oferta en grandes grupos multinacionales y la dificultad de supervivencia del tejido independiente[19]. En paralelo, las políticas culturales establecidas desde el sector público fomentarán también una cierta «concentración» al dirigir sus esfuerzos a carreras personales u obras específicas, en lugar de la construcción de un tejido de base, sostenible y plural, que pudiera independizarse paulatinamente del estímulo público[20]. Este fuerte y sostenido apoyo institucional a unos pocos nombres en lugar de a un tejido de creación y distribución

se extinguirán, mientras perduran algunas inercias: los diferentes gobiernos de la UCD favorecerán la concesión de licencias continuistas con el poder mediático en la dictadura y se mantendrá el control abusivo de los informativos de la televisión pública como medio afín al ejecutivo.

18 Como se puede suponer, la liberalización de la televisión y la concesión de licencias privadas al final de la década seguirá privilegiando la concentración del poder informativo a unos grupos empresariales ya existentes.

19 Un ejemplo elocuente lo encontramos en la industria discográfica, donde las multinacionales acabarán adquiriendo la mayor parte de los sellos aparecidos en los primeros años de democracia, configurando con el paso de los años, un régimen de duopolio.

20 Como ha estudiado Jorge Luis Marzo en el ámbito del arte contemporáneo, además del posicionamiento de una nueva generación de comisariado caracterizada por el «rechazo de cualquier actitud social del arte, individualismo a ultranza y pleno juego en el mercado» (1995: 19), las políticas culturales del periodo privilegian una idea de producción artística como herramienta de prestigio institucional y diplomático,

amplio y diverso produce, en buena medida, esa cultura clientelar de autores tan dependientes del sector público que minimizan o neutralizan cualquier crítica institucional o disidencia. La creación artística de espaldas al Estado y al constituido campo de prestigio mediático-artístico-comercial (Bourdieu, 2010), con los peajes que implica, conlleva de facto marginalidad, escasez económica, intermitencia creativa o el abandono de la actividad. De manera bienintencionada, pero algo torpe y contraproducente, también la política de fomento de la cinematografía se caracterizará por aumentar la dotación presupuestaria pública a unos autores específicos y unos proyectos «de calidad», lo que producirá efectos controvertidos en la industria, además de simbolizar uno de los procesos de homogeneización estética y uniformización ideológica más influyentes y condicionantes del periodo.

4. El imperio de la ficción

La conocida popularmente como «ley Miró» —Decreto-Ley 3304 de 1983— es un primer esfuerzo por establecer un marco legislativo estatal en democracia que refuerce y proteja un sector que hasta entonces se había legislado de manera improvisada y dispersa (Torreiro, 1995). La experiencia de Pilar Miró como profesional en cine y televisión parecía idónea para dar respuesta a las demandas de un sector históricamente en crisis. No hay espacio para describir en profundidad las fortalezas y debilidades de una legislación[21] caracterizada por haber sido cuestionada y contestada desde sus inicios por parte de la industria, la prensa conservadora

---

escaparate mediático de grandes firmas consagradas y descubrimiento de «jóvenes rebeldes» que reivindican la expresividad de un arte alejado de las experiencias conceptuales, vanguardistas, colectivas y anticomerciales de la década anterior (Marzo, 2010).

21 Aunque Pilar Miró deja la Dirección General de Cinematografía en 1985, diversos autores consideran que su modelo se mantiene hasta 1988 y que no será hasta la llegada de Carmen Alborch (1994) cuando se lleve a cabo un cambio significativo en el sistema de ayudas, orientado de manera clara a la búsqueda de desarrollo comercial y nuevos públicos (García Santamaría, 2013).

y, *a posteriori*, por buena parte de la historiografía y crítica española (Cerdán y Pena, 2005; Riambau, 1995; F. Heredero, 1991; Losilla, 1989). En la medida en que el esfuerzo del Decreto-ley pasaba por potenciar la figura del director-autor e intentaba crear una industria de prestigio, donde las películas pudieran financiarse de manera amplia y sobre proyecto, se daba en muchas ocasiones la situación de que los filmes se financiaban incluso antes de ser estrenados, lo que produjo acusaciones de todo tipo[22]. Esta apuesta por la autoría entendida en términos de «cinefilia clásica» (Pujol, 2011) apenas ofrece resultados en el circuito de festivales de cine de autor internacional y suele obtener pobres resultados de taquilla. Por su parte, la producción se desplomará, pasando de 118 largometrajes producidos en 1980 a 64 en 1991[23]. Además de estas evidentes limitaciones en términos industriales y comerciales, las críticas se dirigirán también a la uniformización visual de las películas. Como si la osadía conceptual, la originalidad formal y los rasgos reconocibles de estilo de los autores que habían despuntado en la década anterior se hubieran neutralizado en aras de una determinada estética de consenso —«modo de escritura institucional» (Losilla, 1989: 37)— que adquirirá una preeminencia constante en las obras de la época. Aunque, sin duda, se pueden encontrar excepciones, la imagen mayoritaria del cine auspiciado por la ley Miró y su producción más representativa privilegia la adaptación de clásicos de la literatura española, superproducciones de época con repartos de prestigio y estilo historicista, ortodoxo y funcional, junto a la proliferación de comedias ligeras ambientadas en entornos urbanos. A lo largo de la década de los ochenta desaparecerá todo el cine de autor de carácter radical o

22 Muchas de las críticas de aquellas productoras de cine comercial que quedaron relegadas en el nuevo modelo de subvenciones acusaban a las comisiones de ayudas de favoritismo a proyectos cercanos al entorno ideológico o profesional afín al PSOE.

23 Este fenómeno está relacionado con la concentración presupuestaria en menos títulos, como mencionábamos antes, pero también con fenómenos internacionales como el cambio y modernización de salas de exhibición, que conducen a la desaparición del circuito de salas de barrio, que amparaba producciones de bajo presupuesto cuya explotación comercial y producción se extingue.

experimental, y aquellos creadores que no encajen su discurso creativo dentro de una línea admisible para los presupuestos comerciales anteriormente descritos, amoldándolo al régimen estético imperante, tendrán dificultades crónicas para levantar proyectos o verán su carrera interrumpida. Es el caso de Álvaro del Amo, Gonzalo García-Pelayo, José María Nunes, Paulino Viota, Cecilia Bartolomé, Iván Zulueta, Alfonso Ungría o Joaquín Jordá, entre tantos otros (López Carrasco y Parés, 2017). Caso excepcional es el de Pedro Almodóvar, que conectará con nuevos públicos y sensibilidades *underground*, pero que no en vano será ridiculizado y despreciado por la crítica clásica y el sistema académico hasta el final de la década (Ramos Arenas, 2020). Si bien el desarrollo de algunos aspectos de la ley era sin duda mejorable, parece excesivo impugnar a un diseño legislativo que pretendía ofrecer mayor autonomía a los autores precisamente el efecto contrario: la domesticación conservadora de unos creadores que, de manera casi trágica, parecen más constreñidos artísticamente en democracia, tras la llegada de la libertad de expresión que llevaban años esperando. La responsabilidad, por tanto, quizá haya que buscarla no tanto en el nuevo marco legislativo, sino en los acuerdos establecidos entre Televisión Española y la Asociación de Productores Cinematográficos, que, a cambio de la viabilidad y la estabilidad de la producción, exigirá una serie de «normas estéticas» (Trenzado Romero, 1999) para garantizar buenos resultados de audiencia en su pase en televisión.

Esta lógica de uniformización visual conlleva también una cierta manera de entender el contenido narrativo y su discurso. La búsqueda de un público masivo y televisivo, al que supuestamente hay que satisfacer con propuestas cómodas y digeribles, ampara una tendencia que Pena y Cerdán consideran como «descontextualización ideológica basada en la reconciliación y el olvido de la historia» (2005: 279). Ese «acabado técnico intachable» convierte a muchos de estos filmes en ese cine teatral y acartonado que ofrece una mirada muchas veces pueril o simplista sobre nuestra historia reciente. No en vano, esa estética dominante será aquella que, desafortunadamente, la mayor parte de la opinión pública asociará desde entonces con el cine español.

La homogeneización de estéticas y contenidos afecta también a géneros cinematográficos característicos de la serie B, como el fantaterror, las comedias populares/populistas de la factoría Ozores y, en especial y de manera grave y flagrante, a la producción documental. Dado que, como en tantas otras actividades creativas, a partir de los años ochenta hacer cine de espaldas al Estado resulta completamente impracticable, la producción de largometrajes documentales decaerá hasta la práctica inexistencia[24]. Un género que había gozado de un extraordinario vigor creativo y de repercusión durante la década anterior quedará desincentivado por la vía legislativa y verá su producción esquilmada durante dos décadas.

> A partir del año 1984, cuando entró en vigor el Real Decreto que luego sería conocido como ley Miró, desapareció del panorama español la viabilidad del documental como una de las posibilidades de creación cinematográfica. Fue como si el término se hubiese borrado del vocabulario de los profesionales del sector (Cerdán, 2008: 4).

A ello se suman el secuestro judicial, la censura y el bloqueo administrativo de algunos de los trabajos políticamente más comprometidos como *Después de...* (Cecilia y José Juan Bartolomé, 1981) o *Rocío* (Fernando Ruiz Vergara, 1980) u obras de vocación transgresora como *Cada ver es* (Ángel García del Val, 1981). Un género que se había caracterizado durante la Transición por ofrecer miradas disidentes y combativas, próximas a realidades sociales infrarrepresentadas durante la dictadura, desaparece súbitamente, víctima de la tendencia generalizada que hemos rastreado en la cultura de los ochenta: la homogeneización de imaginarios

24 Se pasa de 37 títulos entre 1973 y 1982 a dieciocho en el periodo que va de 1983 a 1996 (Alvarado y Barquero, 2023).

culturales que expulsa una heterogeneidad de propuestas estéticas y discursos críticos que, a su vez, daban cuenta de una riqueza y heterogeneidad de formas de vida. Una pluralidad social, territorial y sexual invisibilizada históricamente, de nuevo arrollada por la *normalización*, la *modernización* y la *homologación*; es decir, que contaba con la legitimación de las clases medias y la sociedad de consumo como motor de la democracia (Rodríguez, 2022).

Josep Lluís Fecé reflexionará años más tarde sobre lo que supone para toda una sociedad la inexistencia o marginalidad de las prácticas de cine documental:

> Si un día cualquiera, al entrar en una librería, el ciudadano/a no encontrase las secciones de historia, filosofía, ciencias sociales o ensayo, acudiría rápidamente al encargado/a para preguntar por las razones de tan misteriosa desaparición. Por el contrario, es poco probable que algún espectador/a escriba airadas cartas a distribuidores y exhibidores recriminándoles su sistemático desprecio por el ensayo cinematográfico. El documental es hoy un género condenado a las cadenas temáticas de televisión o a los horarios «difíciles» y el aficionado al séptimo «arte» tiene pocas oportunidades de disfrutar de un género tan antiguo como el propio cine y que, tal como están las cosas hoy en día, ofrece productos que, en incontables ocasiones, están por encima, temática y formalmente, del cine de ficción. (Fecé, 1996, en Cerdán, 2008).

El imperio de la ficción, avalado por las políticas cinematográficas de la época, se convierte en metáfora de lo acontecido de manera generalizada en todo un país, cuyas industrias culturales privilegiarán textos ligeros, escapistas, comerciales, liberados de la «seriedad» de la década anterior. Esta reducción fetichista, enfocada a historias que atañen a clases sociales y territorios muy concretos, elevados a modelo universal y ejemplo de conducta, deja fuera experiencias compartidas del ámbito rural, del extrarradio o de las provincias, con sus correspondientes expresiones culturales colectivas de conflicto, contestación e impugnación ante una realidad de desempleo y desesperanza en la que una amplia mayoría social vivió la década. Grace Morales lo expresa desde sus propios recuerdos:

> A comienzos de los años ochenta, la ciudad permanecía sumida en una profunda crisis. Las cifras de paro, especialmente el juvenil, eran muy altas; el nivel de deuda era escalofriante, miles de personas sobrevivían a duras penas de la economía sumergida. Se sucedían las huelgas, hubo constantes cierres de empresas... Los conflictos estaban en cada rincón, terrorismo y sangre incluidos. Sin embargo, determinados medios vendían un prometedor paisaje, un universo flamante y veloz que, salvo para una pequeña minoría, era totalmente desconocido y estaba a años luz de la puerta fría y la dura calle. Madrid no era la capital del mundo cuando Mecano llegó a la radio y el PSOE al poder. El color de los primeros ochenta era gris. Real y metafórico. [...] pero la narración débil de las emisoras, las canciones y las obras de los artistas querían que creyésemos que con solo desear que Madrid fuese una capital supermoderna, con hondura de progreso y visión de futuro, lo sería. Por arte de magia, con un acto de fe, superponiendo un celofán de colores a la foto original. [...] Un pequeño grupo, totalmente ajeno y enajenado de la situación de la mayoría, asistía a desfiles de moda que se presentaban en salas de conciertos. [...] A diferencia de lo sucedido en otras ciudades de Europa, en las que los movimientos juveniles de los años setenta habrían empezado como una explosión de rabia contra la penosa situación socioeconómica, en Madrid se hizo al revés: las clases privilegiadas salieron a hacer su pequeña contrarrevolución ensimismada de corte pop. El punk madrileño estaba en el extrarradio, tocando otra música (2013: 139).

Ante el vacío de representación que implica la homogeneización de la ficción cinematográfica, junto a la inexistencia de la producción documental, es desde luego fácil, lógico, «de sentido común», pensar que, efectivamente, la sociedad española se involucró de forma global en el relato de época que hemos descrito. ¿Cómo sería nuestra memoria social si durante esa década se hubieran producido documentales que dieran cuenta de otra realidad española: aquella que no formó parte de los discursos dominantes, la realidad de una mayoría social obrera, rural, barrial, a veces politizada, a veces ajena a la política, que no mutó de la noche a la mañana y que se mantuvo anclada a formas de vida de la década anterior o comprometida con la exploración de prácticas alternativas, atravesadas por la utopía? La respuesta, paradójicamente, nos la ofrece la propia Televisión Española.

5. Fuera del marco

Un joven procedente de Gambia, jornalero en Barcelona, organiza un sindicato para protegerse de los abusos de los empresarios agrícolas; un adolescente llega a casa con la espalda amoratada tras manifestarse contra la ley de reforma universitaria; una paya y un gitano se dan a la fuga por las carreteras de España ante el rechazo de su entorno, viven como nómadas y proyectan películas en un cine-autobús; una chica de Castellón espera a cumplir veinte años para poder entrar en un convento de clausura, ante el estupor de su familia; un hombre maduro de un pueblo de Sevilla, desconcertado ante la alegría con la que su amigo de la infancia, que ha hecho transición de género, vive una relación sentimental, se debate entre salir de su aislamiento o seguir reprimiendo su homosexualidad; un cura activista insiste en que la policía suministra heroína en Vallecas a cambio de información; también en Vallecas, una anciana de ochenta años sale todos los días de fiesta hasta la madrugada con sus jóvenes amigas *heavies*; un escritor argentino y su familia intentan sobrevivir a duras penas en Madrid tras huir de la dictadura de Videla; un padre soltero, procedente de la emigración holandesa, vuelve a Asturias con su pequeña hija para rehabilitar su aldea; diferentes generaciones de obreros de Avilés conectan la desindustrialización con las brutalidades de posguerra; una chica de Puertollano, afectada de acondroplasia, le pide a su vecina que le escriba cartas para su enamorado, ella no sabe leer ni escribir, le gustaría casarse con él.

Todas estas historias y muchas más formaron parte del programa de TVE *Vivir cada día* (1978-1988), creado y dirigido por José Luis Rodríguez Puértolas. Serie documental que, a lo largo de sus trescientos cincuenta capítulos, recoge con empatía, compromiso y vocación crítica la vida cotidiana de la ciudadanía española de su tiempo. Inspirada en la voluntad democratizadora, de integración ciudadana y con vocación de servicio público de la televisión en la Transición (Palacio, 2012), *Vivir cada día* se propone, con una ambición y amplitud pocas veces vista, «dar voz a los sin voz» y mostrar la realidad social que había quedado ausente del medio televisivo durante la dictadura. El programa ofrece un formato innovador para la televisión de la época al hacer desaparecer tanto al periodista/interlocutor como a la narración en *off*[25]. Con dos etapas claramente diferenciadas, la primera —de 1978 a 1982— se compone de capítulos de media hora de carácter observacional, emitidos en sobremesa y donde se muestran «pedazos de vida» de colectivos diversos de la geografía española[26], y una segunda, en donde se aumenta el presupuesto y la envergadura del programa para realizar capítulos de sesenta minutos inscritos en la técnica del docudrama, obras emitidas en *prime time*[27] que reconstruyen peripecias vitales de individuos anónimos y en donde la vocación social se entrelaza muchas veces con recursos expresivos y narrativos arriesgados y heterodoxos. Además del interés

25 Inspirada en las propuestas estéticas del cine directo y el *cinéma vérité*, las actualidades de Dziga Vertov y la voluntad de intervención social de Ken Loach o la NFB de Canadá (García Bueno, 2013).

26 La nómina de territorios y colectivos representados es muy amplia, si bien la masculinización de la plantilla redunda en asimetrías en la representación de género. A pesar de la presencia de la subdirectora Isabel Pastor y el trabajo de las montadoras Amparo Martínez y Teresa Viloria, la totalidad de los realizadores son hombres.

27 *Vivir cada día* se emitió siempre en la primera cadena, a excepción de la segunda mitad de la última temporada, en 1988, que pasó a la segunda cadena. Un pequeño porcentaje de la producción, especialmente de la primera etapa, se encuentra enwww.rtve.es/play/.

testimonial y humano del retrato de formas de vida emergentes o al borde de la desaparición, la segunda etapa de *Vivir cada día*, ofreciendo una libertad creativa completa a sus realizadores, profundizará en las historias de sus individuos con estrategias de puesta en escena híbridas: incorporando *flashbacks*, escenas oníricas, ensoñaciones surrealistas, reflexiones metacinematográficas y digresiones sobre la verosimilitud y pertinencia de lo representado. La mirada sobre la realidad social se caracteriza por un respeto hacia sus protagonistas completamente alejada de la telerrealidad de años posteriores. La selección de escenas, momentos vitales y diálogos se realiza de forma conjunta y negociada entre la persona participante y el realizador (García Bueno, 2013), secuencias que luego serán interpretadas por esa misma persona y las de su entorno. El cuantioso volumen de la producción —220 episodios en la primera etapa y 130 en la segunda—, los diferentes realizadores y equipos en nómina y las habituales dificultades que implican trabajar en un régimen abierto a la espontaneidad, la improvisación y la participación de personas de a pie, redunda en una lógica irregularidad. Con todo, desde el punto de vista cinematográfico y artístico, *Vivir cada día* ofrece un amplio porcentaje de obras de marcado carácter autoral, poseedoras de una coherencia estética y una calidez humana sorprendente, poderosamente conmovedora, rabiosamente comprometida con su tiempo. Largometrajes en 16 milímetros que oscilan entre el neorrealismo y el cine-ensayo y que nos permitirían recontextualizar la historia de la producción documental de los ochenta y reescribir la historia del cine de nuestro país[28].

Si además nos atenemos al registro, testimonio y preservación de la memoria social española, la relevancia de la serie es rotunda. La

28 Algunos de los realizadores procedían de la profesión cinematográfica y se habían formado en la Escuela Oficial de Cinematografía. Es el caso de Angelino Fons, Antonio Artero, Alfonso Ungría, Gonzalo García-Pelayo y, en especial, Javier Maqua, autor de los primeros docudramas y escritor de una obra teórica sobre ello, *El docudrama. Fronteras de la ficción* (1992). Sin embargo, la nómina de realizadores procedentes de RTVE o de los servicios informativos producen trabajos de una voluntad autoral y un control del medio cinematográfico tan completo como los anteriores y su actividad será más constante durante las diferentes temporadas de la serie. Es el caso de Lisardo García Bueno, Jaime Moreno o Ángel Peláez, entre otros.

vocación progresista de Rodríguez Puértolas, la selección de colectivos ninguneados, marginados o caricaturizados y la adscripción ideológica de un equipo muchas veces perteneciente a la extrema izquierda, que trabaja sin líneas rojas temáticas, convierte a *Vivir cada día* en una serie que en sus mejores trabajos propone un cuestionamiento social e institucional en completa consonancia con las propuestas críticas del documental de la Transición. La sociedad que comparece en sus capítulos demuestra que hubo otras muchas maneras de vivir la década de los ochenta que no formaron parte del relato oficial que nos hemos narrado sobre la misma, y cuyo conocimiento es una herramienta valiosísima para comprender las contradicciones, frustraciones y olvidos de nuestro pasado reciente.

A pesar de su éxito de audiencia y prestigio mientras duró su emisión[29], el paso de los años, el todavía precario desarrollo de los estudios sobre televisión y las condiciones de inaccesibilidad del archivo de RTVE han condenado esta serie al desconocimiento mayoritario.

El caso de *Vivir cada día* y el de otras muchas propuestas audiovisuales, artísticas, literarias, radiofónicas y de memoria oral nos ofrece un itinerario por el que transitar en paralelo a una época idealizada o vilipendiada, casi siempre mistificada. Una llave con la que agrietar ese pasado y «abrir» una época que tan rápidamente quedó clausurada. No se trataría tanto de oponer un relato impugnador, sino de complejizar las diferentes experiencias que atravesaron a la población en ese periodo y, cuanto menos, suspender, aunque sea solo de manera parcial, ese automatismo cultural que se ha confundido con el relato social colectivo. Como ya hemos insistido, la construcción del sentido común de los ochenta, su narrativa oficial, es, en última instancia, la construcción de lo que entendemos por democracia en nuestra sociedad.

29 El programa sería habitualmente comentado en columnas de opinión de cabeceras nacionales y recibiría dos Premios Ondas (1979 y 1983) y dos TP de Oro (1980 y 1983). Con «La juventud no solo baila» (García Bueno, 1982), logró la Espiga de Plata en el XII Festival de Cine y Televisión Agraria celebrado en Berlín.y su último capítulo, «La ley de la Palanca» (Ángel Peláez, 1988) estuvo nominado al Emmy.

Epílogo. Políticas de archivo

Como hemos visto, aproximarnos a los archivos de la época —no a las remezclas fragmentadas de programas como *Ochéntame otra vez*— nos ofrece una riqueza de registros que diluye la imagen monolítica de sus fetiches culturales. Esto es válido para aquellas experiencias excluidas, disidentes o periféricas, pero también para determinados estereotipos y prejuicios acerca del relato dominante y sus protagonistas.

Este texto comenzaba citando a Paloma Chamorro y sus deseos ante los años ochenta. Leímos sus declaraciones y le adjudicamos un tono oracular, programático, insinuando que la propia Chamorro también estimuló y formó parte de toda esa cultura hegemónica. La percepción compartida mayoritariamente es que así fue, como icónica presentadora de *La edad de oro* (1983-1985). Sin embargo, si nos enfrentamos directamente con el programa original, la percepción cambia. Quizá lo más relevante de la presentación antes mencionada tenga más que ver con un tono emocional, solo perceptible si vemos y escuchamos sus imágenes. La presentadora se muestra confiada y a la vez dubitativa, ilusionada y a la vez nerviosa, sentimientos que nos hablan de un sujeto atravesado por anhelos y deseos personales que son, al mismo tiempo, históricos y con los que se puede empatizar. Al verla, al escucharla, puedes comprender, en ese presente de las imágenes, de manera contradictoria y parcial —pero comprender al fin y al cabo— por qué la década de los ochenta tenía que ser algo importante para nuestras vidas, por qué la anterior era algo de lo que escapar, algo que dejar atrás. La emocionalidad de su voz y su rostro añaden una capa de complejidad al discurso, que ya no se puede interpretar de una manera tan unívoca, ya no se puede instrumentalizar tan fácilmente.

Como es posible comprobar en «Icónica Chamorro» (Arranz y Solano, 2023), notable capítulo de la serie *Imprescindibles* de RTVE, lo cierto es que los ochenta tampoco fueron ese paraíso de la experimentación, la permisividad y el jolgorio. La directora de *La edad de oro* y su equipo tuvieron que hacer frente al desprecio y boicot continuado de sus compañeros y a la persecución mediática y judicial de un programa que sí era decididamente transgresor y revolucionario (Chamorro, en Gallero, 1991), lo que conllevó un duro, injusto y triste peaje para su creadora. Su posterior defenestración, su abandono y expulsión de la profesión nos hace entender que ella, por desgracia para todos nosotros, tampoco «era de los buenos».

*La investigación en la que está basada esta publicación fue posible gracias al apoyo de una beca concedida por la Fundación Séneca de Murcia dentro del Programa Fulbright España-Estados Unidos.

Bibliografía

Albarrán Diego, Juan (2008): «Del desarrollismo al entusiasmo: Notas sobre el arte español en tiempos de Transición», *Foro de Educación*, vol. 6, nº 10, pp. 167-84.

Alvarado, Alejandro y Barquero, Concha. «Una historia que se enreda con otras, como una espiral, que no se acaba nunca. Rutas del documental político en la democracia», *El documental en España: historia, estética e identidad*, Alejandro Alvarado y Casimiro Torreiro (coords.), Madrid, Cátedra, 2023, pp. 209-225.

Bermúdez, Silvia (2009): «Memoria y archivo: La Movida, Alaska y procesos de arqueología cultural», *Arizona Journal of Hispanic Cultural Studies*, vol. 13, pp. 171-181.

Bourdieu, Pierre (2010): *El sentido social del gusto. Elementos para una sociología de la cultura*, Buenos Aires, Siglo XXI Editores.

Bustamante, Enrique (invierno de 1985): «Una década de incomunicación», en *Las Nuevas Letras. Revista de Arte y Pensamiento*, nº 3-4, pp. 64-71.

Cerdán, Josetxo (2008): «El documental en la España del tardocapitalismo. Muerte y resurrección», *Pausa*, nº6, pp. 4-19.

Cerdán, Josetxo y Pena, Jaime (2005): «Variaciones sobre la incertidumbre (1984-2000)», en *La nueva memoria. Historias del cine español*, José Luis Castro de Paz y Santos Zunzunegui (coords.). La Coruña, Vía Láctea, pp. 255-330.

Fernández Heredero, Carlos (1991): «El cine español de los ochenta. Cineastas en la periferia», *Telos*, n.º 26, pp. 125-134.

Fouce Rodriguez, Héctor (2006): *El futuro ya está aquí: música pop y cambio cultural*, Madrid, Velecío Editores.

Gallero, José Luis (1991): *Sólo se vive una vez. Esplendor y ruina de la Movida madrileña*, Madrid, Ardora.

García Bueno, Lisardo (2013): *De la cámara ojo al docudrama. Vivir cada día.* Santiago de Compostela, Universidade de Santiago de Compostela.

Hall, Stuart (1981): «Notes on deconstructing the popular», en *People's History and Social Theory*, Raphael Samuel (ed.), Nueva York, Routledge.

Lasén Díaz, Amparo (2017): «Vidas empapadas en música, subculturas, culturas juveniles y la importancia del estilo», en *Doble exposición, Miguel Trillo*, CA2M Centro de Arte Dos de Mayo, pp. 181-207.

López Carrasco, Luis y Parés, Luis E: «Confort y conflicto. De cómo el cine español se desconectó de la realidad en los años 80», *CTXT*, consultado en ctxt.es/es/20170913/Culturas/14995/cine-transicion-almodovar-ley-miro-jose-juan-bartolome.htm ctxt.es/es/20170920/Culturas/15119/cines-a%C3%B1os-ochenta-transicion-franquismo-ley-miro.htm

Marín Cobos, Almudena (2020): *Beyond Desencanto: Challenging the Archivization of the Spanish Transition (2010-2018)*, Nueva York, Columbia University Press.

Martínez, Guillem (ed.) (2012): *CT o la Cultura de la Transición. Crítica a 35 años de cultura española*, Barcelona, Debolsillo, 2012.

Marzo, Jorge Luis (1995): «El ¿triunfo? de la nueva pintura de los 80», *Toma de partido. Desplazamientos*, Libros de la QUAM, n.º 6, Barcelona, pp. 126-161

— (2010): *¿Puedo hablarle con libertad, Excelencia? Arte y poder en España desde 1950*, Murcia, CENDEAC.

Medina Domínguez, Alberto (marzo de 2015). «Over a Young Dead Body: The Spanish Transition as "Bildungsroman"», *MLN*, vol. 130, nº 2, *hispanic issue*, pp. 298-315.

Morales, Grace (2013): *Mecano 82: la construcción del mayor fenómeno pop español*, Madrid, Lengua de Trapo.

Nichols, William J. (2009): «From Counter-Culture to National Heritage: "La Movida" in the Museum and the Institutionalization of Irreverence», *Arizona Journal of Hispanic Cultural Studies*, vol. 13, pp. 113-126.

— y H. Rosi Song (editors.) (2014): *Toward a Cultural Archive of La Movida: Back to the Future*, Nueva Jersey, Fairleigh Dickinson University Press.

Palacio, Manuel (2012): *La televisión durante la Transición española*, Madrid, Cátedra.

Paramio, Ludolfo (25 de octubre de 1984):«Un alegato (neo) infantil», *El País*.

Pecourt, Juan (2008): *Los intelectuales y la transición política. Un estudio del campo de las revistas políticas en España*, Madrid, Centro de Investigaciones Sociológicas.

Pujol Ozonas, Cristina (2011): *Fans, cinéfilos y cinéfagos. Una aproximación a las culturas y los gustos cinematográficos*, Barcelona, Universitat Oberta de Catalunya.

Rodríguez, Emmanuel (2022): *El efecto clase media: crítica y crisis de la paz social*, Madrid, Traficantes de sueños.

Savater, Fernando (1981): «El escepticismo como nueva fe», *Triunfo*, n.º 14, pp. 6-7.

Trenzado Romero, Manuel (1999): *Cultura de masas y cambio político. El cine español de la Transición*, Madrid, Centro de Investigaciones Sociológicas/ Siglo XXI de España Editores.

Torreiro, Casimiro (1995): «Del tardofranquismo a la democracia (1969-1982)», en *Historia del cine español,* Madrid, Cátedra, pp. 341-397.

Vázquez Montalbán, Manuel (1 de noviembre de 1984): «Contra la utopía», *El País*.
Williams, Raymond (2009): *Marxismo y literatura*, Buenos Aires, Las cuarenta.

Programas de televisión

«Icónica Chamorro». *Imprescindibles,* escrito y dirigido por Manuel Arranz y Anna Solano, RTVE, 26 de febrero de 2023. Se puede ver en: www.rtve.es/play/videos/imprescindibles/iconica-chamorro/6817074/
«Los 80 (I)». *Imágenes*, dirigido y presentado por Paloma Chamorro, RTVE, 26 de diciembre de 1979. Se puede ver en: www.rtve.es/play/videos/imagenes-artes-visuales/imagenes-artes-visuales-80/3892946/
«Tiempos modernos». *Los años vividos*, escrito y dirigido por Mercedes Odina. RTVE 29 de mayo de 1992. https://www.rtve.es/play/videos/los-anos-vividos/anos-vividos-cap-9-tiempos-modernos/1672296/

«Lo que cabe en una mano». Sobre los entrelazamientos de las cosas en los exilios[1]

María Rosón y Ana Pol

En este texto nos acercaremos a la relación que se activó con la experiencia del exilio, tras la Guerra Civil española, entre las cosas y las escritoras o artistas exiliadas. Lo haremos a través de escrituras biográficas y obra plástica. El marco teórico que aportan los nuevos materialismos nos ha servido para establecer otra comprensión de cómo, para estas mujeres exiliadas, las cosas tienen agencia, lo que produce entrelazamientos (Barad, 2007), desgarros o anclajes necesarios para una nueva orientación. El cambio de contexto que supone el exilio genera una desorientación y una posterior reorientación que afecta poderosamente a las cosas, a sus usos y sus funciones (Ahmed, 2019). Esto nos devuelve una subjetividad atravesada por los fenómenos del mundo (las cosas incluidas), que se resiste a pensarse de manera autónoma, separada. También nos interesarán las conexiones que los cuerpos establecen con las cosas: la idea de prótesis o «ensamblaje híbrido» (Latour), que nos sirve para imaginar y dimensionar las adherencias y continuidades establecidas. Las artistas y escritoras con las que pensaremos estas relaciones con la materialidad son Victorina Durán, Mada Carreño, María Luisa Elío, Silvia Mistral, María Teresa de León, Concha Méndez y Maruja Mallo. Todas ellas se

1 Este texto se trata de una traducción del artículo «What Fits on One Hand. On the Entanglement with Things of Republican Women Writers and Artists in Exile», publicado en *Romanic Review* 114: 2 (septiembre de 2023), pp. 341-359. Queremos dar las gracias a Jo Labanyi, que editó nuestro texto con atención, rigor y mucho cariño para que formara parte del monográfico *Iberian Materialities*. También queremos agradecer a Duke University Press las gestiones realizadas para conseguir los derechos de traducción.

exiliaron en países latinoamericanos de habla hispana, en concreto en México, Argentina y Chile.

En el primer tomo de su autobiografía, titulado *Sucedió*, Victorina Durán, artista de vanguardia y escenógrafa que huyó a Buenos Aires al inicio de la Guerra Civil, nos cuenta su particular relación con una Venus de mármol blanco. Se trataba de la escultura de una Venus recostada, que era muy especial para ella, a la que le gustaba acariciar y cuyo tacto le llevaba a conmocionarse. La caricia, que comparte dialéctica con el resto de huellas (en tanto que cuando se toca se es tocado), y en este caso más bien su carencia, la impele a que la recupere. Así, durante su exilio bonaerense la Venus la llama:

> Viajé muchos años después a Buenos Aires. Salí de España durante la guerra, mi casa de Madrid quedó tal cual estuvo siempre y la Venus en ella. Pasados más de diez años en Buenos Aires, por ese misterio de la vida de lo inanimado, me acordé de la Venus: no cabía duda, la Venus me llamaba, quería estar conmigo. Me obsesionó la idea de su traslado a Buenos Aires (Durán, 2018a[a]: 150).

Esta experiencia resuena con el concepto de «materia vibrante», de Jane Bennet, quien entiende que las cosas tienen «vitalidad», la capacidad «no solo de impedir o bloquear la voluntad y los designios de los humanos, sino también de actuar como cuasi agentes o fuerzas con trayectorias, propensiones o tendencias propias» (Bennett, 2010: VIII). Victorina Durán resulta, en este sentido, paradigmática a la hora de describir con minuciosidad su relación con las «cosas», hasta el punto de que sus encuentros con estas, sus llamadas y respuestas constituyen uno de los tomos de su autobiografía, titulado *El Rastro. Vida de lo inanimado*. Su caso cuenta así con relato escrito, testigo singular de un sentir bastante extendido entre las artistas que se afectan por las cosas, siendo estas las que determinan en gran medida acciones singulares de ellas. Las cosas tienen agencia, nos mueven, deciden, vibran, nos llaman. El testimonio de Durán nos permite aproximarnos a parte de lo que nos interesa abordar con este texto: pensar la experiencia material de escritoras y artistas exiliadas, simpatizantes con la causa republicana, tras la Guerra Civil española a través de la red de afectos mutuos que se generó entre distintos «actantes» humanos y no humanos. Para ello hemos recurrido a los conceptos procedentes de la teoría del actor-red de Bruno Latour, o de la física cuántica Karen Barad, que pensó los fenómenos del mundo de manera entrelazada [*entanglements*], pues nada está separado o existe de modo independiente. Esta comprensión extendida de la agencia de Barad o Latour rompe con la contraposición entre sujeto y objeto. Con ánimo de disolver este par sujeto/objeto y las connotaciones asociadas a lo activo y pasivo, emplearemos el término «cosa», en lugar de objeto, siguiendo a Bennett. Nuestro abordaje trata de apreciar y dar cuenta de la sensibilidad de las escritoras y artistas estudiadas a través de la agencia de ciertas cosas con las que tuvieron una relación afectiva. De alguna manera, podemos entrever ahí aspectos anticipatorios a argumentos que describen ahora los nuevos materialismos. Intuimos también que una parte de lo que despertó y animó esas sensibilidades tuvo que ver con las circunstancias de migración y exilio.

Nuestro análisis se sirve en gran medida de materiales culturales que fundamentalmente tienen que ver con las llamadas «escrituras del yo» (Montiel Rayo, 2018) —específicamente, memorias, autobiografías y diarios—, pero también de obra plástica. Las formas biográficas nos interesan por su doble dimensión material: tanto la que reflexiona sobre la materialidad misma del proceso, como la que desentraña el testimonio de las experiencias materiales que las mujeres recuerdan. Nuestra manera de acceder a lo material es el resultado de una aproximación que discurre a través de la subjetividad de las escritoras y artistas cuando rememoran sus experiencias con las cosas. Como explica Jo Labanyi, existe una fina línea para diferenciar entre «el estudio de las cosas para revelar las prácticas sociales que determinan su disposición en el tiempo y el espacio y su investigación para dilucidar la manera en que contribuyen a la formación subjetiva de las personas con las cuales conviven» (2021: 22). Como argumenta Barad en su crítica al representacionalismo (2007: 32), no existe una división radical entre objetos y sujetos: la persona que observa forma parte de lo que está observando, por ello lo que produce lo observado es en sí mismo el acto de observar, sin existir una realidad preexistente.

No es nuestra intención explorar la «escritura del yo» como un género, tampoco hacer un análisis literario de las obras discutidas. No queremos aquí abordar cuestiones biográficas e históricas sobre los exilios de las mujeres ni sobre su experiencia de exilio en general. Hemos seleccionado para el análisis algunos pasajes de los textos autobiográficos sobre el exilio de escritoras y artistas republicanas que discuten la relación con las cosas que tiene lugar durante su exilio o su salida de España. Para sostener esta aproximación, recorremos varios textos autobiográficos que nos permiten establecer una conversación entre las distintas voces. En la última sección, a través de las obras de Maruja Mallo nos acercaremos también a la tan específica relación que ella trama con las cosas en su exilio. Estos materiales nos permiten entrever una subjetividad afectada por las cosas y, así, abierta al mundo. En este sentido, hemos visto cómo los textos biográficos de mujeres presentan un ego menos compacto, que se piensa de forma menos autosuficiente o individual y más en la «intra-acción» y, por tanto, conecta no solo con otras humanas, sino con los fenómenos físicos del mundo (la agencia se reparte) y donde, en consonancia con ello, aparecerá también, por parte de estas mujeres, un reiterado cuestionamiento de lo autobiográfico como lugar desde el que enunciarse como sujeto (Pol, 2022). En este texto empleamos el concepto de «intra-acción» de Barad en lugar del de «interacción», pues este implica que el agente existe antes de la interacción. Para ella no hay entidades separadas que se relacionen posteriormente entre sí, sino que todo está enredado. No es de extrañar que la conciencia de este entrelazamiento se manifieste en la escritura del yo de las mujeres, ya que el papel social de cuidado y mantenimiento asignado a estas hace que nuestros modos de relación sean más activos y tentaculares[2], llegando también a la relación que establecen con otros fenómenos del mundo. Por otro lado, la dimensión de lo mágico y lo sobrenatural, si pervivió fue ligada a los subalternos y las subalternas: mujeres, niños y niñas, personas racializadas, artistas u otros sujetos marginales (*outsiders*).

En este contexto fueron muy significativas las relaciones que las mujeres modernas establecieron con esa otredad; no nos referimos únicamente a la formación de comunidades humanas, sino a una concepción del yo atravesada por los fenómenos del mundo, como la naturaleza, el cosmos, los sueños. Esta subjetividad, evidentemente, no es nueva, pero sí estaba cada vez más relegada en Occidente por los procesos del humanismo liberal que, desde mediados del siglo XIX, perfilaba un sujeto autónomo, propietario de sí mismo y esencialmente libre de las influencias de los otros (Meloni, 2019: 67-69). En esta manera de vivir y experimentar el mundo, que va desapareciendo aún más con las transformaciones que apuntala el capitalismo tardío, las cosas tienen agencia, algo que ha pasado un tanto desapercibido en muchos análisis. Esto se acrecienta con el exilio, ya que funciona como un amplificador por los procesos de separación y desgarro que hay que afrontar, pero también de resiliencia; en ambos, las cosas son claves. El contacto con culturas ancestrales (o lo que de ellas pervive) en muchos de los países a los que migraron (México, Argentina, Chile) tendrá también un calado importante. No es difícil rastrear en las prácticas y producciones de las artistas y escritoras de vanguardia (Remedios Varo, Kati Horna, Leonora Carrington, o las citadas en este texto) estos modos mágicos, esotéricos o intuitivos. Una intuición que, tal y como la describe Suely Rolnik, tiene que ver con «conocer el mundo a través del tacto del espíritu»[3].

2 Para saber más sobre el pensamiento tentacular y otros modos de relación, ver Haraway (2022).

3 Conferencia de Suely Rolnik «¿Cómo liberar la subjetividad del cautiverio colonial-racializante-capitalístico?», Cátedra Políticas y estéticas de la memoria, 15 diciembre de 2021, Museo Reina Sofía www.museoreinasofia.es/multimedia/conferencia-suely-rolnik-catedra-politicas-esteticas-memoria

Y en esa tactilidad atisbamos de nuevo una materialidad que va a tener un rol que trasciende lo físico en un sentido cartesiano, al estar las cosas cargadas de presagios, de historias, de recuerdos, de pasados o tocadas por el paso del tiempo.

También nos han interesado las relaciones entre uso y función en las cosas, así como las transformaciones que operan debido al cambio de contexto que les supone el exilio. Los desplazamientos produjeron una profunda mutación en los usos de las cosas. Estas van a desprenderse de sus anteriores usos para convertirse, muchas veces, en anclajes para la memoria. La reminiscencia de su contexto anterior, que se queda como adherido, es la que les dota de una nueva función: la que tiene que ver con mantener el vínculo con el pasado. De forma que los cambios en los entrelazamientos de las cosas en sus antiguos contextos, con otras cosas y/o personas, las convierten en su nuevo lugar (el del exilio) en cosas desorientadas. Esta desorientación que comparten las cosas y las «transterradas» (utilizando la palabra de José Gaos[4]) forma parte de los argumentos que Sara Ahmed expone en su *Fenomenología queer* (2020) y que aquí trabajaremos en continuidad con su estudio de los usos de las cosas: *¿Para qué sirve?* (2019). Finalmente, nos acercaremos a diversos modos de resiliencia construidos a través del entrelazamiento con las cosas, en función también de las agencias o intra-acciones que se implican. Los teóricos cuyos trabajos sustentan nuestro debate —principalmente, Latour, Barad y Ahmed— comparten el interés por el estudio de las cosas y su agencia. Sus ideas nos ayudan a analizar las elecciones que hacen las escritoras y artistas seleccionadas para el estudio a la hora de decidir qué cosas se llevan consigo cuando abandonan su hogar o qué cosas utilizan como base para reconstruir una vida en el exilio.

4 Gaos acuñó este término en la década de 1950, durante su exilio en México, para describir la experiencia del exilio republicano en países donde la lengua y la cultura eran más o menos familiares, lo que hacía que la experiencia fuera menos perturbadora que el «destierro» (desterritorialización) del exilio en países no hispanohablantes.

1. El fardo, prótesis de contacto

Desde el comienzo de la Guerra Civil, se hizo evidente para aquellas personas que pertenecían a ciertos sectores sociales que habían apoyado o simpatizado con el Gobierno de la República Española o del Frente Popular la necesidad de abandonar España. Además, dadas las características de la contienda (movilidad de los frentes, ciudades abiertas a los bombardeos, población civil objetivo de la violencia o la fuerte represión vivida), desde 1936 el desplazamiento migratorio o la evacuación de grandes masas humanas fue una constante, con el colofón del cruce de Cataluña a Francia por el Pirineo, en 1939. Se da, entonces, la convergencia de varios fenómenos que pasan por el abandono del hogar, la salida precipitada y la huida. Esto supone un movimiento poblacional de refugiados, desordenado y de emergencia, a medida que las tropas franquistas iban ganando terreno. Pero también la búsqueda del exilio como refugio, con cierta seguridad relativa, principalmente en Francia, México, Argentina y Chile.

El enorme impacto de esta experiencia transformó la subjetividad de las personas y se documentó extensamente a través de los distintos lenguajes artísticos, sobre todo la escritura, la fotografía o el dibujo, medios de expresión sencillos y ágiles que podían ejecutarse en condiciones precarias. Gracias al fotoperiodismo internacional, pudimos detectar no solo que existía un motivo recurrente, sino que también había un encuadre determinado: las personas, mujeres especialmente, huyendo despavoridas por los caminos, cargando con sacos, maletas, pero también con bebés o sirviendo de apoyo a personas mayores. Se convirtieron en una imagen recurrente que quedó cristalizada y que tuvo, y tiene, una gran difusión. En lugar de entenderlas únicamente como víctimas, pudimos apreciar su fuerza y su vulnerabilidad, pues ellas ponían en el centro y visibilizaban los cuidados (Rosón y Douglas, 2020).

Ante esta cultura visual, y con el objetivo de profundizar en la cultura material del exilio republicano, lo primero que nos preguntamos es qué se lleva una cuando tiene que abandonar abruptamente su hogar. Pero también, qué es lo que deja y quién se hace cargo de eso que se deja. No nos interesa únicamente poner el foco en lo que las mujeres hacen a las cosas, sino también en lo que las cosas hacen a dichas mujeres, de ahí que nos detengamos en el fardo o la maleta y en las relaciones que se establecen entre los cuerpos y las bolsas.

Si algo sucede con las cosas cuando viajas, y más si lo haces en condiciones precarias, es que hay que cargarlas; luego, pesan. Maite Garbayo (2021) ha evidenciado que la cultura artística del momento está repleta de imágenes de madres que cargan y cuidan. Utilizando el concepto de *carriance* [acarreo] que teorizó Bracha Ettinger, Garbayo incorpora la idea de la carga a la visualidad de la Guerra Civil. Reflexiona sobre la importancia de la carga como una responsabilidad, como una acción de cuidado activo, pero también, a través de los cuerpos doblados e inclinados de las mujeres que dibujaron Francis Bartolozzi o Juana Francisca Rubio, nos hace sentir física y simbólicamente el peso de la carga.

El fardo fue un elemento presente en la cultura material de la guerra, que aparecer tanto en fotos como en testimonios, y se integra como conformador de un paisaje desolador: los caminos hacia el cruce a la frontera francesa repletos de cosas y maletas, que han sido abandonadas por las gentes en su huida. Pero, por otro lado, es ciertamente impenetrable al análisis visual, pues la estructura que recoge las cosas que viajan en su interior, el fardo en sí, es opaca. Parte de la opacidad de esa masa la sitúa en continuidad con los cuerpos, en una especie de amalgama que hace que las bolsas parezcan adherirse al cuerpo, como si de prótesis o «ensamblaje híbrido», en términos de Latour, se trataran.

Las narraciones en primera persona sirven para densificar el análisis y desentrañar las cosas que guardan las bolsas y las maletas y las relaciones que se activaron con sus portadoras, o más bien el relato que se hace de aquello, con más o menos distancia. Mada Carreño llegó a México en 1939 y lo único que traía consigo era un cuaderno de notas en el que había plasmado su experiencia durante la guerra y sus peripecias en la salida hacia Francia, así como los meses que allí pasó retenida. Hablando de la génesis de su novela *Los diablos sueltos*, dijo en una entrevista con Josebe Martínez en 1994: «Es biográfico; todas las fechas, lugares y accidentes son exactos... en un cuaderno de notas fui anotándolo todo y cuando llegué a México no traía más que la ropa puesta y el cuaderno. Lo dejé descansar por mucho tiempo porque mi estilo no es apasionado, y yo quería serenidad» (Martínez, 2019: 8). Su novela es pues testimonial, aunque escrita con la distancia del tiempo (1975), y da cuenta en numerosas ocasiones de lo significativo y central que es la materialidad en la experiencia del exilio. La misma escritura del diario tiene presencia en el propio libro, donde se refleja varias veces lo importante que es para la protagonista, Marina, trasunto de la propia autora, poder acceder a papel y lápiz con los que escribir sus cartas y en su cuaderno (Carreño, 2019: 219 y 274). La cuestión de que Marina/Mada decida llevar un cuaderno es importante, pues su actitud a la hora de preparar su equipaje es la de elegir lo «indispensable» (Carreño, 37) y «desechar lo fútil» (106). Es importante ser consciente de la selección, pues «cada cual podrá llevar únicamente lo que alcance a acarrear por sí mismo» (54). La conciencia de la carga es constante. Páginas más tarde describe cómo «en los portales y aceras se han quedado desparramados muchos paquetes y maletas que no fue posible acarrear» (108), y reconoce las cosas de su hermana entre las pertenencias abandonadas que va encontrando.

Algo similar surge, aunque en términos más poéticos, en la película *En el balcón vacío*, rodada en México en 1961, con guion de María Luisa Elío y dirigida por su marido, Jomí García Ascot. Elío cuenta la experiencia del exilio a través de la mirada de una niña, una subjetividad subalterna, pero que, precisamente por eso, es capaz de ver más allá (Thomas, 2019). En la secuencia en la que se le comunica a la protagonista, Gabriela, quien encarna la primera persona del relato ya de adulta, que tiene que prepararse para la marcha, su madre le dice que solo puede llevarse «algo que quepa en una mano». Ella rodea con la manita un pollito de peluche, que finalmente decide dejar junto al resto de la familia de juguetes que deja durmiendo en la cama. Este fragmento refleja, de forma bastante violenta y dolorosa, el abrupto duelo que se debe hacer por la vida que se abandona. La medida se toma con la mano, en este caso de la niña, algo que nos permite ver cómo cada cuerpo se convierte en instrumento de mensura para cargar o transportar. El cuerpo deviene así un sensor, por tamaño, tacto y peso, que devuelve lo háptico y la continuidad con la corporeidad y lo que se carga en forma de adherencia.

El tamaño y el peso son dos limitaciones decisivas a la hora de armar los fardos y las maletas que acompañaron los exilios. Pero, además, el traslado involuntario y por tiempo indeterminado acumula un tipo de necesidad muy específica que sobrescribe el uso de las cosas. Su importancia se va a ligar, muchas veces, a cuestiones afectivas, que de pronto muestran lazos antes no tan perceptibles. Para abordar las cuestiones que aquí planteamos respecto a la cultura material, uno de los aspectos más revisados tiene que ver con los usos de las cosas. Los usos, como Sara Ahmed (2020) se ha encargado de repetir, ligan las cosas a espacios, que las contextualizan, mientras que su descontextualización las sitúa en el campo de lo desorientado.

Podemos entender que el tipo de uso que adquiere una cosa cuando se la porta por el vínculo que se ha construido tiene que ver con la relación misma y con el hecho asociado de que, en ese otro espacio, en el nuevo o los nuevos lugares, esas cosas pueden constituirse como elementos de orientación. Una suerte de anclas de la memoria que reconstruyen cierta orientación dentro de la situación de exilio a través de esos vínculos que operaban en las «intra-acciones». En *Fenomenología queer,* Ahmed abordaba la cuestión de la proximidad como reveladora de inclinaciones y de usos-ocupaciones. Pero la proximidad no solo refleja la orientación humana, sino que, en las cosas, la proximidad también se vuelve significativa: «un objeto podría estar cerca de otro objeto si se usan juntos; el uso trata de cómo las cosas llegan a compartir una ubicación» (2020: 47). Por eso, cuando se arrancan las de su contexto y se separan de otras cosas, también modifican sus usos y el entrelazado [*entanglement*]. Así se generan nuevas proximidades, lo que supone transformaciones de las intra-acciones que crean nuevas conexiones.

También se produce en muchas situaciones una separación entre el uso y la función. Esta es una de las cuestiones recurrentes entre las cosas que son acarreadas, porque tienden hilos con una situación anterior que se sabe que va a perderse o a transformarse. Así, su función de anclaje va a acabar contribuyendo a una orientación temporal, en lugar de espacial. La cosa puede unirnos tanto al recuerdo de algo en otro lugar, como generar la posibilidad de futuro, de volver a recuperar su uso o su lugar en otro tiempo por venir. De esta forma, la función se mantiene en letargo durante esa espera. Esta invitación a imaginar un futuro en el que las cosas «vuelvan a su sitio» anida también en cosas como las maletas que eran adquiridas para seguir manteniendo la esperanza de ese regreso. Serían así muchos los ejemplos en los que el uso y la función se distancian notablemente, y muchas de estas cosas adquieren usos simbólicos. Ciertas cosas que se vuelven inútiles o aletargan sus usos crean, a su vez, un imaginario que abre la puerta a volver a vivir sensaciones que parecían haber desaparecido: unidas al disfrute o a momentos felices, sufren un alejamiento entre uso y función. Como señala Ahmed, cuanto mayor es este alejamiento más impreciso se vuelve el uso (2020: 43). Muchas de estas cosas acaban por convertirse en símbolos o emblemas que colaboran para imaginar lo utópico, es decir, un lugar desaparecido o que el recuerdo desvirtúa. Podemos observar cómo estas son algunas de las problemáticas que emergen de forma muy potente en el exilio, pues la vivencia del exilio supone un cambio radical de contexto. Esta situación de la persona en otro espacio exigirá una reorientación.

Seguramente esta pulsión de memoria afectiva, de ancla o emblema, es la que llevó a Silvia Mistral a elegir ciertas cosas en su huida. Tal y como escribió en *Éxodo. Diario de una refugiada española*[5], al contrario que Carreño, optó por no acarrear

5 Originalmente lo publicó por fragmentos la revista *Hoy*, en 1939 y un año después apareció en la editorial Minerva. A diferencia de los de Carreño y Elío, este texto es sincrónico a la vivencia.

únicamente con lo esencial para la supervivencia. Así, llevó un fardo con otro tipo de cosas, que van a tener la función de anclas de memoria:

> En una especie de consejo familiar y mientras comía las últimas lentejas, se acordó que yo partiera mañana. Mamá me prepara la maleta y recoge las «tonterías» que me gustan: libros, abanicos, tapices, cuadros y objetos curiosos. Papá busca una cuerda para atar un saco. Ninguno de los dos llora, pero se les cortan las palabras en la garganta (Mistral, 2008: 61).

Acarrear «tonterías» o bagatelas fue absolutamente significativo para Mistral, pues como va a comentar posteriormente, perderlas va a partir su vida en dos: «Entre montones de bultos abandonados hallamos parte de nuestros respectivos equipajes. No encuentro mis libros, mis artículos, mis pequeños objetos de arte, y esa pérdida parece separar mi vida en dos etapas» (2008: 78). Aquí, las cosas pueden servir como *souvenirs*; son necesarias porque capturan rastros de experiencias auténticas. Evocan «acontecimientos cuya materialidad se nos ha escapado, acontecimientos que de este modo solo existen a través de la invención de la narrativa» (Stewart, 2007: 135). Así, como también sucede con la niña protagonista de *En el balcón vacío*, abandonar o perder las cosas significa dar forma a la separación, materializar el desgarro. Un desgarro en el que la etimología nos devuelve de nuevo la imagen de la mano, puesto que literalmente sería la separación [*des*] del puñado [*gharfa*].

2. El desgarro (lo que se desentrelaza)

Las memorias de María Teresa de León y Concha Méndez son escritos bien conocidos y referencias ineludibles sobre la experiencia del exilio. Ambas se detienen en sus relaciones con los objetos en el momento de la partida. León, con el estilo poético que domina todo el libro, habla del intento de «atarlo todo» y de la pérdida que se produce en la huida. Además, introduce la cuestión de quién se encarga de cuidar lo que se deja, formulando una pregunta final, en segunda persona, que nos apela directamente como lectoras:

> Me iba con todos mis recuerdos anudados en unas bolsas de camino que iba a perder un poquito más lejos. Todo huía [...] Y yo quería llevar todo bien atado, para no perder nada por ahí. [...] Ya no está el perro. Ni los pájaros. Ya no tengo nada que me estorbe. Lo que dejo poco importa. Bah... cuatro muebles. Me preocupan un poco aquellos cuadros... el Solana, los Domínguez Bécquer y las esculturas de Alberto ¿Las cuidarás? (León, 2019: 75).

Memorias habladas, memorias armadas son las memorias de Concha Méndez escritas por su nieta, Paloma Ulacia Altolaguirre, a partir de conversaciones que habían mantenido y que fueron grabadas. Se trata de un trabajo que, de alguna manera, tiene que ver con la «posmemoria» o la memoria heredada (Hirsch, 2021). El prólogo, escrito por Ulacia, cuenta que Concha Méndez salió exiliada de España a los 45 años, «sin llevar más que dos álbumes de recortes de periódico sobre su vida» (Méndez y Ulacia, 2018: 13). Para ella, el exilio había significado, entre otras cosas, perder de alguna manera su identidad, y por ello los recuerdos se hicieron doblemente importantes. Las cosas aparecen y reaparecen en las páginas de *Memorias habladas*. Por ejemplo, un abrigo que compró en su estancia en Londres, que describe como

> aquel que me libraría de muchas cosas en la guerra, con el que tapé a mi niña en los inviernos; con el que pasé a Francia inadvertida como cualquier otra burguesa francesa; el que terminó pudriéndose en Cuba por el calor (Méndez y Ulacia, 2018: 87).

Esta separación con sus cosas se hace presente en su vivencia del exilio:

> Hubiéramos querido viajar en barco mercante para poder transportar con nosotros la imprenta; pero, ya que no fue así, se la dejamos a mi hermano Pascual. En la aduana nos confiscaron lo único que llevábamos: la cámara fotográfica y la máquina de escribir. Nos quedamos sin nada, sin nada volamos a México, dejando atrás cuatro años de estancia cubana (Méndez y Ulacia, 2018: 118).

Aunque este caso cuenta su segundo movimiento en el exilio, de Cuba a México, no deja de sorprender que se plantee acarrear algo tan pesado y poco manejable como una imprenta, aunque sea portátil[6]. Por otro lado, tampoco una máquina de escribir es fácil de manejar, pero aun así, como también sucedió con las cámaras fotográficas, parece que Méndez no fue la única que se la llevó consigo. Silvia Mistral describe que en el campo de Argelès las gentes llegaron con máquinas de escribir y fotográficas, que eran confiscadas:

> Los pocos «sphais» que hasta ahora hay, asaltan a los asilados, robándoles sus objetos de uso personal: relojes, encendedores, etc., mientras los gendarmes quitan, con el pretexto de que «no se han pagado las aduanas», las máquinas de escribir y fotográficas (Mistral, 2008: 82).

Resulta evidente entender que artistas o escritoras opten por llevar sus útiles de trabajo para poder continuar con su práctica durante el viaje, y son muchos los ejemplos con los que contamos, específicamente de fotógrafos.

La separación o desligadura con las cosas parece que fue una constante en la subjetividad exiliada, pues «se trata de una memoria construida sin las cosas o, precisamente, a partir de su ausencia» (Alonso, 2021: 72). Ese «desentrelazamiento», entendido como uno de los procesos que acompaña al exilio, tensiona la necesidad

6 La imprenta era apreciada por Méndez y su marido, el director de revista, editor y poeta Manuel Altolaguirre, ya que, desde 1932, ambos habían impreso algunas de las publicaciones más significativas de la Generación del 27.

de reconstruir la vida, pues para vivir hay que encontrar un equilibrio con las cosas. Es así como surgen resistencias a un nuevo entrelazamiento, ya que eso significa que te vas a quedar, que no vas a volver, en todo caso, no inmediatamente, como si la separación horadase el nuevo lugar haciendo presentes los desgarros o los huecos de lo que falta (de lo que agarraban, tocaban, acariciaban...). Esto queda claro en las memorias de Concha Méndez:

> Llegamos a un piso amueblado. Yo creo que por la idea de volver a España, pasaron años sin que compráramos ningún mueble; sin embargo, sí compré, y ahora que lo pienso lo hacía de manera inconsciente, varios juegos de maletas, uno de piel de puerco, pensaba que habría de tenerlos por si acaso regresábamos (Méndez y Ulacia, 2018: 119 y 120).

Hay algo en la no pertenencia que atraviesa la experiencia material del exilio, de ahí que los muebles plegables sean un elemento que condensa ese sentimiento de precariedad de alguna manera deseada o buscada, si no emocionalmente impuesta, pues como dice Carola Saiegh Dorín refiriéndose a otro exilio, el del Cono Sur a Europa en los años ochenta, los muebles plegables fueron habituales durante larguísimo tiempo «por si había que volver» (2019: 115). Se construyen espacios decididamente temporales, como una especie de arquitectura de emergencia, y las cosas en estos contextos sufren una orientación muy concreta que las aglutina en torno a lo plegadizo, lo ligero, lo portátil.

Se trata, entre otras cosas, de una «estructura de sentimiento» histórica que tiene que ver con la nostalgia (entendida como *homesickness*), como clave en la condición del exilio tras la Guerra Civil, pues, como ha argumentado Valis, exilio y nostalgia conectan con la pérdida y la memoria, y tienen que ver con el hogar (2000: 117). Las cosas fueron claves en tanto que servían para anclarse a un nuevo hogar, tendiendo un puente con el pasado. Servían para generar una nueva orientación, dentro de la experiencia de desorientación que es intrínseca al exilio (Ahmed, 2019). Una sensación que en muchos casos se acrecentó con el regreso, pues como relata María Luisa Elío al comienzo de *Tiempo de llorar* (relato en el que se basará el guion de *En el balcón vacío*), cuando se vuelve, que también es irse definitivamente, las cosas ya no están: «Y ahora me doy cuenta de que regresar es irse. Es decir, que volver a Pamplona es irse de Pamplona. Al fin voy a volver donde las cosas ya no están» (Elío, 2021: 17).

En la película *En el balcón vacío*, hay otra secuencia en la que, tras un bombardeo, las niñas están jugando con trozos de objetos que han encontrado, tesoros procedentes de la ruina: láminas de metal, trozos de cristales rotos, una cuchara. Gabriela escoge un tapón de botella de vidrio tallado; lo agarra con una mano, lo sostiene un rato mientras lo toca y lo mira. La voz en *off* de Gabriela adulta, que es quien narra la historia años después, dice: «Y yo entonces, me llevé un tapón». A continuación se montan planos de material de archivo que provienen de *L'Exode d'un peuple* (1939, Louis Llech y Louis Isambert), donde se ven cortes documentales de una muchedumbre caótica cruzando el paso a Francia cargada. Ante los sacos, los fardos, las maletas irrumpe el tapón de Gabriela, lo que cabe en una mano, abriendo la dimensión afectiva de las cosas y toda su profundidad de memoria, háptica y sensorial.

3. Lo que se acompasa

El mismo año en que Victorina Durán creó el Círculo Sáfico de Madrid, 1916, su padre le regaló un reloj despertador. Un objeto que, según cuenta en sus memorias, fue muy significativo para ella, entendiendo que tenía una sensibilidad que lo conectaba con quien lo portara, una suerte también de ensamblaje: «Los relojes de muñeca marchan de acuerdo con el ritmo de nuestro pulso, se adelantan, se atrasan o se paran con influencia de nuestras vibraciones, sus manecillas son sensibles a ellas» (Durán, 2018b: 80). Como veremos, a pesar de que estaba estropeado, decidió llevárselo a su exilio bonaerense, desafiando una vez más lo que se supone necesario para cargar en la huida. Durán va a relatar de manera precisa un uso *queer* del reloj, un uso girado, torcido, un uso de lo roto. A veces, las cosas no se rompen en sí mismas, sino en su conexión con otras cosas/personas. Es quizá parte de lo que sucede también con el relato de este reloj que constituye una buena analogía sobre la quiebra que opera el trauma sobre la temporalidad. Es así como Victorina aprecia, sobre todo, la capacidad afectiva del reloj, su capacidad de ser afectado por los hechos que lo envuelven. El reloj la acompañaba y compartía con él «esperas, ilusiones o desesperanzas» (Durán, 2018b: 81); durante la guerra lo miraba esperando la hora fija de los bombardeos, hasta que una noche se paró:

> Le miré[7], lo tomé en la mano y lo sacudí para que reaccionara de lo que yo creí que era un síncope, pero seguía mudo y sin movimiento. Lo comprendí todo. Nuestras diarias miradas de pánico habían afectado su sensibilidad y no pudo resistir más. Había muerto de terror (Durán, 2018b: 81 y 82).

Aún así ella decidió llevárselo a Buenos Aires, para arreglarlo, algo que finalmente consiguió: «Un día volví a insistir, un relojero sin importancia me lo devolvió vivo. Tiene el despertador en perfecto estado de funcionamiento, pero no he vuelto a usarlo, tengo miedo de que recuerde y vuelva a morirse» (Durán, 2018b: 82).

La idea de lo síncrono, que les acontece al reloj y a Durán, nos parece muy poderosa para entender esa subjetividad conectada al mundo que muestran estas artistas y escritoras, que la experiencia del exilio va a acrecentar, así como la cuestión de la adherencia o el ensamblaje híbrido, propio de la modernidad (Latour, 2007)[8]. Lo síncrono está presente en las reflexiones de Ursula K.

7 Podría ser un error proveniente del lenguaje oral o un juego que incide en personificar el reloj, utilizando el determinante «le». Nótese que también escribe Venus con mayúscula, algo que también lleva a la personificación.

8 Bruno Latour argumentó en contra de la separación entre lo social y natural, algo que la modernidad incrementa con la multiplicación de ensamblajes híbridos donde esta distinción desaparece totalmente.

Le Guin sobre contar y escuchar. En un bello texto en el que dilucida la reciprocidad que se produce en el acto de intercambio lingüístico, se detiene en los procesos de sincronización que se dan en el habla, justamente a partir del ejemplo de dos relojes:

> si se sitúan dos relojes de péndulo lado a lado en la pared, gradualmente comenzarán a mecerse al unísono. Se sincronizan el uno con el otro en respuesta a las vibraciones diminutas que cada uno transmite a través de la pared (Le Guin, 2018: 256).

Esta respuesta de movimiento que se construye entre objetos que oscilan con cierto intervalo similar cuando se encuentran cerca es lo que los físicos llaman sincronización de fase o arrastre, y que Le Guin describe como «hermosa y económica pereza», puesto que requiere menos energía moverse en colaboración que en contra. Siguiendo con su disertación, Le Guin dice: «Todos los seres vivos son osciladores. Vibramos. Seamos amebas o humanos, palpitamos, nos movemos rítmicamente, cambiamos rítmicamente, marcamos el tiempo» (2018: 256). De esta forma, tendemos a sincronizarnos con lo cercano; los humanos, aclara también, funcionan como los péndulos, o podríamos decir los péndulos como los humanos. En esta falta de distinción entre lo humano y lo no humano es donde median los planteamientos de Latour o, desde otro lugar, de Barad, al estar todo asociado. Es decir, todo está sometido a la vibración, a una especie de pulso que *entrelaza* la materia con fuerzas energéticas invisibles. En este sentido, no es muy diferente de todas estas propuestas y aquí nos resuena, casi literalmente, con el reloj de Victorina Durán. Un reloj que se aceleraba con su impaciencia, pero que también era capaz de sintonizar con los bombardeos, parar cuando estos paraban, o finalmente sufrir un síncope al acogerse a la pulsación que marcaba la guerra (emulando el famoso síncope de La Argentina[9]).

9 La Argentina (1890-1936) fue una famosa bailaora y coreógrafa española, cuya muerte por síncope se produjo tras recibir la noticia del alzamiento militar el 18 de julio de 1936. Su convulsión individual condensa un dolor colectivo que hará que su

Pareciera que aquello que está *entrelazado* se permite vacilar, temblar, moverse, es decir, que está vibrante.

Es así como muere el reloj de Victorina, que sufre una muerte por terror que para ella define su sensibilidad ante el medio o, podríamos decir, de manera más precisa, la capacidad de ser afectado. Por ese motivo, su resurgir va a condicionar un cuidado posterior extremo, en el que el despertador no se volvió nunca a activar por miedo a despertar el recuerdo. El símil de Victorina es muy concreto, y conecta con otras descripciones de las sensaciones que comunica el trauma y que tienen que ver con el tiempo bloqueado o paralizado.

En *El Rastro. Vida de lo inanimado*, segundo tomo de su autobiografía, vemos que Durán se acerca a los objetos de forma prosopopéyica, lo que pudiera parecer un enfoque muy diferente al vital (vibrante) de Bennett. Sin embargo, este hecho de dotar de vida a «las cosas» les confiere, en muchas de las apreciaciones, agencia, observando desde su mirada poética la vitalidad de lo supuesto inanimado. Victorina construye como parte de su relato autobiográfico todo un compendio de encuentros detalladamente descritos con las cosas que hay en el Rastro de Madrid[10]. Los textos recogidos en *El Rastro* suponen un documento extraordinario para acercarnos a su modo de entender las relaciones entre las cosas, en las que ella no parece hacer distinción con otro tipo de agentes del mundo. El grado de descripción es muy exhaustivo, ya sea para las cualidades que presentan como para las relaciones que se traman tanto con ella como con las personas que intra-accionan en su relato. Tampoco es difícil imaginar los encuentros que se producían y las «llamadas» de las cosas que acompañan; por ejemplo, la poética del objeto surrealista encontrado: «Hoy en el Rastro

---

muerte resuene en artistas posteriores y en sus prácticas. Una convulsión análoga a la que sufre el reloj de Durán, convertido en su relato en otro aglutinador del dolor y el terror colectivo.

10 Existe un precedente de esta obra que Durán sin duda conocía: *El Rastro*, de Ramón Gómez de la Serna, publicada en 1914. También escribiendo sobre el Rastro madrileño, Gómez de la Serna encontró en ese paisaje material y en sus objetos un escenario alternativo alejado de la dinámica de la mojigata moral burguesa.

es cuando te encontré. Es una mano fina, pequeña que se adaptó en el acto a mi caricia. Lo más sorprendente es que no estaba fría, su bronce transmitía un calor humano» (Durán, 2018b: 60).

El *object trouvé*, que tal vez podríamos renombrar como la *cosa encontrada*, da el pistoletazo de salida a una nueva forma de hacer en las prácticas artísticas definitoria de muchas de las transformaciones artísticas del pasado siglo. El giro hacia las cosas encontradas y los *readymades* provoca un cambio radical en la forma en la que los artistas se relacionan con lo que producen, un cambio que está vinculado a formas mecánicas de (re)producción en las que la implicación táctil del productor está separada del proceso de producción. Del mismo modo, la separación impuesta por el exilio obligó a los artistas a reevaluar el tamaño, la dimensión, el peso y otras cualidades de las cosas, de forma que tuvieran en cuenta su relación con los contextos, las orientaciones y, por tanto, también la memoria, lo que exigió reorientaciones que reorganizaron las formas de ver el mundo y las formas de práctica artística. En este sentido, la experiencia de separación (desgarro) y desorientación intrínseca al exilio es paradigmática de la experiencia fenomenológica del siglo XX. En el caso de las artistas exiliadas que aquí se estudian, el resultado fue la producción de una subjetividad nómada abierta a la alteridad. La descripción de su encuentro con la mano, por ejemplo, se podría definir como háptica. Algo que es recurrente en la forma de acercarse a las cosas de Durán, que presta especial atención al tacto, la temperatura o las medidas y que rompe la dicotomía sujeto-objeto que gobierna la mirada retiniana, y desde ahí desmonta la dicotomía sujeto-objeto, así como las relaciones jerárquicas asociadas a esta.

4. Lo que vibra

El periplo que describe Maruja Mallo a partir de y con las cosas es también muy elocuente de las *vibraciones* que se filtraron a través del arte. Así, ese depósito de objetos extraviados que para

Gómez de la Serna era el sueño (2014: 78), pero que para Maruja está dentro de su cotidiano, nos resitúa en toda una dinámica de afectos que acompañó muchas de las prácticas artísticas, manifestando fuera del lenguaje escrito un relato de lo que sucedía. Su atención al presagio, que para ella está vinculado a su hacer artístico[11], la lleva a rodearse de huesos y calaveras de vaca, en sus *performances* de Cercedilla (1929-1930). Unas imágenes que, previas al levantamiento militar, fueron luego leídas como premonitorias. Aquí nos interesa más la otra cara de la moneda: la serie que construye tras su huida a América, titulada en un principio: *Naturalezas vivas* (1941-1944). Despilfarro de colores y de formas extravagantes salidas del océano Pacífico, nos interesa por las nuevas relaciones que trama con las cosas a su llegada. Es curioso que su afición por «las cosas», como toda buena surrealista, le haga poner el foco en estos elementos que parecen salidos de «otro» planeta (sus formas, sus colores y el protagonismo que cobran en los cuadros las convierten en «extrañas», las cargan de otredad) . De forma que el exilio trae para ella una nueva amalgama con lo que podríamos llamar «restos de vida». Maruja inventa así un espacio nuevo rodeado de estas formas submarinas, que parecen comunicar lo vivo con lo inerte. Como ella misma explica: «Todo gravita en consonancia, en ondas plásticas que se propagan en el plano, transformándose en líneas y volúmenes, en formas giratorias, en algas, estrellas, medusas y en cuerpos humanos submarinos y aerodinámicos» (Pérez de Ayala, 2002: 28-29).

Y «gravitar en consonancia» tiene mucho que ver con acompasarse; sin duda, si algo compartimos, es la gravedad. Al igual que también manifiestan su resonancia esas ondas plásticas o matéricas que ella percibe y que la llevan a traducirlas en esta enigmática serie que bien podría ilustrar un relato de ciencia ficción. Tanto los colores vibrantes como la búsqueda de su tan ansiada armonía son acordes al título que no solo discrepa de lo muerto, sino que, como nos recuerda Pérez de Ayala, luego se vuelve más

11 Maruja Malló intuyó que «el arte es presagio» (De Diego, 2002: 18).

preciso: «en 1943, optó por resaltar aún más su significado y mensaje: *Vidas en Plenitud, Vidas Vibrantes*» (2002: 30).

El título de 1943 no puede ser más coincidente con esa cualidad de la materia vibrante de Bennett que aquí planteamos. Similar en eso a Victorina Durán, Maruja Mallo también consigue percibir la cualidad viva de las cosas. Sin embargo, con respecto a ella, se aleja de la querencia de objetos del pasado. No hay ninguna Venus que la llame, lo que la llama proviene de otro territorio que la envuelve, como las algas, en sus también famosas fotografías con Neruda[12]. El tacto, las formas, los colores, las texturas o la humedad de esas cosas que acumularon vida pasan a ser las cosas con las que se ensambla, se entrelaza ella y lo que hace.

En el pequeño catálogo editado por Guillermo de Osma, Estrella de Diego recuerda una breve visita a la casa de Mallo en Madrid, una vez regresó del exilio:

> Subí un momento a su casa, una casa pequeña, con una cocinita casi invisible a la entrada, y allí vi, pegados a un mueble o una pared —lo recuerdo vagamente—, objetos de la vida corriente —estropajos de plásticos multicolores, bolsas...—, componiendo un extraño *collage*, en el cual, como sucede en los mejores, igual que las conchas y las hortensias del periodo chileno, la artista trabajaba a partir de lo que había (De Diego, 2002: 18).

La apreciación de De Diego es muy reveladora en cuanto a la forma de trabajo de Mallo, y también la de muchas otras artistas que trabajan a partir de lo que hay, aún cuando ya no queda nada de aquello que había. Vivir con lo que va apareciendo, lo que está a mano, parte también de la condición de no poder/querer conservar cosas. A su ida a América encuentra conchas, esqueletos marinos, algas, anémonas. A su vuelta a Madrid concurren

12 Se trata de unas imágenes tomadas en el exilio, en compañía de Pablo Neruda, en torno a 1945. Hay una serie conocida de Maruja Mallo, cubierta ella por un manto de algas. En otras, aparece también con algas y en compañía del poeta. Están tomadas en las playas de Chile y se supone que alguna también en la isla de Pascua.

en sus manos estropajos, plásticos o «cosas varias». En cualquier caso, ella dialoga con eso que hay, con lo que la rodea, y sigue trazando sus *entanglements*.

Conclusiones

Gran parte de la discusión en este texto sobre la relación con las cosas de las exiliadas republicanas españolas implica una dialéctica de contacto y separación. Contextos, orientaciones, intra-acciones y usos son algunos de los vectores que hemos considerado al hablar de las cosas. Para los artistas, elegir una cosa, en lugar de tener que hacerla, supone una metodología —elaborada en toda una serie de conversaciones, empezando por las vanguardias del siglo XX— que se basa en una nueva relación con las cosas en la que la separación desempeña un papel importante. Aunque esa línea argumental —que relaciona los procesos artísticos con las estructuras del trauma— queda fuera del ámbito de esta discusión, hemos querido destacar las particulares relaciones que se desarrollaron entre materialidad y exilio, así como sus repercusiones en la materialidad de las obras de arte. En el trabajo creativo de las mujeres republicanas españolas que aquí se analizan, las salidas y los encuentros determinan el proceso artístico —y su relación con la materialidad— a un nivel fenomenológico. Las cosas, como esperamos haber demostrado, fueron esenciales en la experiencia del desplazamiento de las escritoras y artistas españolas que se exiliaron tras la Guerra Civil. Abandonar cosas, cargar cosas, desechar cosas por el camino, preocuparse por las cosas dejadas atrás, arrancarse de toda esa cultura material que unas veces se perdía definitivamente en el viaje y otras se quedaba en España como legado cuidado por otros. Y luego, al llegar al nuevo destino, encontrar la manera de sobrellevar esa separación: a veces las cosas que se han dejado atrás claman, piden ser recuperadas; a veces, las cosas se revelan como dispositivos para forjar una nueva orientación.

Este entramado, o entrelazamiento, entre los distintos fenómenos del universo que tiene una impronta específica en la práctica artística también se vislumbra en las formas biográficas que las escritoras españolas generarán en torno a su experiencia de exilio. Cada una se relaciona con las cosas que deja, que lleva, que pierde o que utiliza para reiniciar su vida de una manera concreta. Si bien, podemos concluir que en todas ellas las cosas determinan sus acciones y sentires y configuran una memoria y unas subjetividades en relación que tienen que ver con la comunidad transterrada y con el rol que ellas, como artistas o escritoras, desempeñan en este tiempo. Así, estas subjetividades llegan de la mano de las intra-acciones que impulsan los modelos nomádicos y son muy perceptibles a través la fundamental cuestión de la huella, con su dialéctica del contacto y la separación, y la de los usos (funciones, contextos). Como hemos recalcado, las experiencias de separación o de desgarro, así como la desorientación que supone el exilio, traen consigo reorientaciones que vuelven a organizar muchas de las formas de hacer y de mirar el mundo que configuran estas subjetividades nomádicas, exploradoras de la alteridad y abiertas a los fenómenos cósmicos y mágicos.

Bibliografía

Ahmed, Sara (2019): *Fenomenología queer. Orientaciones, objetos, otros*, Barcelona, Bellaterra.

— (2020): *¿Para qué sirve? Sobre los usos del uso*, Barcelona, Bellaterra.

Alonso Rivero, Mónica (2021): «La vida posible de las cosas. Exilio, imaginación histórica y formas de posesión», en *Kamchatka. Revista de análisis cultural*, n.º 18, pp. 71-99.

Barad, Karen (2007): *Meeting the Universe Halfway: Quantum Physics and the Entanglement of Matter and Meaning*, Durham, Carolina del Norte, Duke University Press.

Bennett, Jane (2010): *Vibrant Matter. A Political Ecology of Things*, Durham, Carolina del Norte, Duke University Press.

Carreño, Mada (2019): *Los diablos sueltos*, Sevilla, Renacimiento.

De Diego, Estrella (2002): «Cosas que el mar devuelve», en *Maruja Mallo. Naturalezas Vivas 1941-1944*, Juan Pérez de Ayala (ed.), Madrid, Galería Guillermo de Osma, pp. 11-19.

Durán, Victorina (2018a): *Sucedió. Mi vida* (vol. 1), Madrid, Residencia de Estudiantes.

— (2018b): *El Rastro. Vida de lo inanimado* (vol. 2), Madrid, Residencia de Estudiantes.

Elío, María Luisa (2021): *Tiempo de llorar. Obra reunida*, Sevilla, Renacimiento.

Garbayo Maeztu, Maite (2021): «Mujeres que cargan. Las artistas y las imágenes de maternidad en la Guerra Civil española», en *Re-visiones*, n.º 11, 2021.

Gaos, José (1994): «Confesiones de Transterrado», en *Revista de la Universidad de México*, n.º 521, pp. 3-9.

Gómez de la Serna, Ramón (1914): *El Rastro*, Valencia, Prometeo.

— (2008): *Greguerías*, Madrid, Cátedra.

Haraway, Donna J. (2016): «Tentacular Thinking», en *Staying with the Trouble: Making Kin in the Chthulucene*, Durham, Carolina del Norte, Duke University Press, pp. 30-57.

Hirsch, Marianne (2021): *La generación de la posmemoria. Escritura y cultura visual después del Holocausto*, Madrid, Marcial Pons.

Labanyi, Jo (2021): «Pensar lo material», en *Kamchatka. Revista de análisis cultural*, n.º 18, pp. 16-31.

Latour, Bruno (2007): *Nunca fuimos modernos. Ensayo de antropología simétrica*, Madrid, Siglo XXI.

Le Guin, Ursula K (2018): *Contar es escuchar. Sobre la escritura, la lectura, la imaginación*, Madrid: Círculo de Tiza.

León, María Teresa (2019): *Memoria de la melancolía*, Sevilla, Renacimiento.

Martínez, Josebe (2019): «Introducción», en Mada Carreño, *Los diablos sueltos*, Sevilla, Renacimiento, pp. 7-32.

Meloni, Maurizio (2019): *Impressionable Biologies. From the Archeology of Plasticity to the Sociology of Epigenetics*, Londres y Nueva York, Routledge, 2019.

Méndez, Concha y Ulacia Altolaguirre, Paloma (2018): *Memorias habladas, memorias armadas*, Sevilla, Renacimiento

Mistral, Silvia (2008): *Éxodo. Diario de una refugiada española*, Barcelona, Icaria.

Montiel Rayo, Francisca (ed.) (2018): *Las escrituras del yo. Diarios, autobiografías, memorias y epistolarios del exilio republicano de 1939*, Sevilla, Renacimiento.

Pérez de Ayala, Juan (ed.) (2002): «Vida Vibrante», *Maruja Mallo. Naturalezas vivas 1941-1944*, Madrid, Galería Guillermo de Osma, pp. 21-31.

Pol Colmenares, Ana (2022): «Holobionte narrativo: vivir junto a/con/dentro de/el relato. Poema-liquen rudimentario», en *Arte ecosocial. Otras maneras de pensar, hacer y sentir*, Tonia Raquejo y Verónica Perales (eds.), Madrid, Plaza y Valdés, pp. 99-117.

Rosón, María y Douglas, Lee (2020): "The things they carried: a gendered rereading of photographs of displacement during the Spanish Civil War", en *Journal of Spanish Cultural Studies*, vol. 21, n.º 4, pp. 459-483.

Saiegh Dorín, Carola (2019): «Alzar la voz o la imposibilidad de decir», *Transterradas. El exilio infantil y juvenil como lugar de memoria*, Marisa González de Oleaga, Carolina Meloni González y Carola Saiegh Dorín (eds.), Buenos Aires, Tren en movimiento, pp. 151-179.

Stewart, Susan (2007): *On Longing: Narratives of the Miniature, the Gigantic, the Souvenir, the Collection*, Durham, Carolina del Norte, Duke University Press.

Thomas, Sarah (2019): *Inhabiting the In-Between: Childhood and Cinema in Spain's Long Transition*, Toronto, University of Toronto Press.

Valis, Noël (2000): «Exile and Nostalgia», en *Journal of Spanish Cultural Studies*, vol. 1, n.º 2, pp. 117-133.

Filmografía

En el balcón vacío, Jomí García Ascot, 1961, México.
L'Exode d'un peuple [El éxodo de un pueblo], Louis Llech y Louis Isambert, Francia, 1939.

De Mantilla y Bullet Bra. El irresistible encanto de Sara Montiel

Gloria Durán

> Llegué a Méjico y fue algo increíble porque yo aquí tenía muy poco trabajo por todas las cosas que habían sucedido después de la guerra a toda mi familia…, pues éramos todos rojos. Ahora lo puedo decir porque ya no lo soy, pero era una mujer que tiraba de espaldas, te caías de culo, como vulgarmente se dice. Y entonces decían, como puede venir aquí una chica de Franco. Esta viene aquí a sonsacarnos algo, esta viene de espía, viene de algo, porque no es normal. Y comencé a conocer a gente española refugiada allí, conocí a León Felipe, a Juan Plaza, a Renau, a Prieto, el pintor, conocí a muchísima gente. Fui con Juan Plaza a la cárcel y vimos a Ramón, es cuando yo conocí a Ramón Mercader. Me pareció que yo tenía que llevarle un regalo, o sea, en vez de llevarle la cafetera, que podía haberle llevado la cafetera, algo más femenino mío, y me dije pues un suéter que le abrigue por lo menos. [...] No, no, no, no, no, no, nunca me habían dicho que había sido un asesino. Que había matado a Trotsky sí. Que lo mató, sí. Hombre, es un asesinato… (Montiel, 1996).

Sara llegó a México en abril de 1950. Llegó porque Miguel Mihura, su protector y amigo, le aconsejó que así lo hiciera, que se fuera de España y buscara tierras más fértiles para su arrojo, su carisma y su afán de llevar los pies descalzos (al menos en casa). Durante los años cuarenta España se convirtió en un lugar extraño. Un lugar donde la españolidad se le suponía a todo habitante de la península por el simple hecho de vivir allí. Esta escurridiza españolidad se preñaba de estraperlo y racionamiento, de autosacrificio y, como lo llama Carmen Martin Gaite, del «bendito atraso». Efectivamente, éramos muy pobres pero dignos, teníamos un glorioso pasado que se saltaba de puntillas el siglo XVIII para recalar directamente en el XVII o el mismo XVI. Descendíamos de monjes o de soldados, de abadesas o de madres abnegadas. Y eso era muy honroso. Sara Montiel había trabajado en muchas películas durante los duros y algo extraños años de la autarquía, pero asegura:

> Me fui de España sin haber triunfado. Fue algo que en ese momento me dañaba, porque era muy impetuosa, impulsiva, y quería abarcar más y más. Quería el éxito inmediato, quería conmover al público como a mí me conmovían las películas americanas que veía continuamente. Quería conseguir un impacto como el de *Gilda*, pero no lo conseguí (Montiel, 2000: 138).

Nuestra alegría no era así, no era desbocada ni impetuosa. Era sublime, un poquito atormentada, contenida, casi casi viril, de no haber sido porque la mujer era muy, pero que muy, mujer en esos tiempos. La mujer muy mujer española, era católica, de eso no debería haber duda alguna, sumisa, silente y limpia. La mujer muy mujer era una mezcla rara de altivez y entusiasmo, de impasibilidad y modos augustos, casi regios. El modelo a seguir es Carmen Polo de Franco, esa provinciana borrosa, como la llama Martín Gaite. «El estilo viejo de hace tres años», se podía leer en la revista *Destino* de 1939, «se suicidó de su propia indecencia» (Martín Gaite, 1987: 17). Efectivamente, la indecencia era la vida fácil, o viceversa: la vida fácil, burguesa, algo histriónica y consumista era el enemigo a batir. Y esa vida fácil se había dado en nuestro pasado más próximo, que se debía olvidar por indecente.

Esto sucedía en la primera posguerra. Un periodo de convalecencia y de recortes, de restricción y racionamiento. Carmen Martín Gaite, en su ensayo *Usos amorosos de la postguerra española* (1987), nos cuenta que la propaganda oficial insistía machaconamente en señalar los supuestos peligros de entregarse a cualquier exceso o derroche. Desde los púlpitos, la prensa, la radio y las aulas de la Sección Femenina (Barrera, 2019) se predicaba la moderación. Se suponía que los años anteriores a la llegada de la dictadura era un tiempo confuso. Las décadas de los diez y los veinte y, por supuesto, los años de la República se veían demasiado poéticos, en exceso ambivalentes, poco definidos, poco señeros. Hubo demasiados vanguardistas y sicalípticos, demasiada velocidad, desacato y jolgorio. Los años cuarenta debían ser exactamente lo contrario: claros, sin tacha, inequívocos y precisos. Los nuevos ideales habrían de ser la contención y la espera, la masculinidad oscura y bien definida, colocada justo frente a una feminidad claramente determinada, esa «mujer muy mujer», un ser previsor, callado, ahorrativo, sumiso y autocontrolado. Las armas que toda mujer debía desarrollar solo tenían un objetivo: el matrimonio y la familia.

Sara Montiel nació en 1928, cuando triunfaban toda una constelación de cupletistas expertas en los doble sentidos de la peor intención: Raquel Meller, Mercedes Serós, La Goya, Luisita Esteso, La Chelito, La Fornarina, Pilar Arcos, La Cachavera, La Tortajana, La Goyita, en fin, miles. Eran creadoras porveniristas, como lo pondría Ramón Gómez de la Serna (1929), capaces de dilucidar el porvenir, ese que se vio truncado por nuestra guerra civil. Eso explica esta suerte de esquizofrenia: la juventud salía de una España burbujeante y aterrizaba en otra cuya banda sonora había cambiado de manera radical. Efectivamente, las jóvenes de los cuarenta se habían criado en los años veinte y treinta. Todas se sabían las canciones de moda, habían cantado cuplés, tangos, charlestones e incluso algún *ragtime*. Habían salido a bailar, habían leído sobre científicas y mujeres que se habían ido de España para estudiar en la universidad, sabían que había incluso conductoras de aeroplanos, también conocían al dedillo los pormenores de las bizarras y extravagantes damas que llamaban la atención con sus movimientos urbanos y publicitaban productos de belleza con insinuantes miradas. Esa generación, además, adoraba a las estrellas de Hollywood, los teñidos pelos rubios, las cejas extradepiladas y las cinturitas de avispa a lo Mae West. No solo cantaban, también bailaban el foxtrot, el charleston e incluso el chachachá. Confuso, cuando menos, hubo de ser ese abrupto cambio que tildaba lo cercano de viejo, algo que había que olvidar, y llamaba moderno y eterno a lo remoto, que había que rescatar y revalorizar.

La obsesión era una y repetida: devolver a España su «esencia» perdida en ese tiempo cercano demasiado vanguardista. No quedaba muy claro que era eso de nuestra esencia, o nuestra españolidad, pese a su ubicuidad en el relato. La cuestión que nos interpela es que, efectivamente, durante los años cuarenta no se iba a mirar ni a recordar cómo se vivió en la España de la Edad de Plata. No, ese pasado ya avejentado y tan próximo se iba a obviar para posar la mirada, con un telescopio que rebobina, mucho más allá, más allá incluso del siglo XIX, aún demasiado materialista. Se iba a mirar a los Austrias, al imperio. Oscuridad, negritud, tiesura, autodisciplina y mucha mucha religiosidad. La decencia en el vestir, por ejemplo, se interpretaba como parte de nuestra españolidad esencial, era un traje hecho a nuestra medida. Ese traje decente era una mezcla, dice Martín Gaite, de bata de lunares y sotana de cura, en el que predominaba más bien la segunda. La vida había de ser vigilante y viril, de paso firme y sereno. Teníamos que definir un estilo de vida propio, una españolidad señera.

Ese estilo se tendrá que resquebrajar, sobre todo, cuando en 1945 los alemanes pierden la guerra y nuestro país queda desamparado y pierde el apoyo internacional. Desde 1945 a 1950, España tuvo que correr y recuperar una imagen, digamos que, decente, en la que la relación con lo extranjero era fundamental. El periodo autárquico consideraba lo extranjero como lo peor, y de entre ese peor vio a los Estados Unidos como un territorio plagado de judíos, masones, materialistas y burgueses blandos. Unos hedonistas que solo pensaban en sacar tajada de sus exitosos negocios. Pero, y aquí reside el quid de la cuestión, como lo ve Carmen Martín Gaite, eran esos mismos judíos, masones y materialistas yanquis los que nos iban a sacar de pobres y, sobretodo, los que iban a permitir atisbar, aunque aún muy de lejos, el milagro español.

En la partida de nacimiento de Sara Montiel pone María Antonia Alejandra Vicenta Elpidia Isidora Abad Fernández, nacida el 10 de marzo de 1928 en un lugar de La Mancha en el que confundiera el ilustre hidalgo Don Quijote los molinos por gigantes, en los Campos de Criptana, donde hoy hay un museo dedicado a la diva junto a otro dedicado al poeta chileno, adalid de los ultraístas y vanguardista rupturista, Vicente Huidobro. Fue Enrique Herreros quien se inventó lo de Sara Montiel. Sara por su abuela materna, Sara María, y Montiel por los campos de Montiel, también en Criptana. Con tan solo siete años, en 1935, la familia se trasladó a Orihuela. «Tengo la barbilla y la boca de mi madre, pero el corte de cara y la nariz son de mi padre, la tenía recta y griega» (Montiel, 2000: 17). Ella no era guapa sin más, ella era guapa guapa y tenía los preciosos ojos de su padre.

Aprendió a cantar saetas y, en la Semana Santa de 1941, Ángel Ezcurra, que era dueño de Radio Mediterráneo y de un periódico, y su mujer, doña Pura, les dijeron a sus padres que la Compañía Industrial de Film Español, S.A., Cifesa, el Hollywood español, preparaba un concurso que se celebraría en el parque del Retiro de Madrid. Doña Pura, su más ferviente admiradora, le pedía coplas, pero a Sara la copla no le iba mucho, algo muy curioso ya que los cuarenta fueron el momento de máximo esplendor de la copla y de absoluto detrimento, u olvido forzoso, del cuplé, que parecía hibernar en el cerebro de toda la población española. La copla se mostraba orgullosa y el cuplé había que ocultarlo, agazaparlo, tratar de olvidarlo, era altamente peligroso y contagioso.

Sara ganó el concurso. Cifesa la llevó a Barcelona a hacer unas pruebas cinematográficas, que pasó con ventaja, pues era muy fotogénica. Firmó un contrato y se fue a Madrid a vivir y a rodar películas. Durante esos años Sara, o Antonia, se relacionó con lo más granado de la juventud capitalina; lo más granado no en

términos de clase, sino de inteligencia. Esa España del estraperlo y el racionamiento que quería inocular a las jovencitas la estoica imagen de la mujer muy mujer y la abnegación de la Sección Femenina no acababa de cuajar en contextos más urbanos. En Madrid, ser moderno no era ser un moderno al estilo de los Austrias, un moderno antiguo, no, ser moderno era leer *La Codorniz*.

Los amigos de Sara en Madrid fueron los mejores estrategas del disentimiento. Miguel Mihura, Enrique Herreros y el Tono fueron, además de sus amigos, artífices de la revista que todo joven digno de serlo quería leer, *La Codorniz*. En palabras de Martín Gaite,

> en un momento como aquel de definiciones estrictas, donde lo blanco no podía ser más que blanco y lo negro más que negro, aquel duendecillo gaseoso que se desvanecía ágilmente por entre los barrotes de las definiciones y tenía su cuartel general en tierra de nadie constituía un guerrillero molesto y descarado (Martín Gaite, 1987: 77).

Leer *La Codorniz* se considera generalmente un delito contra el sentido común, por su humor absurdo o por poner entre las cuerdas muchas ideas dadas por inamovibles. «Paparruchadas» decían los señores cuando veían a sus hijas leerla.

Durante esos años, la paradoja ambulante que será nuestra Saritísima comenzaba ya a esbozar sus primeros pinitos de aplaudida incoherencia, anunciando lo que iba a llegar muy muy pronto. En *La noche del cine español*, un programa de RTVE, el domingo 1 de enero de 1984, Fernando Méndez Leite entrevistó a Sara. Ella recorre sus películas de los años cuarenta saltando constantemente en su relato de Antonia a Sara Montiel. Una cosa es Antonia, que es como se llama, y otra diferente es Sara, una mezcla de construcción imposible, diva universal y mito erótico exportable. Desde el principio se diferencia de las demás actrices porque tiene «picardía», cosa que las actrices del momento no solían tener pues no estaba bien visto. Como si Sara aún recordase esos años de la sicalipsis, en su peor doble intención naturalmente.

Su Pigmalión y representante, Enrique Herreros, dijo en el programa *Imprescindibles* dedicado a Montiel en 2015:

> como yo la había oído cantar por lo bajinis, que canta por lo bajinis, así muy bajo y muy sexy, que ahora se llama así, pues me dije: esta señora con esta cara que tiene y esto, esto va a tener un éxito.

Y continúa diciendo que una estrella no se fábrica, que Sara tenía ese no sé qué, esa cosa especial que traspasaba la pantalla:

> Como están en ese tinglado de nervios, y de actuaciones, y toda la gente les dice que son divinas y que han nacido para el amor y esas cosas, y luego todas esas revistas del corazón y todo esto, pues se arman unos follones y unos líos que no hay quien los entienda. Se casan por el papa, se descasan por la Iglesia, quieren ir a ver a Stalin.

Los actores y las actrices de entonces eran castos y nada estrepitosos, justo lo contrario que las gentes del mundo de las varietés y el entretenimiento urbano de la Edad de Plata. Lo que en las décadas de 1910 y 1920 era común, que nuestras divas vivieran acontecimientos extraordinarios y extravagantes para atraer mejores contratos, se tornó en los cuarenta un ejercicio que solo hacían los extranjeros, los capitalistas y los masones. Se honraban y aplaudían las vidas sencillas, normales, en las que «lo único importante reside en la poesía de las cosas pequeñas y vulgares, de los recuerdos infantiles, de eso que sería desdeñado por los elaboradores de biografías de estudios extranjeros» (Martín Gaite, 1987). La cartelera de la década de 1940 estaba plagada de protagonistas varoniles con golilla, bigotitos y sombreros militares, o damas con mantilla, peineta y mantoncillo, reinas a caballo o almibaradas burguesitas rubias de cejas muy depiladas. Pero Sara tenía unos ojos muy vivos y con ellos lo decía todo: lo que sabía, lo que no sabía y lo que quería saber, según su propio relato.

Uno de los papeles más destacados en este primer periodo fue el de Lula, una «mujer mala» o «mujer fuerte» y «mujer de la vida». Es la rubia mezcla de cabaretera y prostituta de lujo, en *Mariona Rebul*, una película de 1947 de José Luis Sainz de Heredia, donde cantará, por cierto, su primer cuplé. Lo interesante es que en su relato ella se consideró eso mismo: una mujer fuerte, no mala, eso no, pero sí fuerte y también de la vida.

Sara se dibuja de un modo o de otro dependiendo de quién la escuche. Hay una fotografía suya que la convierte en una chica topolino. Es verdad que se paseaba por Madrid en el coche de Mihura, un Topolino, y que el dueño del coche se andaba encargando de construir los usos y costumbres de esos audaces lectores, entre ellos muchas chicas topolino. «¿Usted sabe lo que son las chicas topolino?» (Grandes, 2000: 220), pregunta uno de los personajes de Almudena Grandes en *La madre Frankenstein*. Para ser chica topolino una tenía que cambiarse el nombre, llamarse Bel o Pili, llevar faldas amplias y por encima de la rodilla, decir muchas veces tostón y, lo más importante, caminar sobre unos zapatos de una inmensa plataforma de corcho, como zancos-zapatos-pedestal-michelín, muy altos y aparatosos, con la punta abierta mostrando la uña del dedo gordo. Topolino era fumar muchos «rubios», hablar superlativamente, decir que todo era «fantástico» o «sensacional» y arrancarse de cuajo cualquier atisbo de trascendencia o de paciencia. Ser frívolas a toda costa. Si parecías altísima y caminabas en penoso equilibrio sobre esas superficies casi galácticas, eras una chica topolino, aunque no tuvieras ni la más remota idea de cómo se conducía un coche topolino. Decía Francisco Umbral que «la chica topolino era el triunfo casi metafísico del presente contra la actualidad. La actualidad eran las fotos de los periódicos y el NODO. El presente eran ellas» (Umbral, 1985).

A Umbral le gustaba mucho irse de copas, ya en los ochenta, con José Vicente Puente, el autor de la novelita que dará pie a este topolinesco apelativo, entre gráfico y malintencionado. El señor Puente era propagandista de la Falange y cronista de Madrid sustituyendo al liberal, republicano y homosexual Pedro de Répide, el cronista de la villa desde 1923 hasta el estallido de la Guerra Civil. Para José Vicente Puente, las republicanas eran feas y tenían un instinto de crueldad. Según la mentalidad de los años cuarenta, el único objetivo de las mujeres muy mujeres, las de verdad, era casarse, de ahí que permanecer fea fuera una decisión, pues «sacarse partido» o «ser resultona» siempre era una opción. Lo interesante es que fue este cronista-propagandista quien inventó las chicas topolino. Un poco atolondradas, muy esnobs, completamente inofensivas y adoradoras de los superlativos. Por supuesto, nada interesadas en la política, que es un «tostón». Chicas móviles, pizpiretas, modernas, sin peligrosidad aparente y con estrambóticos nombres de pila, siempre cortos y con muchas íes.

Estábamos en 1947 y pronto la ya Sara Montiel pudo ver que si quería ser una mujer fuerte, alegre y autónoma, como su personaje

Lula, tendría que marcharse de España. Y eso hizo. México la recibió con cierta sospecha, ¿cómo una chica analfabeta llegaba a la comunidad de intelectuales republicanos, a la mismísima sede del Gobierno republicano en el exilio, una chica franquista, guapa, pero sospechosa? Sara llega al país que le dará una segunda nacionalidad mostrándose demasiado impulsiva, alegre, pícara y desenfadada. No se acababan de fiar de ella; en el nuevo continente nos veían a los españoles algo atrasados, pobres y fascistas. No solo en Estados Unidos se veía a España como ese lugar donde la mujer había sido despojada de los derechos civiles conquistados hasta entonces, toda la comunidad internacional estaba incómoda con el régimen de Franco. Llarga autarquía nos estaba asfixiando y a Franco no le quedó otra que acercarse a esa tierra de yanquis satánicos y capitalistas. Ese acercamiento, además, propició que el 4 de noviembre de 1950 la ONU aprobara la revocación de la recomendación de retiro de embajadores en Madrid y la recomendación encaminada a impedir que España fuese miembro de los organismos internacionales.

Terminó el bloqueo internacional, había que inventar una fórmula y sin siquiera sospecharlo Sara Montiel y su imposibilidad constitutiva, o equilibrio inverosímil, iba a resultar perfecta. Tenía una personalidad muy propia, genio y figura hasta la sepultura. En 1984, ella misma afirmó en *La noche del cine español*: «Yo tenía mucho genio, y tenía mucha figura, y entonces la he ido conservando (*risas*)». Ese germen que va hasta la sepultura servirá para la ulterior construcción en ese giro cultural patrio. Además, para, pese a todo, asegurarse su españolidad afirma en sus memorias algo que ya en los años cincuenta tenía muy claro: «No voy a ser ni borracha ni puta. Podré ir a los cócteles o adonde me lleven, porque yo seré siempre como soy, y tú (le habla a su madre) me conoces» (Montiel, 2000:145). En 1953 España firmó el convenio hispano-norteamericano con los Estados Unidos, donde cedía sus bases territoriales —Torrejón, Rota, Morón de la Frontera y Zaragoza— para uso militar y, aunque en teoría eran de uso conjunto, en la práctica fueron de exclusivo control norteamericano.

La ayuda económica estadounidense ascendió a 1184 millones de dólares entre 1951 y 1963. Las cosas tendrían que cambiar y ese quid patrio de odio al hedonismo capitalista yanqui se iba a tener que tornar en repentina pasión.

Quedaba claro que la política económica estaba dando un giro brutal y que la batalla cultural se iba a comenzar a librar a gran escala. España debía aparecer ante los ojos del mundo no como ese país orgulloso de su atraso, de su honradez y católica cabezonería, sino que había de resultar un lugar poderoso en el que se operase, a lo largo de los años sesenta, lo que se bautizará como el milagro español. Mientras tanto, cuando se barruntaban tan extraordinarios eslóganes, Sara Montiel pasará unos años en México, con el mismísimo León Felipe como maestro y benefactor. León Felipe se enamoró locamente de ella. Le componía poemas, intentaba seducirla y la transformó, según relato de la diva, en su amor platónico. A ella le gustaba acompañar a su poeta «anarquista-anarquista» (Montiel, 2000: 147) a las tertulias, sobre todo a las del Café París en el centro de Ciudad de México. «A León le parecía que yo venía de la España de los retrasados... Yo leía muy mal, silabeando y parándome» (Montiel, 2000: 146). Después de rodar muchas películas en México se irá a Estados Unidos y le hará huevos fritos a Marlon Brando, coqueteará con James Dean, salvándose del accidente que hizo de él un mito porque tenía que trabajar (o eso afirmaba), y le dirá a Gary Cooper «du yu güant to fac güiz me». Grabará *Vera Cruz* (1954), donde le dijo la frase por error a Cooper y se hará amiga de Burt Lancaster. Luego grabará *Dos pasiones y un amor* (1956), dirigida por Anthony Mann, con quien se acabará casando, después regresará a España de vacaciones y tras rodar *El último cuplé* (1957) volverá a Hollywood a trabajar en *Yuma* (1957), donde ejercerá de mediadora con el sindicato de Sioux, y finalmente *Serenade* (1958). Fue precisamente en esas extrañas vacaciones de 1957 cuando rodó la que será la película clave para comprender la génesis del mito.

Durante esos años, entre 1954 y 1958, el aparato de *marketing* de Hollywood no escatimó en retratos, fotografías, invitaciones a fiestas, modelazos. Sara, muy parecida a Marilyn Monroe; Sara, como una rebelde sin causa o una pandillera cualquiera; Sara descalza, Sara con las faldas levantadas, con un escotazo inenarrable, con los pelos revueltos, con los pelos recogidos, de perfil, de frente, saludando, desternillada de la risa junto a James Dean, manejando una serpiente, en una huelga de mineros, bajando de aviones, en piscinas, en casas, con gente, sola, teñida y sin teñir. Siempre bellísima, siempre diferente y, por supuesto, arrebatadora, sensual y sicalíptica. Planos y contraplanos muy medidos que, poco a poco, la catapultan en lo que ella misma decía de sí: una mujer que tiraba de espaldas o que hacía que todo el mundo se cayera de culo.

Como bien afirma Álvaro Álvarez Rodrigo en *Fisuras en el firmamento: El desafío de las estrellas de cine al ideal de feminidad del primer franquismo* (PUV, 2022), Sara Montiel encarnó un modelo de cosmopolitismo y modernidad, no exento de ambigüedades y tensiones con los valores tradicionales, que incorporaba significados subversivos. Pero, y este es el quid de la cuestión, logra una mezcla de valores en un equilibrio inverosímil pero posible o, mejor dicho, adapta esa imposibilidad a los nuevos requerimientos de esa mujer que había que inventar. Logra enamorar a los hombres y gustar a las mujeres. Seduce a todos y a todas, a los hombres de gustos estragados y a las mujeres en busca de una nueva españolidad donde la mantilla se pudiera combinar con otros imprevisibles elementos. Una mujer nueva que necesitaba a toda costa desenroscarse el collar de perlas, pero sin arrancarlo, no sea que las cuentas se vayan demasiado lejos. Resulta simbólica la imagen que da cuando aterriza en España para recibir un baño de multitudes ante el apoteósico estreno de *El último cuplé* en el cine Rialto de la Gran Vía de Madrid. «Desciende del avión con un traje negro, estola de visón y sombrero; collar de perlas y pulsera de brillantes; guantes, aunque es junio» (Álvarez Rodrigo, 2022: 211). Ocupará su espacio de su especial y único modo de hacer para, desde ese firmamento sin carne, advertir a la joven moderna por venir que estaba bien ser algo glamurosa, pero que, bajo ningún concepto, una podría desviarse del fin último para el que las mujeres vinimos a la Tierra, esto es, casarnos.

Sara estaba empapada, hasta 1957, en una modernidad de «bullet bra» cincuentón. El bullet bra era el sujetador de moda en los estudios de Hollywood. Una mujer ceñida hasta el desmayo y con unos pechos en forma de cono, cual afroditas a punto de estallar. Ahora nos faltaba una imagen de marca netamente española reconocible en el mundo entero, sexy pero aleccionadora. La historia comenzó a unir los destinos de un país que, precisamente ese año, se acercaba a la bancarrota y de una película que se convertiría en una de las más taquilleras del cine español. *El último cuplé*, un milagro del obstinado Juan de Orduña, lo tenía todo: la banda sonora de toda una generación, con arreglos musicales de la orquesta del Liceo de Barcelona, una voz sensual y de sereno que hubo de ser bajada casi cuatro tonos del timbre original de las cupletistas, un refrito sofisticado de biografías de artistas de la Edad de Plata, un remedo José Juan Cadenas, empresario y guía de la Fornarina, ciertos toques de torero para crear «El relicario» a la Raquel Meller, algo de valenciana originaria Concha Piquer, toques de Carmen Flores para el «Ven y ven», pelín de Pilar Arcos para «Fumando espero» con regusto tanguero en la selección musical y, lo más importante, la redención por la muerte tras cantar «Nena», su último cuplé, que no es «El último cuplé» que sí cantará La Fornarina en 1914.

Nacido en 1900, a sus 57 años, Juan de Orduña tenía muy claro quién había sido quién en una Edad de Plata que él vivió de primera mano. Durante el franquismo se convirtió en uno de los directores favoritos del público. Experto en comedias al gusto de la época y en guiones de exaltación patriótica que revisitaban nuestra historia con tono de espectáculo imperial, mucha lágrima y mucha congoja: *Locura de amor* (1948), *Agustina de Aragón* (1950), *La leona de Castilla* (1951) o *Alba de América* (1951). *El último cuplé* bajo su batuta se transformó, de un modo cuasi mágico, en el producto cultural que catapultó a Sara Montiel al firmamento de los mitos patrios de todos los tiempos. Resulta bastante fascinante, si uno ve la película, pero el hecho es que así fue. Una mezcla imposible de nostalgia de un pasado cercano que se quiere reescribir más dulce, más asible, más mezclado y completamente inverosímil. En 1957 sale a la venta el seiscientos, Sara se casa con Anthony Mann y aparece María Luján, la protagonista del *El último cuplé*, una sicalíptica con capacidad para el arrepentimiento y muerte final de absoluta redención. Ese año fue como un gozne hacia otro lugar de nuestra historia en el que Sara tendría un destacado papel.

La historia de María Luján transita una postal de turismo, con pequeños fragmentos de un extraño folklore que, si bien recupera acordes de los originales cuplés y dice andar por la *belle époque* nada tiene que ver con el aspecto que habría de tener el Madrid de los años veinte. Ni *belle époque* ni cuplé, pero un infinito atractivo cincuentón. La película tiene unos colores, unos diseños, unos decorados que, de puro falso, resultan fascinantes. Hay fiestas alegres y desenfadadas, empresarios teatrales, actuaciones descocadas, protoburgueses de bombín gris. Hay can-can mucho después del cancán, amores incondicionales, un torero, un toque andalucista extraño y colorido. Hay naranjas de Valencia, viajes en tren, triunfo en París y, por supuesto, lo que más necesitábamos en este momento: toquilla con peineta de una altura prudencial muy española. La toquilla original de la cantante original para la que se escribió «El relicario», Raquel Meller, solía cantarla con una peineta sobredimensionada, muy loca, maravillosa. Sara no, por supuesto que no. Ella se pondrá una raya blanca en los ojos, calculará una iluminación perfecta y usará una comedida mantilla y peineta negra. Eso sí, no se quitará su bullet bra y pedirá un fondo rojo pasión. Desde esos repetidos primeros planos combinar una mantilla con un bullet bra se tornó posible.

Sara tenía estilo y un doctorado en los mil aditamentos que conformaban esa nueva española feminidad cosmopolita. La figura de Sara, sofisticada, estudiadísima, retadora, con su capacidad de sostener la mirada, arquear el cuerpo y desdoblar la lengua a ralentí, generó todo un repertorio de ideas para esas nuevas chicas que debían triunfar en el desarrollismo que asomaba ya sus luces de neón. Dio las claves de esa potencial nueva feminidad. Será una musa nómada, cantará en idiomas y acabará en un convento, muerta en el escenario o sola. Desde 1957, como si de un plan de estabilización se tratase y como un absoluto milagro español, Sara Montiel modelará a una mujer que, aunque «es un poco golfa», es «muy buena», como dice su biógrafo Miguel Losada que solían comentar las mujeres que la admiraban.

Fue alegre y autónoma a fuerza de tormento y rectificación extrema de su camino, algo dificultoso para una mujer de la dictadura. En *El último cuplé* muere, en *La violetera* (1958) sospechamos que lo va a dejar todo por su regresado ministro jubilado con pinta de extranjero, en *Carmen la de Ronda* (1959) muere, en

Mi último tango (1960) sufre una escisión: o el amor o popularidad, hay que elegir, ambas cosas son imposibles. Sigue *Pecado de amor* (1961), una de mis favoritas: extravagancia de un reto entre dos varones, padre e hijo, por el amor de una mujer. Ambos son extranjeros, claro, y ella, pecadora, se redime esta vez con la clausura. En el plano final, Sara cantan «Sueño de amor» —«creo en ti, ¡oh, señor, ten piedad!»—, aún bella en su tocado asfixiante. En *La bella Lola* (1962), muere, con *La reina del Chantecler* (1962) acaba pareciendo una Magdalena de El Greco mientras ve que a su novio carlista se lo tragan las bruscas olas del Cantábrico. Esta película, además, termina en los juzgados al ser demandado su productor por los herederos de la cupletista la Chelito, la verdadera dueña del Chantecler. En *Noches de Casablanca* (1963) se transforma en una espía que acaba mal. *La dama de Beirut* (1965) es la versión patria de *La dama de las camelias*, un dramón, y *La mujer perdida* (1966) ya anuncia el desastre. *Tuset Street* (1967), esa calle donde vive la *gauche divine* y donde aparece una Sara ya cuarentona y diva en retirada de las variedades o, dicho de otro modo, la imposibilidad de ser vanguardia y popular a un tiempo. Para finalizar su filmografía desarrollista, en *Esa mujer* (1969) aparece como asesina absuelta con muy poco arreglo y, como colofón previo al destape y su negativa a participar en este género tan español, rueda *Varietés* (1971), que dirige Juan Antonio Bardem y que resulta un final bastante digno.

En todas las películas el guion se articula en torno a la banda sonora, de tal modo que se convierte casi en una excusa para lucimiento y formación de nuestro mito sexual. Desde *El último cuplé*, la iluminación, los colores, los maquillajes, la retórica del cuerpo de Sara constituirán el fuerte filón a explotar y exportar. Hay que decir que ella colaboró ampliamente en el constructo de su mito, ya que regresaba a los estudios españoles tras unos años en los que observó mucho y aprendió más del avanzado Hollywood en sus tiempos más grandilocuentes. Además de su impactante imagen, sicalíptica total, está la música. La banda sonora daba las claves para el sostenimiento de ese equilibrio inverosímil. En nuestros escenarios de esos años triunfaban doña Concha Piquer, Estrellita Castro, Joselito, Luis Mariano, Antoñita Moreno y todas las sublimadoras copleras con aires andalucistas y mucha pena de no poder consumar. De hecho, a varias de estas divas se les ofreció el papel de María Luján y ninguna lo aceptó, precisamente por el papel que representaba, una cupletista que salta de hombre en hombre cual mariposilla. A las famosas del momento no les cuadraba mucho ese nuevo rol díscolo y trágico a un tiempo. Ni Carmen Sevilla, ni Juanita Reina, ni la misma Concha Piquer hubieran aceptado jamás un papel así. Ni tan siquiera Lilián de Celis, nuestra cupletista más longeva. Sara sí aceptó. Estaba de vacaciones en España y Juan de Orduña se lo pidió. Como nuestra memoria musical es obstinada y se adhiere a mil superficies, quedando agazapada en nuestras neuronas, todas las notas musicales, melodías y letras de los cuplés que canta Sarita en *El último cuplé* demostraron haber resistido los envites del tiempo y el olvido forzoso y resurgieron como un ave fénix. Ese 6 de mayo de 1957, cuando se estrenó la película, la muchedumbre que se agolpaba en la calle Gran Vía iba tarareando las letras. El fervor popular fue superlativo, y lo fue porque Sara, con su cuerpo de serpiente sosegada y ladina, con su lengua de coralito y su voz grave casi susurrada, «genial y sensual», despertó la memoria musical de todo un país. Todos conocían sus canciones, no sabían exactamente por qué pero las conocían.

Escribe Marta García Carrión: «Con su pelo corto bajo la mantilla, Raquel Meller era a la vez la España eterna y la España moderna» (2011). En el artículo titulado «Peliculera y española. Raquel Meller como icono nacional en los felices años veinte», esta misma autora define la figura de Meller como aquella que inventó una nueva mujer española, cuando, durante la dictadura de Primo de Rivera, también había un intenso debate sobre las representaciones de la identidad nacional y una necesidad de construir un icono de la mujer española en un momento de transformación de las identidades de género. Raquel Meller no es la única inspiradora del guion de la película, pero sí la que más atención ha merecido, la que aún vivía cuando se estrenó el filme. La misma Meller representó para el cuplé un giro radical que quizá le sirvió de inspiración a Orduña. Rafael Cansinos Assens, el gran teórico de la vanguardia, escribió en 1919 para *Cosmópolis* sobre Raquel Meller y su incomparable arte que logró dramatizar la canción popular dotándola de complejidad y plenitud literarias. Según Assens, la canción popular había tenido travesura, picardía y una melodía fácil, pero Raquel la dotó de un alma profunda y grave. En suma, Meller será la artífice de poner a la canción popular, despojada de su gracia, picardía y urbanidad, en el centro de esa gravedad española y de esa pedida trascendencia. Raquel Meller dotó a las cancionistas de la década de 1920 de unas cualidades graves y específicas:

> hizo más nuestra la canción, la fijó definitivamente en el centro de su raza y de su país, la localizó en el alma de su pueblo, dramática desde los orígenes, hizo de su poema, puesto bajo la advocación de las máscaras trágicas, una verdad absoluta en el tiempo, una obra estética digna de coordinarse con las manifestaciones artísticas más legítimas de esta grave tierra de España» (Cansinos Assens, 1919).

Y aunque Assens lo escribiera para la Meller, sin duda parecería que la Montiel cabría en esas palabras; eso sí, con un toquecito de technicolor de *tour* turístico, entre *Welcome to Spain* y «Vuela con Iberia».

«He recorrido medio mundo», decía siempre, «y cada día me siento más española» (García, 1956). Será la española más española de las españolas, sin tener ni un atisbo de esa españolidad de la Sección Femenina, sin ser esa mujer muy mujer, haciendo todo muy a su manera y compaginando a la mujer mala y de la vida con la arrepentida, devota, muerta, y eternamente redimida mujer del desarrollismo. Desde el plan de estabilización hasta el desarrollismo y los moviditos setenta, cuando necesitamos iconos culturales algo más sofisticados que las topolinas, aparece Sara. Una mujer amante del turismo y altamente exportable al mundo entero. El producto cultural que es nuestra diva universal, y que fue sofisticada y cosmopolita, viajará sin parar, hablará idiomas, tendrá enredos mil con galanes de otras latitudes y, por supuesto, acabará mal. Tuvo ese no sé qué inasible pero dúctil. Hizo las cosas a su manera, pero en technicolor y con mucho mucho drama, con una lengua viperina que sale solo en los momentos de crisis o de cambio hacia esa redención sin escapatoria.

Sara Montiel logró dar en el clavo, tal y como lo hicieran las sicalípticas de principios de siglo. Se inventó un modelo de mujer completamente a su manera y apto para viajar por el mundo mostrando sus maravillas. Una bellísima mujer que cantaba en muchas lenguas. Desde el cuplé original hasta la samba, el tango, el bolero, incluso himnos y más allá. Nunca despertó lo que el régimen consideró la gran bestia negra de un pasado demasiado cercano lleno de indecencia y pechos en libertad. Sin embargo, sí despertó esa memoria musical que aún tímida, dramatizada y algo ñoña, permitió experimentar ya no solo con las fajas, los colores, los sujetadores y los maquillajes, sino con toda una coreografía de género, que diría Susan Leigh Foster (1998), que ampliaba las posibilidades y, sobre todo, las ideas para ser mujer en España, y que, la paradoja constitutiva de su mismo mito, no le vino tan mal al sistema. Como Félix Limendoux escribiera con acierto y nosotros hemos repetido con insistencia, logró un verdadero equilibrio inverosímil. Una aporía la mar de interesante.

Bibliografía

Assens, Cansinos (1919): «Traza un perfil de Raquel Meller», *Cosmópolis*, n.º 8.

Barrera, Begoña (2019): *La Sección Femenina, 1934-1977. Historia de una tutela emocional.* Madrid, Alianza Editorial.

Garayoa, Fernando F. (2016): «Ramón Mercader enseñó a leer y escribir a Sara Montiel en la cárcel de Lecumberri», en *Diario de Noticias de Navarra*, www.noticiasdenavarra.com/cultura/2016/04/14/ramon-mercader-enseno-leer-escribir-2777172.html.

García Carrión, María (2013): *Por un cine patrio: cultura cinematográfica y nacionalismo español (1926-1936)*, Valencia, Universitat de València.

García, Valentín (1956). «Sara Montiel nos recuerda su ausencia en España», *Primer Plano*, 845

Gómez de la Serna, Ramón (1929): «Un trampolín entre dos tiempos. Ahora soy un porvenirista», *El Sol.*

Grandes, Almudena (2000): *La madre de Frankenstein. Episodios de una Guerra Interminable 5*, Barcelona, Tusquets.

Durán, Gloria G. (2021): *Sicalípticas. El gran libro del cuplé y la sicalipsis*, Madrid, La Felguera.

— (2022): *Sara, sicalíptica*, col. Hacer memoria, Madrid, Ministerio de la Presidencia, Relaciones con las Cortes y Memoria Democrática.

IES Isabel Perillán y Quirós, «Campo de Criptana, Tierra de Gigantes» https://campodecriptana.wixsite.com/tierradegigantes/molinos-de-viento

Imprescindibles (2015): Enrique Herreros. Cuando Hollywood estaba en la Gran Vía, 17 de abril de 2015, RTVE, www.rtve.es/play/videos/imprescindibles/imprescindibles-enrique-herreros-cuando-hollywood-estaba/3095488/

Leigh Foster, Susan (1998): «Choreographies of Gender», en *Signs*, vol. 24, n.º 1, The University of Chicago Press.

Losada, Miguel y José Aguilar (2007): *Sara Montiel*, Madrid, T&B Editores.

Martín Gaite, Carmen (1987): *Usos amorosos de la postguerra española*, Barcelona, Anagrama.

Montiel, Sara (1996): «Sara Montiel hablando de Ramón Mercader». Participación de Sara Montiel en la película documental sobre el asesino de Trotsky *Asaltar los cielos. El asesinato de Trotsky*, de José Luis López-Linares y Javier Rioyo, www.youtube.com/watch?v=5b3m-QRI3Dk.

— (2000): *Memorias. Vivir es un placer*, Madrid, Plaza & Janés.

Rodrigo, Álvaro Álvarez (2022): *Fisuras en el firmamento: El desafío de las estrellas de cine al ideal de feminidad del primer franquismo*, Valencia, PUV.

Sanz, Ismael y Achilles, Ferrán (eds.) (2011): *Estudios sobre nacionalismo y nación en la España contemporánea*, Zaragoza, Prensas Universitarias de Zaragoza.

Umbral, Francisco (1985): «Las chicas topolino», *El País*. elpais.com/diario/1985/11/04/sociedad/499906802_850215.html.

Zugastin Hervás, Irene (2022): «El rencor de las mujeres feas o la venganza de las chicas Topolino», *Público*, blogs.publico.es/otrasmiradas/66644/el-rencor-de-las-mujeres-feas-o-la-venganza-de-las-chicas-topolino/.

Disputar el deseo y la patria al marco normativo. La disidencia cultural de Rosa Chacel y María Zambrano

Nuria Sánchez Madrid

Jóvenes voces de la España de la Segunda República como Rosa Chacel y María Zambrano soñaron con una renovación social e institucional que la Guerra Civil dio al traste en la aciaga fecha de 1936. Sin embargo, ya en el periodo del exilio, y sin detrimento de la diversidad de acentos y métodos entre ellas, desplegaron una reflexión sobre el alcance que los afectos y el vínculo con la patria poseían para la configuración de una conciencia individual integral disruptiva con los cauces dogmáticos que cercenaron la producción intelectual durante la dictadura de Franco. Si bien el reconocimiento de Zambrano como pensadora es muy superior a la atención que el mundo editorial y cultural nacional dedica actualmente a la obra de Chacel, las propuestas de ambas acerca del deseo y la patria no han recibido la merecida atención como discursos llamados a transformar el marco perceptivo de una sociedad sobre la que estas dos intelectuales no dejaron nunca de pensar. La voluntad de honrar esa memoria ha impulsado estas páginas de evaluación de las tensiones que Chacel y Zambrano reconocieron en la sociedad española tras su condición nómada durante el exilio, con el propósito de celebrar la contribución que sus diagnósticos pueden ofrecer para articular con conciencia de nuestro pasado cultural algunas demandas de la sociedad española actual.

1. El género fluido de una intelectual

El itinerario intelectual de Rosa Chacel revela un inusitado respeto hacia la filosofía, personificada en el carisma personal de Ortega y Gasset, en un país con apenas tradición filosófica no colonizada por la doctrina eclesial. Cabe advertir en su obra la combinación de una llamativa fortaleza, palpable en la dureza de sus juicios y posiciones teóricas, y una indisimulable vulnerabilidad, que salta a la vista en las dudas acerca del valor de sus escritos y las inseguridades a propósito de su inserción social como artista y literata en distintos espacios intelectuales, tanto en la España e Italia de los años veinte del pasado siglo como en Argentina y Brasil ya durante el periodo del exilio. Es asimismo destacable que Chacel niegue (Mateo, 1993) el desgarro provocado por el exilio, al considerarse una mujer cosmopolita, amante de los viajes, que no ha sentido en ningún momento las angustias de la salida de su país. Sin embargo, sí reconoce que el «estar sin blanca» durante toda su vida le generó un sentimiento constante de abandono y desorientación que, sin duda, impacta en los vaivenes psicológicos que embargan a los protagonistas de sus novelas. Convicción e inseguridad se dan la mano en la producción literaria y ensayística de una artista que considera que la sociedad española merece ofrecer «instantáneas de vida» que la arranquen del atraso en que vive el mundo rural y que promocione a las clases medias a formas de subjetividad desconectadas de los referentes dogmáticos de la normatividad católica. Chacel muestra así una atención destacable hacia las formas culturales de la España del siglo XX, desde coordenadas diferentes a las de Zambrano, que permite reconocer ciertas afinidades con la teoría crítica de la sociedad puesta en marcha por Herbert Marcuse en la década de 1960, pero en las que también cabe identificar un latido propio del método orteguiano, a saber escindir el trigo y la paja en la mirada que se detiene en el campo social. Una aproximación a Chacel implica seguir el rastro de los signos de cambio social y cultural que la sociedad española —fundamentalmente la madrileña— había mostrado ya en los tiempos de la dictadura de Primo de Rivera y de la Segunda República, para reivindicarlos, mantenerlos y transmitirlos a las generaciones posteriores, en aras siempre de una ampliación del tejido de la existencia que volviera a los españoles y españolas más seductores, menos tristes, más interesantes como protagonistas de su propia vida, tarea inapelable, que la literatura con todo no podía remplazar.

1.1 Un ideal de cultura burgués

Como señala oportunamente Mari Paz Balibrea (Balibrea, 2017: 2 y ss.), cuando Chacel regresó a España desde su exilio en Río de Janeiro, recibió con amarga sorpresa que su obra literaria, tan influida por la deshumanización del arte teorizada por Ortega y la «psicología imaginaria» recomendada por este a los novelistas[1], pero también por la lectura de Joyce, de Freud y de Marcuse, no parecía estar precisamente en sintonía con las ansias de novedad cultural de un país en el que predominaba la literatura realista y cuya universidad se había lanzado a la exploración del pensamiento postestructuralista francés, a pesar de las afinidades que su práctica novelística mostraba hacia el *nouveau roman* y autores en boga entonces como Michel Butor. En efecto, Chacel simpatiza con la lectura de *El eterno Adán* de Verne realizada por Butor, en los términos de una relectura del mito de Prometeo y de Frankenstein que permite sondear los miedos que rodean la actitud contemporánea ante el progreso de la técnica, y en 1960 dedica una reseña a su novela *La modification* (1957). Sin embargo, como advierte Balibrea, este juicio resulta especialmente injusto con la voluntad que Chacel manifiesta de volver legible la vida, tarea que entiende como elemento imprescindible en todo proyecto civilizatorio, y de intervenir en la reflexión sobre el tiempo propio, teniendo en cuenta cuestiones que no encajan cerradamente en el llamado «problema de España», sino que entienden este país incrustado en un espacio cultural global. En uno de sus ensayos menos conocidos, titulado *La confesión*, la autora recoge un balance de las

1 Sobre la influencia de las ideas orteguianas acerca de la novela en la literatura de Chacel, véase el escrito de López Sáez (2019).

ideas sobre la novela que tanto admirara en Ortega: «Cada día es más apetecible meditar en ella [la vida], contemplarla, hacerle "instantáneas", llenar la morada de nuestra mente con sus retratos» (Chacel, 1970, 2020: 225). Como recuerda Julián Marías en su presentación de la novela *La sinrazón* (1960), Chacel llevará al extremo la propuesta orteguiana al desentenderse con frecuencia de la trama que el filósofo madrileño asumía como condición necesaria para escapar a la prosa vaporosa de Proust. En los dos tomos de sus memorias —*Alcancía Ida* y *Alcancía vuelta* (1982)—, Chacel reconoce la frustración sentida por la interrupción que la Guerra Civil supuso para una renovación de las maneras de vivir y pensar en la sociedad española, tan atravesada por la figura de quien reconoció como amigo y maestro, Ortega, pero también el miedo, compartido por tantos exiliados republicanos, ante «la idea de que no se pueda intentar la reanudación de aquel tiempo porque no haya una *circunstancia fecundable*» (Chacel, 1982: 265). En un artículo publicado en 1956 en la revista *Sur*, Chacel cifra básicamente en dos las deudas que la sociedad española mantenía con Ortega: haber elevado «las formas sociales del español» y haber comprendido que la difusión de las ideas depende de lo que se dice y circula en la calle (Chacel, 1986: 86). Hay un eco de esta admiración en la displicencia temprana con que se refiere a iniciativas republicanas, en las que participaron activamente intelectuales como García Lorca y Zambrano, para aproximar la cultura al pueblo como atajos fraudulentos —pastiches de *baja cultura*— que no conducirán a ninguna promoción efectiva de la conciencia colectiva de la masa:

> Este gran artilugio que pretende, en cierto modo, alcanzar un marchamo romántico no logrará nunca el prestigio de aquella hirviente confusión que fue el romanticismo. Todo el que piense rectamente tendrá que reconocer que, enfocada hacia el pueblo, su ejemplaridad es nula, queda reducida a poner en juego unos cuantos recortes del alma colectiva que esquivan la aridez del verdadero esfuerzo con el halago de una actividad grata, pero sin objeto. En suma, una

> nueva pornografía, de la que el pueblo mismo se hastiará alguna vez. Esperemos que pronto (Chacel, 1937: 21).

El tono no podía estar más lejos de la posición defendida por José Bergamín en *La decadencia del analfabetismo*, la conferencia que pronunciara en la Residencia de Señoritas en 1930, publicada en 1933 en la emblemática revista *Cruz y Raya*. Por otro lado, la intervención orteguiana se convertiría con la configuración de la universidad franquista en un legado malversado. Chacel aspiró siempre a contribuir a la construcción en España de una literatura que contara con un público preparado para entenderla, lo que requería alejarse de la barbarie del realismo para partir de la recreación de la existencia y sus formas con ayuda del espíritu.

1.2 Transmitir los esfuerzos de renovación social de la Segunda República española

Resulta elocuente de la voluntad de contribuir a la transmisión de la cultura civil de la Segunda República a los jóvenes españoles la reacción crítica de Chacel ante la publicación en 1963 de un artículo de José Luis Aranguren en *Revista de Occidente*, donde este señala que la mujer española había tenido escaso trato con la situación de la mujer europea hasta la llegada masiva de turistas, como uno de los negocios surgidos al calor del desarrollismo y la intensificación de la emigración de población rural a las grandes ciudades. El planteamiento de Aranguren solivianta a nuestra autora por poner en solfa la existencia de un núcleo generacional, las preocupaciones y cuestiones planteadas por los integrantes de la llamada Generación del 27, a la que Chacel retrata —tomando en préstamo una expresión de la antología de poetas españoles elaborada por Dámaso Alonso, todos ellos en su mayoría varones— como «todos en bloque, formando conjunto, como un sistema que el amor presidía». El siguiente extracto del comentario que Chacel dedicó a la publicación de lo que acabará convirtiéndose en el ensayo *La mujer, de 1923 a 1963* de José Luis Aranguren es revelador de lo mencionado:

> En 1918 Aranguren tenía nueve años y yo veinte, por lo tanto, yo, entonces, estaba más al tanto de lo que pasaba en España. Y lo que pasaba era igual, completamente igual a lo que pasa ahora, solo que en un número más reducido; de aquí su apariencia minoritaria. Del 18 al 20, la corriente migratoria fue, si no masiva, francamente importante. Ya desde el 14 había empezado a establecerse, pero a partir del 18 la afluencia de inmigrantes cultos, escritores, profesores, jóvenes estudiantes interrumpidos en sus disciplinas por la guerra o por la revolución rusa, se extendió por España —tal vez solo o principalmente por Madrid— y se mezcló a nuestras juventudes, con una proximidad enteramente distinta de la que pueda alcanzar jamás la corriente turística. Se crearon profundas amistades entre hombres y mujeres, pero ya que aquí se habla solo de mujeres, hablemos solo de ellas. Las mujeres españolas nos acercamos a las extranjeras, y las vimos vivir, recibimos sus confidencias, supimos cómo había sido su infancia, sus primeros amores, sus relaciones familiares. [...] Hoy día no creo en ninguna pléyade, pero creo que *nosotros* éramos una realidad o, más exactamente, creo que «nosotros» *era* una realidad. Porque siempre lo creí así, porque no dejé ni por un momento de creerlo, a través del síncope, día tras día, llevo sermoneando por las dos Américas ya unos cuantos años, sin sospechar que pudiera rebrotar la *Revista de Occidente*. Ahora veo en estas mismas páginas afirmada la seriedad de aquel nosotros por algún miembro que otras veces delató nuestra trivialidad: no lo censuro; de sabios es rectificar (Chacel, 1986: 31-32).

En las conversaciones que Chacel emprende en los años sesenta con quienes se convertirían en los *novísimos* poetas —Pere Gimferrer, Guillermo Carnero y Ana María Moix—,destacados en la legendaria antología de Josep Maria Castellet (1970), de la que da buena cuenta su correspondencia, tendrá muy presente la exigencia de transmitirles las inquietudes y los anhelos de lo que ella percibe como generación de la España de la Segunda República, de suerte que la historia no imponga el silencio sobre ellos y su proyecto cultural y, sobre todo, con vistas a propiciar una fusión de horizontes que permita modificar los límites del consenso considerado admisible en una nación que ya se quiere democrática. La «Noticia» antepuesta a *Estación. Ida y vuelta* (1930), temprana novela fruto del periodo transcurrido como residente consorte en la Academia de España en Roma (1922-1927), se refiere la «comprensión de sus vivencias, de sus elementos intactos» (Chacel, 1980: 6), como el único puente posible entre generaciones. Como leemos en una carta que le escribe a Moix, contaba con esperanzas de revivir el tiempo que les había sido arrebatado a ella y a su generación a través del horizonte en manos de los jóvenes. Forma parte de esta voluntad de intervención en la actualidad de la cultura española la continua atención a la situación de la mujer en la construcción de la normatividad social y civil en el siglo XX, que culmina un ensayo tan complejo como *Saturnal* (1972). Sus últimas líneas están, en efecto, dirigidas a un agente del cambio que encuentra en «nuestra literatura joven: elementos nuevos, sin tradición en nuestras letras y, sin embargo, hondamente auténticos» (Chacel, 1972: 285). La voluntad de Chacel, tal y como recoge en su correspondencia con Moix, aspira a ofrecer un ensayo que oriente a su tiempo sobre la dimensión del «fenómeno erótico», distinguiéndolo de la funcionalidad reproductiva de la actividad sexual, pues esa transformación revela el anhelo característico la época. Para ello, Chacel —en una operación que, conscientemente, considera hermanada con el camino de Herbert Marcuse— interpreta la contemporaneidad a la luz del deseo, de lo que este nos cuenta acerca de lo que somos. Pues el deseo, como leemos en *Saturnal*, «es la forma perceptible del *élan vital*» (*ibid.*: 134). Por ello, muchas de sus páginas podrían entablar un diálogo provechoso con aproximaciones procedentes de la teoría *queer* y feminista sobre el impacto de las emociones sobre la construcción de la normatividad contemporánea. Estoy pensando en

Sarah Ahmed, pero también en Wendy Brown, Rita Segato, María Lugones y Laura Quintana, autoras todas ante quienes la prosa emancipadora de Chacel podría sentirse como heraldo. El mismo título del ensayo ya revela la aproximación que va a realizar al tiempo que le toca vivir, en el que observa cómo las diferencias de clase, de sexo o de religión tienden a rebajarse como expresión del progreso de la implantación de una cultura política democrática, sostenida sobre una trasmutación de lo que se entiende por existencia y vida. Como en las saturnales romanas o en el carnaval contemporáneo, Chacel se interesa por la inversión de roles que la liberación del corsé impuesto por la cultura heteropatriarcal ha propiciado a nivel social, de la misma manera que por la pervivencia en tales espacios de lógicas que siguen amedrentando al cuerpo y libertad sexual de las mujeres. «*Sentimos* la igualdad en la vida porque nos *sabemos* hermanados, traspasados por la consanguinidad de tiempo» (Chacel, 1972: 16). Esa percepción mantiene vivo un programa de exploración de la cultural vital que se ha estabilizado a lo largo del siglo XX.

Pero, antes de realizar un cierto balance de esta publicación tardía, recordemos brevemente la circunstancia que la volvió posible y deseable, clave en la formación de la joven Chacel. En 1926 se produce el acto fundacional del Lyceum Club Femenino de Madrid, en la sede de la Residencia de Señoritas, con María de Maeztu como presidenta, Victoria Kent e Isabel Oyarzábal como vicepresidentas y Zenobia Campubrí como secretaria. A pesar de la presencia de las llamadas «maridas», apelativo con que se conocía a las mujeres de la alta sociedad que exhibían el vínculo matrimonial como su mayor aval —sus máximas exponentes eran la reina Victoria Eugenia y la duquesa de Alba—, Rosa Chacel, al igual que María Zambrano, se convierten en habituales de las tertulias propiciadas por esta asociación, con sedes poliédricas e itinerantes, lo que les permitirá frecuentar tertulias y, por primera vez en la cultura española, participar en redes de mujeres lesbianas orgullosas de su desempeño intelectual y temerosas, en su gran mayoría, del precio social de su disidencia sexual. Entre ellas, encontramos a

Elena Fortún —autora del revelador *Oscuro sendero*, publicado póstumamente en 2016—, pero también a la cónsul de Chile en España, Gabriela Mistral, a la escenógrafa Victorina Durán, que llegaría a dirigir el Teatro Colón de Buenos Aires durante quince años, a la traductora y literata Matilde Ras y a la pintora Marisa Roesset Velasco. El ambiente reinante en estas tertulias, a las que se presenta como espacios sociales desprovistos de códigos, etiquetas y prejuicios, en la línea de los salones regentados por Henriette Herz o Rahel Varnhagen en el Berlín de finales del siglo XVIII y comienzos del XIX, lo describe sutilmente Chacel, en especial en su novela *Acrópolis* (1984), aunque encontramos un eco más desenvuelto en el volumen *Sucedió* de las memorias *Mi vida* de Victorina Durán. Esta última retrata así la creación del Lyceum:

> El Lyceum se instaló en la calle de las Infantas, en la casa de las «Siete Chimeneas». Fue decorado por Paula Ucelay, tenía un salón con un piano de cola para conciertos y en él se daban conferencias casi a diario. Las asociadas importantes y los tan importantes maridos de otras hacían de este club un lugar exquisito y de gran categoría. Había una sala de té, decorada con todo gusto, una biblioteca y, más tarde, una pequeña salita de *bridge*. Como pronto se quedó pequeña la casa, nos trasladamos a la calle de San Marcos, donde tuvimos, debajo de los salones, un piso para hacer exposiciones y conferencias.
>
> Como es natural, nos fuimos conformando en grupos, ocupando siempre las mismas mesas en el salón de té. [...]
>
> Además de vernos todos los días en el Lyceum, una vez a la semana, los sábados, el grupo reducido nuestro tenía unas cenas. Una noche era en casa de Pérez de Ayala, otra en la de Araquistáin y otras veces íbamos a un restaurante de la calle de las Infantas. Así como al Lyceum Victoria Kent no iba a diario, a estas cenas no faltó nunca (Durán, 2018: 217-219).

Durán apostilla esta semblanza de la estructura que daría mayor visibilidad a las mujeres de la Generación del 27 en España con la observación de que se trataba de un contexto donde primaba el buen humor, desaparecido de un balazo —como ella misma puntualiza— con la Guerra Civil. En cambio, las menciones de Chacel a los espacios en que las relaciones homoeróticas femeninas pudieran contar con algún tipo de aceptación resultan bastante más crípticas. Cabe señalar la importancia de los silencios, de la advertencia del secreto[2], de los puntos suspensivos, como piezas retóricas que conforman todo un mundo de afectos bisexuales y homoeróticos que la normatividad social se resiste a reconocer como admisibles, ya no como posibles, y que reduce a figuras monstruosas que han de ser corregidas o expulsadas de la comunidad. Se trata de espacios que presentan vidas que asisten a su propio desfallecimiento social, sostenidas por un frágil hilo procedente del deseo, pero desprovistas de plataformas de resistencia que luchen por exigir el reconocimiento civil para la disidencia sexual; una angustia que atraviesa la obra de Chacel, al igual que la de otros compañeros varones de generación, como Cernuda y García Lorca. De las protagonistas de su trilogía *Escuela de Atenas* Chacel declara que «eran tan camaradas, tan diferentes de todas —de todas las conocidas y las posibles— eran y son diferentes» (Chacel, 1984: 243). Pero también es diferente la «niña rara» y precoz de doce años, Leticia Valle, cuyo efecto explosivo en la tediosa, ensimismada y reprimida vida familiar y social de Simancas, quintaesenciada en el matrimonio fallido de don Daniel y doña Luisa, resulta comparable al que el visitante desconocido provoca en el orden familiar de la novela *Teorema* (1968) de Pier Paolo Pasolini. En efecto, la muchacha suscita el deseo tanto de varones como de mujeres, conmocionando la identidad sexual de estos y, por tanto, su ubicación en el orden social y ético de su tiempo.

2 En *Acrópolis* (1984: 80-81), Chacel repara en el contraste entre la potencia que transmite el anhelo y el deseo y el «delicioso sabor de lo que *se realiza*», poniendo de manifiesto con sutileza la frustración que atraviesa la existencia de quienes se ven incapaces de declarar sus afectos en libertad.

1.3 La evolución de una exploración de eros

En un comentario del ensayo de Julián Marías *La mujer en el siglo* XX (1980), Chacel recuerda la compleja factura de *Saturnal*, elaborado entre 1959 y 1960, que hunde sus raíces en un largo artículo publicado en 1931 en *Revista de Occidente*, pero también en una conferencia —*La mujer y sus posibilidades*— dictada por Chacel en el Ateneo de Madrid en 1921. El texto se extravió, por lo que desconocemos su contenido:

> En 1931 publiqué en la *Revista de Occidente* un ensayo sobre los «Problemas actuales y prácticos del amor». Mi propósito era poner en claro los efectos de la experiencia en nuestra sociedad tan secularmente mal experimentada. El ensayo era muy incompleto y no tuve fuerzas —ni confianza en mí misma— para ampliarlo. Luego, becada en Nueva York, amontoné sobre él más de doscientas páginas —que estuve a punto de echar al fuego— y más tarde, en Río, lo pasé por la criba y lo traje a España, donde salió a la luz en 1972, con un título algo cabalístico, *Saturnal*, pero pronto se sumió en los sótanos de las librerías... Si ahora lo cito, es porque resulta significativo el hecho de que aquí, en nuestro pueblo, hace cincuenta años, se intentase hablar a fondo de cosas que —antes— no habían circulado por la superficie. Sacarlas a la luz podía parecer insólito, pero hace cincuenta años lo que salía en las páginas de la Revista era lo que tenía cuerda para seguir avanzando... Avances, retrocesos, repeticiones, resurrecciones... Bueno, hablemos del presente (Chacel, 1986: 46-47).

El escrito, titulado «Esquema de los problemas prácticos y actuales del amor», impugna en derechura las teorías sobre lo que califica de «heteroespiritualidad» con la que pensadores tan autorizados como Simmel, Jung y Ortega abordan la diferencia sexual y de género. Chacel se detiene especialmente en el monopolio de las virtudes epistémicas, morales y estéticas por la figura del hombre en detrimento de la mujer, lo que a su juicio contraviene la frontera que Max Scheler —cuyo *El puesto del hombre en el cosmos* tradujo José Gaos para *Revista de Occidente* en 1929— había establecido entre la persona y el espíritu y la dimensión vital del animal, supeditado a la hegemonía de sus estados orgánicos. La toma de postura de Chacel con respecto a esta cuestión es palmaria, también en la discrepancia que muestra acerca del feminismo que comienza su tímida institucionalización en la España de la Segunda República:

> Creo con todos sus defensores que el espíritu de la mujer ha sido cohibido por el peso de prejuicios religiosociales que la han abismado en sus innatas trabas fisiológicas; pero difiero de todos ellos en creer que la causa de esto estribe en el egoísmo del varón ni en que haya pugna de interés ni predominio de fuerzas. En este asunto, como en otros muchos, no hay causa ni más enemiga que la pequeñez y obtusidad humanas, patrimonio equitativamente repartido entre los dos sexos. De este modo, considero a la humanidad dividida en dos sectores de límite efectivo como nunca lo fue la división sexual: el individuo estulto y su contrario (Chacel, 1931: 145).

Con este tipo de argumentos, Chacel pone el foco sobre la construcción cultural de la mujer como un ser subalterno, con facultades mentales menguadas, al tiempo que brega por legitimar, frente al binarismo sexual, bendecido por Ortega en *Estudios sobre el amor* (1923-1926), el homoerotismo, en el que carece de sentido identificar una patología, sino más bien una dirección más —e incluso la más libre de funciones sociales— de la pulsión erótica:

> El conocimiento de esta materia [la relación entre los sexos], que cualquier persona de mediana cultura tiene hoy día, merced a los trabajos de divulgación científica, es más que suficiente para llegar a su perfecto enfoque desde el punto de vista que únicamente nos interesa: el que considera el amor homosexual pura y simplemente como una de las infinitas encrucijadas del eros. Por tanto,

> toda consideración de doctos o prácticos que pudiera oponerse a esta teoría intentando condicionarla a porqués extraeróticos, debe tomarse como de todo punto impertinente. Pues bien, esta innovación en lo erótico, que lo desvía de la mujer, no significa decadencia de su intensidad anímica, sino, por el contrario, concentración de su fuerza que, mediante un nuevo sentido, intenta la realización más pura de su verdadero ser» (Chacel, 1931: 161-162).

A partir de postulados como el citado, Chacel se pronuncia en este temprano texto, germen de lo que se convertirá en *Saturnal* en 1972, contra la demarcación en términos de actividad espiritual de los géneros, pues a su entender esa perspectiva falsea la relación erótica, ya que desatiende lo que la autora califica como «esencial validez supersexual» (Chacel, 1931: 179) de lo erótico —que en *Saturnal* pasará a denominarse «genésico», en virtud de su capacidad para iniciar, en una insospechada afinidad con el pensamiento de Arendt—. Asimismo, identifica en el temor a la homoespiritualidad, cuya legitimidad conceptual se ancla, como señalaba antes, en la antropología filosófica de Scheler tan en boga en aquellos años, el principal motivo de rechazo de la homosexualidad, eclipsado por la relevancia concedida a la normatividad heterosexual. A este propósito, Chacel enfatiza lo siguiente:

> ¿No es ingenuo creer que el amor homosexual, si no fuese más que perversión de los sentidos, pudiese constituir tan insuperable objeto de horror para nuestro mundo civilizado? Hay un sinnúmero de perversiones, incomparablemente más dañinas, que no están tan, en definitiva, anatemizadas, porque, en fin de cuentas, lo que horroriza al hombre no es lo que en este *amor* pueda haber de homosexualidad, sino lo que hay de homoespiritualidad. [...] Esto y no otra cosa es el temor que se manifiesta en Jung ante el posible desenvolvimiento espiritual de la mujer (Chacel, 1931: 177).

Con una sutileza en la que puede percibirse la pervivencia del arcano que guiará la trama de novelas posteriores como *Acrópolis*, el escrito de 1931 exhorta a mejorar la salud del erotismo hispano, de la mano de un redescubrimiento de la relación entre sexos, con ayuda del reconocimiento de la orientación homosexual como una de las direcciones que puede adoptar el eros y, precisamente, la más capaz de delimitar el «amor del alma individual» (*ibid.*). No es difícil reconocer en estas consideraciones tan tempranas el eco del discurso crítico del modelo de sexualidad difundido por la literatura española que Juan Goytisolo presentará en 1977 —en el ensayo *Disidencias*—, donde leemos que

> en un país cuya literatura ha servido desde hace siglos de vehículo transmisor —a menudo admirable— a la institucionalización de sus complejos y frustraciones sexuales, las novelas de María de Zayas se destacan de modo señero y nos conmueven aún con la frescura de su insólito y audaz desafío (Goytisolo, 1977: 109).

Las novelas de Chacel carecen del trasfondo de denuncia de la violencia de género padecida por las mujeres del Barroco y vehiculada por la narrativa que hace posible el estrado de damas, pero reivindican una experiencia erótica que anhela la liberación de los viejos resortes del binarismo sexual a partir de postulados que podrían remitir a la neutralización teórica de los sexos en el cartesiano Poulain de la Barre. En *Acrópolis*, que presentó en Madrid en 1984 Jaime Gil de Biedma, cuyas protagonistas exponen una nueva fase vital a la explorada en *Barrio de Maravillas* (1976) —compuesta gracias al apoyo recibido de una beca de la Fundación Juan March—, ya estrenando su primera juventud, reconocen que «claro que es mucho más asignarse a sí mismo un nombre, pero es mucho más vivir un ser sin nombrarlo, vivir lo innominable en su totalidad» (Chacel, 1984: 331). Por otro lado, en esta misma obra se concede una dimensión relevante al secreto:

> Ahora, con el anuncio, no he tratado más que de hacerte pensar en esas cosas que son secretas porque no se permiten —ellas mismas no se permiten o no tienen sustancia para ser de otro modo—,

> no se permiten más que pasar un momento por la cabeza, por la cara, consecuentemente... (Chacel, 1984: 33).

Chacel enfatiza el hecho de que todo producto de la civilización requiere de la ocultación de ciertas realidades, que siempre acaban por comparecer de manera oblicua en el decir popular, como una suerte de recordatorio de la hoja de parra que el ser humano porta desde el alba del tiempo histórico:

> Lo que se esconde deriva o rezuma o se infiltra en las profundidades. Y ¿qué son las profundidades si no es el lugar donde ocurren las metamorfosis? Y las pequeñas, las feas, las bochornosas cosas trascienden a proverbio, se enseñorean en poesía, esto es, en forma (Chacel, 1984: 69).

Desde el comienzo de su reflexión más filosófica, Chacel decide proyectar luz sobre las pulsiones que circulan en el espacio social, generando potentes efectos sobre lo que se considera normativo en sociedad y enfatizando las consecuencias que posee para la vida de las mujeres. Bajo el orden normativo circulan fuerzas subterráneas que transforman las figuras de lo considerado correcto, con un impacto profundo en el eje de los afectos, capaces de acompañar al sujeto a una renovada orientación existencial. Esa meditación corre en paralelo con la actividad poética de su buen amigo Luis Cernuda, quien, precisamente publicará su poemario *Los placeres prohibidos* en 1931, cargado de la potencia suficiente para desmoronar la eticidad tradicional que dicta la relación entre los sexos:

> Pero si la ira, el ultraje, el oprobio y la muerte,
> ávidos dientes sin carne todavía,
> amenazan abriendo sus torrentes,
> de otro lado vosotros, placeres prohibidos,
> bronce de orgullo, blasfemia que nada precipita,
> tendéis en una mano el misterio.
> Sabor que ninguna amargura corrompe,

> cielos, cielos relampagueantes que aniquilan.
> Abajo, estatuas anónimas,
> sombras de sombras, miseria, preceptos de niebla;
> una chispa de aquellos placeres
> brilla en la hora vengativa.
> Su fulgor puede destruir vuestro mundo (Luis Cernuda, 1974: 118).

Ese compás reflexivo se retrotrae en realidad hasta los años treinta para Chacel, en los que expresa por primera vez su malestar ante la perpetuación del «eterno femenino» por parte de referentes intelectuales de *Revista de Occidente* —Simmel, Freud, Jung—, pero seguramente recibe su impulso decisivo de la mano de la publicación de *Eros y civilización* de Herbert Marcuse que, como señala la autora en su correspondencia, su marido Timo —Timoteo Pérez Rubio— le regala en 1968, año de su publicación en castellano. El texto de Marcuse le facilita destacar el contraste entre esta exploración de la pulsión erótica en la sociedad del siglo XX y la posición conservadora de alguien como Denis de Rougemont en *L'amour et l'Occident* (1938), con su propuesta de transformar el amor-pasión en un producto sublimado. Con ocasión de estas lecturas, Chacel confirma que la clave de su propio tiempo remite a la tarea de dirigir una mirada atenta a la circunstancia, en lo que cabe reconocer una huella clara del magisterio orteguiano, pero —y en este punto coincido plenamente con Balibrea (Balibrea, 2021: 20) frente a Carmen Morán (Morán, 2007)— también una superación de la mirada orteguiana, que adopta una disidencia diferente a la de Zambrano al estar mucho más volcada en la sismografía del tiempo histórico que muestran los datos arrojados por las ciencias sociales, sin perder de vista el impacto del jazz, el cine o la moda sobre la sociedad en Occidente. Cito a Balibrea (2021: 26-27):

> Chacel rechaza interpretar la cultura de masas como trivial, o vulgar. Las artes, la estética, la literatura son para Chacel síntoma, metáfora, traducción del análisis filosófico, vehículo articulador del sentido positivo de Eros para las masas. Así se explican sus

disquisiciones sobre moda, ropa, peinados, tribus urbanas, jazz y, especialmente, el cine.

El segundo estudio de *Saturnal* cuenta precisamente como exergo con el verso del poema *Cal y canto* (1926) de Alberti, que Chacel hace suyo: «Yo nací —¡respetadme! — con el cine». El resultado de esa lectura atenta de su tiempo desemboca en una exploración sobre la fuerza genésica del eros que no reduce el análisis a la funcionalidad de la relación sexual para hacer posible la reproducción social, sino que más bien indaga en su conexión con el origen y el trasfondo de irracionalidad que comporta el placer. En esta línea, la sororidad aparece como un ejemplo de emociones básicas, que ha sido marginada u ocultada por la sociedad, aunque toda sociedad democrática está llamada a aceptarla:

> En Lesbos y sus alrededores había otra cosa que no es la que ha acaparado el adjetivo. Había la amistad. ¿Sabéis lo que es la amistad? Eso es lo que ha venido rodando para los tatarabuelos hasta crear una cosa que se prosaizado —se ha socializado—, un poco en *fraternidad*. ¡Veis! Eso ya no suena tan bien, pero en el fondo estaba la amistad, que buscaba ir cada vez más al fondo, añoraba o aspiraba a ser cosa de la sangre. Eso era ya como lo secreto, lo que solo pasa entre dos... cuando se hace un nudo (Chacel, 1984: 238).

La atención a la transformación histórica de las formas de trato entre los sexos, a la hegemonía de lo que se defiende en la calle frente a lo que dictan los códigos morales, ocasiona lo que la autora describe como más de cuarenta años de meditación sobre la dimensión genésica del eros, que busca fundamentalmente la unión y el contacto entre los cuerpos y los espíritus. Esta dimensión permite entender el homenaje y la contemplación a otro sujeto como medio de perfección que, en el caso de las mujeres, permite trazar un arco consistente desde Safo a sor Juana Inés de la Cruz. El ensayo *Saturnal* es fruto de una beca Simon Guggenheim —la misma que ganó Hannah Arendt en 1963, cuando escribió *Sobre la revolución*—, obtenida en 1959, que permite a Chacel realizar una estancia de trabajo en Nueva York y madurar en Río de Janeiro, donde seguirá residiendo su marido tras el retorno de Chacel a España, las doscientas páginas cocinadas a fuego lento que compondrán el ensayo, publicado finalmente en 1972. Movida por el ritmo vital que percibe en el continente americano en sentido lato, Chacel condensa en este trabajo una polémica con la teoría feminista de Simone de Beauvoir —señalará que la mujer no es *lo Otro* para el varón, sino *el Otro* con el que tiene que habérselas, lo quiera o no, y que entretenerse en lo inmediato no es lo mismo que mantenerse en la inmanencia—, así como una exploración del sentimiento de vulnerabilidad de las mujeres, que considera derivado de la convicción de poder ser violada (Chacel, 1972: 37 y 54), y de la taimada implantación de un concepto de honor que se apodera de su sexualidad. Las observaciones de 1931 culminan en la declaración de la victoria de la libertad sobre la necesidad que representa el amor homosexual (Chacel, 1972: 41), que en el comentario al volumen de Marías se conjuga con la llamada a un ejemplo ilustrativo del *Doktor Faustus* de Thomas Mann. Estas consideraciones la llevan a establecer una copertenencia entre la revolución y la transformación de los proyectos vitales, esto es, la transmutación de todos los valores, de suerte que fenómenos como la esclavitud y la prostitución persistan «porque se puede» (Chacel, 1972: 168), porque la sociedad se sigue entendiendo a sí misma como un espacio de subordinación y dominación de unos sujetos a otros:

> Las revoluciones no son una empresa guerrera, una expedición a la conquista de valores ideales o materiales —hablo de las guerras antiguas—, son la puesta en marcha de un proyecto de vida. Las revoluciones —las verdaderas— se han incubado largo tiempo, modificando el fondo de la vida mucho antes de realizarse. Y si se realizan es para eso: para dar realidad a lo que ya se estaba viviendo secretamente. Rosa Luxemburg y otras menores disiparon el caudal de sus vidas heroicas virilmente. Es evidente que las sufragistas lucharon por una innovación de carácter social, pero

> el voto no es para la mujer un valor cultural, sino un *grado* en su *vida cívica.* Discutir si tiene o no tiene valor el voto de la mujer es completamente inútil sin haber puesto en claro, previamente, si el voto tiene algún valor (Chacel, 1972: 70-71).

Dado que las revoluciones suponen transformaciones de los marcos mentales —de las ideologías— que rigen las percepciones y horizontes prácticos de las sociedades, Chacel anima a transitar del imperativo de consagrar la vida —a una vocación, a un ideal— a la búsqueda de *lo sagrado* que hay en ella (Chacel, 1972: 220), algo que, a su juicio, en el siglo XX pasa por el deseo y el placer, mecanismos inmanentes de compensación de la condición mortal. Ambas potencias serían encarnaciones de *lo genésico* —puro como la figura compacta de un huevo, señala Chacel—, que, si bien se encarna en acciones materiales, escapa a los intentos de atarlo a toda identidad orgánica (1972: 228) para manifestarse con una decidida voluntad de actualidad, con la que Chacel cierra su ensayo desde su estancia becada en Nueva York:

> La parte más potente de la fraternidad que vivimos se apoya en la delectación de toda *fruta del tiempo*, de *nuestro* tiempo. Las pugnas, los antagonismos son innumerables; unos luchan por su tierra, otros por su idea, pero todos, todos sin excepción, quieren mantenerse en este territorio del HOY, cosechar sus mieses, poseerle y pertenecerle como a su patria temporal (Chacel, 1972: 245).

No es difícil rastrear tras estas líneas el peso del magisterio civil de Ortega. Nunca como en *Saturnal* Chacel procedió a enunciar un balance del cambio cultural occidental, que percibía materializado en la década de los sesenta, encontrando en la emancipación de eros explorada por Marcuse una fuerza imparable para seguir conformando *nivolas* de paisajes interiores capaces de mantener el interés del lector y contemplador. España no podía sino ver de lejos ese proceso, ensimismada como estaba aún en la detención del reloj de la historia en 1939, pero el retorno de la democracia traería consigo esa sincronización del sujeto con el ahora, sin que Chacel, literata orgullosamente burguesa, sospeche en ningún momento que ese encuentro pueda hurtar al sujeto todo control sobre su cuerpo y sus placeres, esto es, que pueda anunciar un camino de desposesión a manos de los dispositivos de extracción de valor del capitalismo avanzado.

2. Delirios en la historia. España como fantasma en Zambrano

Caben pocas dudas acerca de los vínculos entre la meditación que María Zambrano dedica al exilio y el abordaje orteguiano de la circunstancia, pero quizá surjan aún más en relación con el campo de afinidades que despliegan el término *circunstancia*, la noción de *hombría* de Ramón J. Sender —teorizada en la novela *La esfera* (1947)— y el binomio de *morada* y *vividura* que Américo Castro presentara en su obra *La realidad histórica de España* (1954). Me serviré de estas coordenadas para contextualizar las reflexiones de Zambrano en torno al aprendizaje de estancia en la nada que conlleva la experiencia del exilio, en las que cabe reconocer un calvario del alma que debe construir sentido allí donde las condiciones para habitar civilmente la tierra han desaparecido, pues la misma esperanza se ha evaporado. Recuperemos el abordaje fenomenológico con que Castro se aproxima a la historicidad de las dimensiones que permiten al ser humano instalarse en un lugar, hacerlo y llamarlo hogar y tierra:

> He tomado como centro y agente de esta historia el taller de la vida en que la españolidad fue fraguándose, y no parciales rasgos psicológicos, siempre genéricos e inconexos. [...] La vida historiable consiste en un curso o proceso interior, dentro del cual las motivaciones exteriores adquieren forma y realidad; es decir, se convierten en hechos y acontecimientos dotados de sentido.
>
> Estos últimos dibujan la peculiar fisonomía de un pueblo, y hacen patente el «dentro» de su vida, nunca igual al de otras comunidades

> humanas. Mas ese «dentro» no es una realidad estática y acabada, análoga a la sustancia clásica; es una realidad dinámica, análoga a una función o, como diré luego, a una invariante. Pero el término «dentro» es ambiguo: puede designar «el hecho de» vivir ante un cierto horizonte de posibilidades y de obstáculos (íntimos y exteriores), y entonces lo llamaré «morada de la vida»; o puede referirse «al modo como» los hombres manejan su vida dentro de esta morada, toman conciencia de existir en ella, y entonces lo llamo «vividura». Esta sería el modo «vivencial», el aspecto consciente de funcionar subconsciente de la «morada» (Castro, 1954: 110).

La reflexión de Castro sobre la morada procede de una actitud ante la realidad circundante familiar para los discípulos de Ortega, desde el momento en que hace de la autoconciencia de las realidades en que habitamos el eje de construcción existencial. Naturalmente, el respecto consciente de las condiciones y del estilo del habitar no tiene por qué resultar predominante para el enfoque del historiador, pues suele cumplir esta función más bien la objetividad con frecuencia inconsciente de la morada, pero el propósito de mantener cierta correlación entre ambos órdenes del ser y la percepción caracteriza la apuesta hermenéutica de Castro acerca del decurso histórico. Si la configuración de una morada propia habla de la salud del sujeto que vive y se desenvuelve en ella, la generación de Zambrano experimenta en primera persona un proceso lacerante de expropiación mundanal al que, por ejemplo, su coetáneo, Ramón J. Sender, fallecido en el exilio de San Diego en 1982, resistirá de la mano de lo que califica como *hombría* —presente en su obra desde 1934, especialmente en una novela como *La esfera* y en un personaje como Federico Saila—. Esta condición radical, desde la que, a juicio de Sender, han elaborado su obra Fernando de Rojas y Miguel de Cervantes, dirige una réplica decidida a la tendencia a hacer de la personalidad el respecto más auténtico del sujeto, cuando en realidad este atiende en el eje de *vitalidad* —por decirlo con el término orteguiano—, que coincide con «lo ganglionar». Como leemos en *La esfera*: «Amemos nuestros ganglios que saben más de nosotros mismos que nuestra razón. El hombre sabe mucho más que lo que cree saber y esa sabiduría inexpresada está en lo ganglionar» (Sender 1947/2010: 224).

En una novela como *El verdugo afable* (1952), ese descenso al territorio gris de lo biológico —la vitalidad «subconsciente, oscura y latente» analizada en «Vitalidad, alma, espíritu» de Ortega (1924)— hace oír su sordo poder, en el que se advierte una simpatía por la quietud y la aniquilación del yo molinosista que Sender comparte con Zambrano. Efectivamente, una de las figuras oníricas de esta obra se pronuncia, con rasgos como los siguientes:

> De esa corriente en la que me encuentro sin saber cómo, se desprende una fuerza no antes conocida.
>
> Esa fuerza se confunde con mi abandono y me hace poderoso.
>
> Realmente poderoso, tal como me siento desde el fondo de mi humildad (Sender, 1970: 44).

Sin embargo, la experiencia de la aniquilación mística no quiebra en Sender la figura de un sujeto sabedor de su victoria en la cumbre de la impotencia. Encuentro en esta victoria derrotada del exiliado rasgos afines con la actitud adoptada en un poema revelador que Luis Cernuda dedicara en 1949 precisamente al fenómeno de la expulsión de la patria. Se titula «Ser de Sansueña» —forma parte del poemario *Vivir sin estar viviendo*—, y en él emerge el contraste entre las hazañas de un pasado imperial y el efecto de «casa tomada» que el exilio republicano siente al evocar la «España oficial»:

> Vivieron muerte, sí, pero con gloria
> monstruosa. Hoy la vida morimos
> en ajeno rincón. Y mientras tanto
> los gusanos, de ella y su ruina irreparable,
> crecen, prosperan.
> Vivir para ver esto.
> Vivir para ver esto (Cernuda, 1974: 386-387).

A juicio de Zambrano, en este poema de Cernuda «se encuentra el apurar el destierro y el iniciarse del exilio en un instante único, sin separación» (Zambrano, 2019: 402), cuando el sujeto comienza a sentir que no camina solo entre escombros históricos, sino que está «devorado por la historia» (Zambrano, 2019: 403); es decir, cuando el embrión del exilio se come al desterrado, como se afirma en la *Carta al exiliado*. Esa es la antesala del descubrimiento de la patria verdadera, justamente cuando ya se había dejado de buscarla (Zambrano, 2019: 411). Si bien Zambrano se encuentra en la compañía generacional de Sender y de Cernuda, articula una meditación sobre la condición del exilio que va más allá del campo óptico del yo, para encontrar en el alma, a la que Ortega había denominado la «morada» propiamente dicha del individuo, *desde* y *sobre* la que vive, una vía de salida del delirio, de la desviación de lo más propio. Por esta vía, el tiempo como sucesión se distingue de la quietud por la que el sujeto abandona la procesión del ser «para derramarse y encontrarse con la vida sin más, en la vida toda» (Zambrano, 2019: 397). Como advierte Zambrano, la bienaventuranza en la que puede desembocar el exiliado —cuando este no se reduce al refugiado o al desterrado, capaces aún de proyectar— no es la del retorno del santo a su lugar original tras el éxtasis, sino una condena a no descansar nunca, a existir en el afuera de toda esperanza, expuestos a la vida entendida como *delirio*, una vida dionisíaca, que en *Claros del bosque* (1977) se presenta como don de la posesión báquica, «esencia que se trasfunde en un mínimo de sustancia» (Zambrano, 2011: 154). Se dibuja así un mundo afín al que Jaime Gil de Biedma retratará en el poema *De vita beata* (1968):

> En un viejo país ineficiente,
> algo así como España entre dos guerras
> civiles, en un pueblo junto al mar,
> poseer una casa y poca hacienda
> y memoria ninguna. No leer,
> no sufrir, no escribir, no pagar cuentas,

y vivir como un noble arruinado
entre las ruinas de mi inteligencia (Gil de Biedma, 2010: 251).

El anhelo que nace muerto en el poeta de la generación del 50 anuncia que en la España franquista se habían abierto dos desiertos, el interior y el exiliado, desencajados uno del otro, cargados de afectos opuestos: uno en espera creadora, el otro en clara clausura ética, pero consortes en un mismo destino de ruina y decadencia. Como si dos piezas de un mismo ser se hubiesen echado a perder a partir del mismo instante, destinadas a reencontrarse tras agotar el largo aprendizaje de la impotencia en un país «que ha tenido siempre sangre en demasía», como leemos en *Delirio y destino* (Zambrano, 1952;1989: 59). Los españoles perdieron el alma tras la contienda civil, que es el sentido de la comunidad y del tiempo común; la una, a manos de la política de la cancelación, y la otra, con motivo de la expulsión al desierto.

2.1 El archivo hispano de la morada

Es significativo que en los primeros compases del exilio, Zambrano elabore una cartografía de la morada en tierra hispana, situación que justamente empieza a faltar en el contexto histórico de 1939, comparable a la que décadas más tarde propusiera Américo Castro con su estudio sobre la configuración histórica de España. *Pensamiento y poesía en la vida española* ofrece un hito para la reflexión posterior de Zambrano sobre el lugar del no-lugar que comporta el exilio. Entre las líneas directrices del modo de ser y pensar español la autora destaca en esta obra tres maneras de dirigirse afectivamente a lo que hay, tres caminos en el «laberinto del amor español» (Zambrano, 2015: 643). La primera entre ellas, la más antigua y auroral, remite a la coincidencia con una disposición estoica hacia la muerte, atravesada por un insobornable laicismo, perceptible en la «serenidad, la entereza y naturalidad con que el pueblo español atraviesa los trances amargos que con tanta prodigalidad le ha deparado el destino» (*ibid.*: 606). El estoicismo no propugna un alejamiento de la filosofía —«en un mundo feliz no sería menester ser filósofo» (*ibid.*: 608)—, sino más bien contemplar los acontecimientos a la luz de su rostro integral, con todo lo positivo y negativo que esto comporta.

La conservación de esta sabiduría plebeya y sabia, que hace aparecer al cordobés Séneca como un *curandero* del alma, habría constituido el mejor fármaco de la «locura y desvarío», que son bien conocidos por el pueblo español. Ni siquiera el antiestoico Unamuno había podido resistir a pergeñar la semblanza de san Manuel Bueno, en el que Zambrano reconoce una elaboración cristianizada del sabio estoico. Pero, sin duda, el ejemplo más paradigmático del estoicismo culto español es Jorge Manrique, en cuyas *Coplas* Zambrano advierte «el canto llano del dolor» (*ibid.*: 623), en el que el sujeto se reconcilia con la caducidad intrínseca a todas las cosas, espejeada en el «ánimo sereno» del poeta: «Todo ha de pasar / por tal manera» y desembocar en la muerte callada. En esta disposición ante el mundo identifica la autora una modalidad de respuesta a la crisis que no desemboca nunca en la revolución, sino en el refugio del ciclo temporal, desde el momento en que la decadencia y la muerte son dos caras de la misma realidad.

Zambrano también se pregunta si no cabe reconocer en la autodestrucción buscada tantas veces por las élites en España el peso de una infraestructura estoica que todo lo permea. La segunda encarnación del carácter español conduce al quietismo, para el que «todo exista, aunque se llame nada», en palabras del místico aragonés Miguel de Molinos, explorador de una «voluntad cristiana pura» (*ibid.*: 639). Aquí el sujeto se siente superficie sobre la que opera la voluntad divina. Frente a esta se eleva el voluntarismo ignaciano, pertrechado de exigencias igualmente absolutas en cuanto al querer y capaz de entenderse como un *a priori* que Zambrano conecta con la racionalidad práctica kantiana. Pero, tanto para el quietismo como para el voluntarismo, el ser humano queda reducido a su voluntad y su poder. Unamuno sería un pensador —con Ortega, la otra excepción de la cultura española predominantemente literaria— que habría entroncado con esta tradición voluntarista, haciendo de la fe un elemento idéntico a la voluntad, toda vez que la primera «no es un don, sino una imposición violenta que ejerce nuestro ser sobre la vida, exigiéndole perdurar» (*ibid.*: 641)[3].

También Azorín y su sensibilidad para lo pequeño y cotidiano —para lo micrológico— desempeña un papel relevante en la reconstrucción de Zambrano, pero esta no simpatiza con este esfuerzo de detención y suspensión de lo real, en la que se disuelve la voluntad al tiempo que los rostros y formas se transforman en rastro fantasmático. La pluma de Azorín retrata «la España de las apariencias» (*ibid.*: 654), pero en un sentido alejado de lo que entiende el poeta por fenómeno. Lo mejor de esta triple tradición se expresa, a juicio de Zambrano, en la oscilación entre estoicismo y cristianismo, esto es, en la ambivalencia entre la esperanza y la resignación que se entreveran en el poema «Soneto a Cristo crucificado» —«No me mueve, mi Dios, para quererte…»—, que la autora atribuye apresuradamente a san Juan de la Cruz, donde el amor hace sucumbir al deseo y la voluntad, quedando estos encerrados en el objeto amado. Zambrano encuentra en los versos de este poema una suerte de traducción hispana de los propósitos que se había marcado la *Ética* de Spinoza.

Como es bien sabido, el desenlace de este laberinto del amor español, en el que melancolía y fecundidad constituyen el último pálpito razonable de un «delirante mundo de la sangre» (*ibid.*: 651), no podía ser optimista. En efecto, Zambrano identifica a esta cárcel gozosa del amor con una parálisis que anuncia la decadencia que llegará en el siglo XIX: «España se quedó encerrada en sí misma sin horizonte» (*ibid.*: 645). La vida se convierte así en un fondo abismático que confunde y desorienta a los sujetos en la maraña de hilos que se enredan en su interior, esto es, en una suerte de «subconciencia» (*ibid.*: 646), de la que no podía proceder

3 Sobre la esperanza en Zambrano véase el cap. VIII —«Las raíces de la esperanza»— en *Los bienaventurados* (Zambrano, 2019: 409-410).

la comunicación social: «A medida que era mayor la incomunicación, mayor era el delirio» (*ibid.*). Síntomas relevantes de esta nueva época son la pérdida de fronteras entre la casa y la calle —entre lo público y lo privado y entre la vigilia y el sueño—, y la reclusión en una realidad doméstica que agosta las energías y facultades: «En suma, en el año de 1898, en que España, la pobre, desposeída España, se retira a su casa víctima de la última bancarrota, víctima de su torpeza, de su ingenuidad y de su prodigalidad» (*ibid.*: 651-652). Ese proceso marcaría para Zambrano el inicio de un periodo trágico en tierra española, de la mano del divorcio del tiempo histórico y del tiempo doméstico, que desemboca en la sangre y la contienda y que captan los poetas. Ese es el tono espiritual de un país, España, que se posee en el dolor y se conserva sin esperanza, como sentencia Zambrano en las páginas finales del ensayo de 1939. La pensadora no ahorra un severo juicio a la poética de Azorín, toda vez que esta se encierra en una contemplación que olvida el deber de la acción. Un testamento paradójico en un autor que había comenzado su itinerario intelectual de la mano del anarquismo urbano madrileño, compartido con Maeztu y Baroja. He aquí la valoración de la idea de España que preconiza Azorín y que Zambrano calibra como un error magno:

> Una España que no es para nosotros pista de ningún deseo, de ningún proyecto; una España que no es empresa ni construcción. Pero hay que aprehenderla despacio y a la par con urgencia, hay que buscarla y perseguirla en sus menores detalles, en sus escondrijos, en sus repliegues. Y, sin embargo, es una España plana, no es delirante, y de ella parece haberse eliminado lo monstruoso. Y así es: la voluntad y el deseo son el origen de todas las enormidades, de todo lo monstruoso. [...] Nada menos trágico que esta España de Azorín, y nada, difícilmente, más melancólico (*ibid.*: 654).

Frente a una atención detallada a lo circundante que cosifica la realidad, la poesía parece el tipo de *logos recóndito* o *sumergido* —especialmente presente en escritos de Zambrano como *De la aurora*, *Claros del bosque* y *Notas para un método*— capaz de expresar la tragedia social española, en virtud de su generosa receptividad a todo lo que nace. Esta decisión responde al interés de Zambrano por identificar una tradición discursiva en condiciones de ofrecer cierto suelo a quienes perdieron la Guerra Civil y a quienes bregaron por desarrollar gérmenes latentes en el alma española. No es de extrañar el desplazamiento que conduce a la pensadora malagueña de la política a la poesía, toda vez que esta última siempre responde a preguntas que no han sido formuladas, como señala Zambrano en *El hombre y lo divino* (Zambrano, 2022: 136), lo que le permite abrir paso a dimensiones de la realidad que no han sido aún valoradas como es preciso.

2.2 *Los claros del bienaventurado*

Ordenar el archivo de la morada hispana se traduce en el itinerario de Zambrano en una inversión de la contemplación de las circunstancias, de modo que estas se miren en *circunambulación*, haciendo de ellas centro, como se advierte en una obra tan reveladora como es el ensayo *Los bienaventurados* (1990). En efecto, el bienaventurado puede sentir y tocar todos los entes, si bien de una manera neutra y casi blanca, como lo haría un sensorio divino. Por ello, no es de extrañar que el exiliado solo disponga de horizonte, una estructura tan pura como inhumana. Quizá se trate de la obra más ambiciosa de la autora en términos teóricos, debido al alcance casi de cartografía cósmica de la vida que despliegan sus páginas. En ella Zambrano desarrolla ulteriormente su proyecto inspirado en Ortega de reconstruir la inteligibilidad de la vida, apuntando a una suerte de escala, en la que la multiplicidad de tipos humanos permite desgranar las figuras del filósofo, el poeta, el santo, el místico, el exiliado y, finalmente, el bienaventurado.

El punto de partida será el ciclo de la vida, que también lo es de la muerte, con la intención de enfocar las líneas de fuga que permiten salir al encuentro a tumba abierta con la vida. Entre estas figuras destaca la atención concedida a una condición que vive en primera persona, a saber, la de exiliada, que se siente fagocitada por la historia —y la patria es una categoría histórica, subraya—, en la que no encuentra apoyo ni sustento, condenada a habitar en territorios yermos, donde la cercanía de una fuente de agua es mero espejismo. No es difícil conectar las páginas que dedica a sujetos huérfanos —también en el plano ontológico—, a los que nadie ha buscado, tolerados en tierra extraña, «objeto de mirada antes que de conocimiento» (Zambrano, 2019: 405), con las que Arendt dedicara en los años cuarenta a la figura kafkiana del refugiado[4]. El exiliado —sostiene con perspicacia Zambrano— aprende a través de su propia experiencia dolorosa que «patria, casa, tierra, no son exactamente lo mismo» (Zambrano, 2015: 402). Pasajes como el siguiente son testimonio de un hondo pesar existencial conectado con el exilio:

> De destierro en destierro, en cada uno de ellos el exiliado va muriendo, desposeyéndose, desenraizándose. Y así se encamina, se reitera, su salida del lugar inicial, de su patria y de cada posible patria, dejándose a veces la capa al huir de la seducción de una patria que se le ofrece, corriendo delante de su sombra tentadora; entonces, inevitablemente, es acusado de eso, de irse; de irse sin tener ni tan siquiera adónde. Pues de lo que huye el prometido al exilio, marcado ya por él desde antes, es de un dónde, de un lugar que sea el suyo (Zambrano, 2019: 406-407).

Esta descripción del desamparo del exiliado refiere sus dificultades para encajar en los países que lo acogen —una dificultad sentida muy directamente por Zambrano—, lo que lleva a instalarse en el desierto, desde donde defiende los derechos que atañen a su soledad, que lo aleja de los otros, al tiempo que lo vuelve creyente en una patria que parece hecha del material propio de los sueños. El desierto, contracara del claro del bosque y de los cielos, se

4 Estos trabajos de Arendt se encuentran recogidos en castellano en el volumen *Escritos judíos* (Arendt 2009).

instala en un puro horizonte que es nada y vacío, del que se retiran por de pronto la respiración y la visión, esto es, la posibilidad del ritmo. Un pasaje de *Claros del bosque* lo enuncia con pertinencia:

> La vida en todos sus grados está sujeta a ritmo —lo que requiere espacio adecuado y tiempo suyo—. Y ocurre que en este infierno de la vida le haya sido retirado o no lo alcance todavía y que el ser viviente sufra el infierno de estar vivo en medio del fuego inicial sin espacio respirable, ese que cuando estaba arriba en su inmediato cielo era lo que ante todo y sin pena alguna se le daba: su morada (Zambrano, 2011: 258).

La vida sin morada renuncia, pues, a transmitir, sin ella no puede haber una vida auténtica (Zambrano, 2019: 460). Se aprecian rasgos propios de la poesía de Leopardi en la voluntad de Zambrano de cultivar un temple radical de la espera en el desierto —el motivo leopardiano de la *ginestra* o retama es cercano a la sierpe de *Los bienaventurados*— y en la oscuridad, nacida de la incertidumbre y liberadora de toda antinomia, «que se libra de esperarnos por no esperar nada a tiempo fijo, la esperanza liberada, la de la infinitud sin término que abarca y atraviesa toda la longitud de las edades» (Zambrano, 2019: 465). El desierto se interioriza en la mente y los sentidos, volviendo todo territorio isla. Sin embargo, de esa «esperanza que nada espera», como la califica Zambrano, surge cierta creación, pues «extrae del vacío, de la adversidad, de la oposición, su propia fuerza, sin por eso oponerse a nada, sin embalarse en ninguna clase de guerra» (Zambrano, 2019: 464-465). Queda ya lejos, allá en el horizonte, la mirada militante de la joven pensadora republicana que soñaba con el establecimiento de un régimen de libertad civil en su país.

El aciago pulso con la historia solo podría encontrar una terapia a su medida mediante una «técnica de sí» que remite a la tradición mística —clásica y moderna—, al orfismo y al neopitagorismo latino, más que al archivo de figuras heroicas proporcionado por el maestro Ortega. Los bienaventurados son «seres de silencio, sufrientes todos, pasivos, pero no herméticos» (*ibid.*: 427), toda vez que son capaces de una comunicación sutil y por ello son seres próximos al orden divino, que se sienten rehenes en medio del mundo, como sombras órficas de lo humano. La exploración de esas prácticas y la adopción de esa actitud meditadora sumerge a Zambrano en unas simas metafísicas —hay una metafísica del delirio en su obra, pues lo convierte en tono fundamental de la forma de vida del desarraigado— que ofrecen consuelo al sujeto frente a los elementos tóxicos que emponzoñaron la tierra que habitaba. De ello resulta, quizás, la inversión de la metafísica más ambiciosa que se haya ensayado en el pensamiento español desde la tradición mística del Siglo de Oro, capaz de hacerse cargo de todas las zonas de la vida, incluida aquella en que la vida no es duración ni lugar —«una vida que no prolifera», leemos en *Claros del bosque* (Zambrano, 2011: 239)—, en la que quien ingresa renuncia a «toda pretensión de existencia» (Zambrano, 2019: 409) y a toda antinomia intramundana. Y esa renuncia, que al mismo tiempo supera cierto modo de ser, resiste, pues presta testimonio de un estilo existencial que ha sido cancelado del territorio nacional.

Conclusiones

Esta contribución señala el carácter innovador que poseen los itinerarios intelectuales de Rosa Chacel y María Zambrano en los últimos compases de la llamada Edad de Plata de la literatura española, atendiendo especialmente a su producción durante el exilio y a la resistencia que su obra supone frente a un país sumido en la clausura más completa por obra de la dictadura franquista. La incidencia de Chacel en la configuración cultural del deseo y de Zambrano en la plasticidad del sentimiento de pertenencia nacional dan muestra de la capacidad de voces exiliadas, enmarcadas en el magisterio más o menos cercano de Ortega, para proponer discursos divergentes con respecto a las pautas de configuración de la identidad nacional española desde la posguerra. Si bien ambas autoras parten de presupuestos y objetivos discordantes —en la medida en que Chacel se adhiere en todo momento a prácticas culturales que interpelan a la burguesía y aspira a influir en su imaginario social, mientras que Zambrano aboga por una disolución de las fronteras entre alta cultura y cultura popular que desemboca en un saber iniciático, pero abierto a la «inmensa minoría» juanramoniana—, exhiben una apertura de la mirada lanzada a las esferas que ofrecen sentido al sujeto contemporáneo. Este se siente sacado de sus goznes por la desgracia del abandono forzoso de España, lo que permite explorar con menos reticencias su deseo e inserción social y, por tanto, alcanzar un conocimiento más profundo de formas de vida alternativas, capaces, especialmente en el caso de Zambrano, de asumir el peso de la experiencia histórica.

Bibliografía

Arendt, Hannah (2009): *Escritos judíos*, Barcelona, Paidós.

Balibrea, Mari Paz (coord.) (2017): *Líneas de fuga. Hacia otra historiografía cultural del exilio republicano español*, Madrid, Siglo XXI Editores.

Castro, Américo (1954): *La realidad histórica de España*, México, Porrúa.

Chacel, Rosa (1986): *Rebañaduras*. Valladolid: Junta de Castilla y León.

— (1984): *Acrópolis*, Barcelona, Seix Barral.

— (1982): *Alcancía. Ida*, Barcelona, Seix Barral.

— (1972): *Saturnal*, Barcelona, Seix Barral.

— (1970/2020): *La confesión*, Madrid, Comba.

— (1937): «Cultura y Pueblo», *Hora de España*, n.º 1.

— Chacel, Rosa (1931): «Esquema de los problemas prácticos y actuales del amor», *Revista de Occidente*, n.º 92: 129-180.

— (1930/1974): *Estación. Ida y vuelta*, Barcelona, Bruguera.

Cernuda, Luis (1974): *Poesía completa*. Barcelona: Seix Barral.

Durán, Victorina (2018): *Mi vida*, tomo I«Sucedió», Madrid, Residencia de Estudiantes.

Gil de Biedma, Jaime (2010): *Poesía y prosa*, Barcelona, Galaxia Gutenberg.

López Sáez, Carmen (2019): «La influencia de la estética orteguiana en Rosa Chacel», en VV. AA., *Actas del Congreso en homenaje a Rosa Chacel*, La Rioja, Servicio de Publicaciones de la Universidad de La Rioja, pp. 109-120.

Mateo, M.ª Asunción (1993): *Retrato de Rosa Chacel*, Barcelona, Círculo de lectores/ Galaxia Gutenberg.

Sender, Ramón J. (1947/2010): *La esfera*, Zaragoza, Universidad de Zaragoza.

Zambrano, María (2022): *Obras completas*, tomo III, Barcelona, Galaxia Gutenberg.

— (2019): *Obras completas*, tomo IV/2, Barcelona, Galaxia Gutenberg.

— (2015): *Obras completas*, tomo I, Barcelona, Galaxia Gutenberg.

— (1954/1989): *Delirio y destino. Los veinte años de una española*, Madrid, Horas y horas.

— (2011): *Claros del bosque*, Madrid, Cátedra.

Cinegética española: El final del Régimen en *La caza* y *Furtivos*

Antonio Rivera García

1. El género cinegético y su expresión en el cine español

El género cinegético contiene algunas películas de gran peso en la historia del cine, como *La regla del juego* (1939) de Jean Renoir, *Dulces cazadores* (1969) de Ruy Guerra, *Los cazadores* (1977) de Theo Angelopoulos o *El cazador* (1978) de Michael Cimino. Dentro de este género, ha adquirido mucha importancia la variante de la «caza al hombre». Entre las muestras más destacables, podemos citar la temprana *El malvado Zaroff*, dirigida en 1932 por Irving Pichel y Ernest B. Schoedsack, y mucho más tarde, en 1969, *Escenas de caza en la baja Baviera* de Peter Fleischmann, *La jauría humana* (*The Chase*, 1966) de Arthur Penn o *Defensa* (*Deliverance*, 1972) de John Boorman.

Dentro del cine español, las tres mejores muestras del género cinegético son películas del final del franquismo y de la Transición: *La caza* (1966) de Carlos Saura, *Furtivos* (1975) de José Luis Borau y *La escopeta nacional* (1978) de Luis García Berlanga. En relación con este periodo podríamos mencionar otras películas con secuencias de caza tan interesantes como *El jardín de las delicias* (1970), también de Saura. A propósito de este último filme, cómo no pensar en Franco cuando vemos que familiares y amigos organizan para el amnésico y paralítico personaje interpretado por López Vázquez una farsa de caza, pues las piezas que gana el empresario protagonista, en realidad, las consiguen todos los que le rodean y dependen de él. Más tarde, en 1984, vendrían dos filmes muy celebrados por el público: *Los santos inocentes* y *Tasio*.

En ambas películas la práctica deportiva de la caza es una excusa para realizar crítica social y política. A ello contribuye que la caza sea un deporte en el que se aprecian claramente las diferencias jerárquicas. En ocasiones, resulta evidente la jerarquía social entre las clases superiores, que cazan por entretenimiento, y las inferiores que, o bien sirven a las superiores en las actividades venatorias, o bien practican la caza furtiva para ganar dinero o simplemente para sobrevivir. En otras ocasiones, la «jerarquía zoológica» de la que hablaba Ortega, esto es, la desigualdad entre el cazador y el animal cazado se convierte en una alegoría de los antagonismos sociales.

En este capítulo nos centramos en las películas *La caza* y *Furtivos*. La primera, dedicada a la caza menor y la segunda, a la mayor. Ambas obras reflejan perfectamente la *Stimmung*, la atmósfera o el estado de ánimo, de todo un periodo histórico. *La caza* es un buen reflejo del final de los sesenta, los años del desarrollismo, una época en la que el pueblo español, después de muchos años de franquismo, se ha convertido en su mayor parte en un grupo social despolitizado que, ciertamente, ha dejado atrás la guerra, pero todavía no ha hecho el duelo por los muertos, enterrados en cunetas y tumbas anónimas. Son años en los que se impone el consumismo y la falsa tolerancia, en los que la despolitización se logra gracias a la producción de una subjetividad narcisista que llega hasta nuestros días y que convierte al otro en objeto, en instrumento puesto a nuestro servicio.

En la película de Saura, la cacería reúne a tres amigos que, al parecer, combatieron juntos en la guerra. José, el dueño del coto, la ha organizado para pedir un préstamo a Paco, interpretado por Alfredo Mayo, el conocido intérprete de la película *Raza* (1942). Al final, el dinero se impone sobre la aparente amistad. El «otro», sea un amigo o cualquier otra persona, se halla exclusivamente al servicio de intereses económicos. En cierto modo, constituye un adelanto de nuestro tiempo neoliberal, el de la conversión general de todo en objetos cuantificables, reducidos a una cantidad o a un precio. Cuando cualquiera se convierte en objeto intercambiable, equivalente, está claro que desaparecen la alteridad y los valores que están unidos a ella. El filme de Saura se convierte en una metáfora de la Guerra Civil, de la transformación de la amistad en enemistad, de la ética en teología política, pero lo hace en el contexto del desarrollismo económico de los sesenta, y, por esta razón, más que de teología política deberíamos hablar de teología económica.

Furtivos se estrenó mientras Franco agonizaba. El preestreno tuvo lugar en Barcelona el 6 octubre de 1975. La frase con la que se anunciaba la película —«¿Qué se pudre bajo el silencio del bosque "en paz"?»— se relacionó enseguida con el final de un régimen dictatorial y corrupto, cuyo máximo logro había sido la despolitización, esa ausencia de conflictos políticos que constituye un simulacro de paz. Las palabras entrecomilladas del anuncio, «en paz», fueron interpretadas como una ironía lanzada contra el régimen. El mismo filme expresa algo parecido cuando, en una de las secuencias iniciales, el gobernador, representante del régimen, baja del coche y hace referencia a la paz que se respira en el bosque (Álvarez, Calderón, 1978: 51).

El 25 de octubre, en el periódico *El Alcázar*, Eugenia Serrano Balmaña publicaba «Pascual Duarte trabaja en *Furtivos*», artículo que difamaba a Borau y que este denunció ante la justicia. Entre otras muchas cosas, Serrano comentaba que la película insultaba a «la esforzada gente que vive en el campo» y arrojaba «escupitajos sobre nuestra fisonomía nacional». Lo cierto es que la crítica, a derecha e izquierda, vio en *Furtivos* una especie de alegoría del franquismo agónico. Está claro que en 1975 una película de este tipo solo podía relacionarse con el final del régimen. El éxito de público refleja que, en contraste con otras obras similares como *La regla del juego* de Renoir, conectó con el estado de ánimo de su tiempo.

2. La caza como metáfora de los conflictos sociales y políticos

La película de Saura está dedicada a la caza menor de conejos en verano. El calor abrasador del filme es fundamental y tanto la puesta en escena de Saura como la fotografía de Cuadrado lo saben transmitir perfectamente. El mismo director, en unas notas que escribe a propósito de su película, comenta que leyó *El libro de la caza menor* de Miguel Delibes con el fin de adquirir el suficiente conocimiento acerca de la cinegética (Wood, 2010: 136). La caza es conocida como «descaste» cuando tiene como objetivo disminuir la extremada densidad de conejos, o cuando se trata de eliminarlos porque están enfermos por la peste conejera. Densidad y enfermedad, cuestiones que seguramente ha tomado Saura de Delibes, están presentes en el filme a través de los diálogos de los cuatro cazadores: los tres amigos y Enrique, el joven cuñado de Paco. Especial relevancia adquiere la mixomatosis, una enfermedad sufrida por los conejos que fue creada por el ser humano para poner freno a la explosión demográfica de conejos, y que Delibes aborda en el tercer capítulo de su libro[1]. La utilización de armas biológicas como la mixomatosis conecta con el temor de que la ciencia y la tecnología produzcan monstruos. Forma parte de la *Stimmung* del filme el miedo a los excesos de la ciencia, en particular al apocalipsis nuclear, al cual se alude brevemente en el bar del inicio.

Las ficciones que hacen referencia a una peste, y da igual que la sufran animales o personas, suelen ser leídas o contempladas por los espectadores como metáforas de las patologías sociales y políticas. La película de Saura invita a esta lectura, pues el mismo personaje de Luis se pregunta «si todos tenemos mixomatosis».

1 Ese tercer capítulo se titula «El conejo» y en él se aborda el tema de la plaga, la mixomatosis, que lo descasta. Es probable que los siguientes comentarios de José sobre la peste conejera fueran extraídos del libro de Delibes: «Se calcula que una sola pareja tuvo en tres años cerca de millón y medio de individuos. ¿No sabéis que en Australia al atardecer, algunos montes parece que se mueven de tantos conejos como hay?». Más adelante añade: «Dicen que el médico [...] ¿cómo se llamaba? Devel o Devil, no sé, inoculó la mixomatosis a un conejo y lo soltó al campo; la plaga no tardó mucho en cruzar los Pirineos. Y así estamos ahora». En realidad, este virus se llevó a Australia para combatir las plagas de conejos europeos. En Francia, el médico Armand de Lille inoculó la cepa en dos conejos y, poco tiempo después, llegó a España. Volviendo al filme, tras ver el conejo apestado, Enrique dice: «No parecía un conejo. Ni siquiera un animal [...]. Era como un monstruo». Y Paco, en *off*, piensa: «Ese Juan se alimenta de conejos [...] conejos apestados. Por eso está cojo». Luis, después, reitera ese temor: «¿Y si todos tuviésemos la mixomatosis?». Wood (2010: 146) señala que los conejos apestados, los hurones vampirescos y el esqueleto de la cueva son elementos que la película comparte con el género de terror.

El carácter alegórico o metafórico de la peste se halla también en un director, Buñuel, que tiene gran influencia sobre Saura. En *Nazarín* o *El ángel exterminador* la peste, o algo parecido a ella, permite crear el ambiente idóneo, de encierro y temor, para realizar crítica social.

Saura nos ofrece una visión muy severa del deporte de la caza. Critica, sobre todo, su agresividad e inutilidad, el hecho de que se mate a seres vivos por placer y no por necesidad (*ibid.*: 162). Acerca de la caza del conejo, el director expresa que «es la caza más tonta, más aburrida, porque toda caza se plantea bajo el supuesto de que el animal tenga unos mínimos elementos de defensa». Y, sin embargo, la única defensa del conejo es la velocidad, «que queda casi anulada porque siempre se caza en campos abiertos y, por tanto, todas las ventajas están de parte del cazador, sobre todo con una escopeta de perdigones, donde el cono de tiro en muy grande» (*ibid.*: 126). Lo cierto es que esta desigualdad entre el cazador y el animal cazado es la esencia misma de la caza, y lo que la diferencia del combate o la lucha. Se entiende así que, en una de las secuencias del filme de Saura, el personaje de Luis diga que «para el buen cazador, la caza del conejo no tiene ningún interés». José añade que «al conejo se le dan pocas oportunidades de defenderse», y que «cuanto [sic] más defensas tiene el enemigo, más bonita la caza, se lucha de poder a poder». Luis concluye la conversación con estas palabras: «por eso alguien dijo que la mejor caza es la caza del hombre»[2].

Furtivos es otro filme en el que la caza del animal acaba, como en la película de Saura, convirtiéndose en «caza al hombre». Ciertamente, el quinqui fugado de la cárcel, el Cuqui, es una pieza de caza para la Guardia Civil, aunque sea Ángel quien la cobre. También Milagros se convierte en una pieza de caza para la madre, Martina. Aunque la «caza al hombre» es, como ha estudiado Chamayou (2010), una metáfora idónea para pensar la historia de la

2 En sus *Notas sobre La caza*, Saura comenta que ha tomado esta frase de Ernest Hemingway.

violencia ejercida por los poderosos a lo largo de la historia se extiende y se racionaliza, sobre todo, con la expansión del capitalismo como, por lo demás, muestran las dos películas españolas.

3. El análisis de Ortega de la práctica venatoria: la «feliz ocupación» de los de arriba

La concepción de la caza que encontramos en Ortega, en el *Prólogo a «Veinte años de caza mayor» del Conde de Yebes* (1942), sirve para conocer las bases de esta actividad y comprender su uso metafórico, esto es, para comprender por qué ha sido utilizada con mucha frecuencia para realizar crítica social y política. En el prólogo al libro del conde de Yebes, los agudos comentarios de Ortega sobre la caza conectan con su habitual defensa de las jerarquías y de la dirección de las masas por las élites. Wood (2010: 135) formula la hipótesis, sin aportar ninguna prueba documental, de que «Saura se dejó seducir por las ideas de Ortega», si bien reconoce que el cineasta aragonés se halla lejos de la visión orteguiana de la caza como la «más feliz ocupación» del «burgués y el miserable». Más allá de que esa seducción sea improbable, las películas de Saura y Borau, que en el fondo transmiten una gran antipatía hacia el peculiar «deporte» venatorio, se entienden mejor después de leer al filósofo.

El prólogo de Ortega sobre la caza también es relevante para conocer esa antropogénesis tan discutible, o simplemente errada, que encontramos en el último Ortega (Villacañas, 2023), pero este es un asunto que no vamos a tratar aquí. Seguidamente, nos limitamos a exponer algunas de las principales anotaciones de Ortega sobre la caza, siempre con el fin de comprender mejor las películas de tema cinegético.

Para Ortega (1983a: 427-428), la caza ha sido siempre «uno de los privilegios más característicos de los poderosos». Con el tiempo, fue preciso acotar esta actividad «porque casi todos los hombres querían cazar y veían en esta operación una posible felicidad», es decir, porque «es normal en el ser humano, la vocación, la ilusión felicitaria de la caza». Era inevitable que su limitación provocara el malestar de «los de abajo». Por ello, entre las causas de la Revolución francesa, Ortega menciona «la irritación de los campesinos porque no se les dejaba cazar». De ahí que, a pesar de la crítica de los periódicos revolucionarios contra la caza como una actividad frívola de los aristócratas, la eliminación de los cotos fue uno de los primeros privilegios abolidos. El filósofo niega, a continuación, que este derecho monopolizado por las clases altas tenga un origen arbitrario o sea «pura injusticia y abuso de poder», pues hay «ciertos órdenes» de la existencia en los que «el privilegio es inexcusable». El intelectual elitista y enemigo de la rebelión de las masas aparece con fuerza en estos fragmentos. Por eso, escribe que lo importante no es acabar con los privilegios, sino pelear por «una mejor selección de los privilegiados». Señala, además, que «los de abajo», en las épocas felices de dirección de las masas por los mejores, exigen a «los de arriba» que ejerzan la venación porque es «una disciplina vigorosa y una ocasión para demostrar el coraje, la reciedumbre y la destreza, que son los atributos del auténtico poderoso».

A pesar de que es una ocupación feliz, la caza no es para Ortega un mero placer, sino algo que, como «los verdaderos deportes», requiere esfuerzo y es comparable con «la regla monástica y la ordenanza militar». A través de la práctica venatoria, los mejores pueden demostrar a las masas su ejemplaridad. Más allá de esta censurable defensa de los privilegiados, estas reflexiones explican por qué en los filmes cinegéticos tienen tanta presencia los conflictos sociales o de clase.

Ortega (1983a: 437-438) no defrauda y ofrece en el prólogo una definición de «caza». Antes de hacerlo, considera oportuno advertir que la delimitación del concepto no depende del avance de las armas, y que este «arte» no debe ser confundido con la pura matanza y la destrucción: cazar no es descastar, destruir a los animales, «por un procedimiento incontrastable y automático». A juicio del filósofo madrileño, conviene saber también que la caza se extiende por todo el reino animal, y que no es una lucha recíproca o una agresión mutua. La caza «excluye la igualdad de nivel vital», porque un animal se afana en cazar, mientras el otro se esfuerza en no ser cazado. Lo propio de la caza es «el distinto nivel zoológico», «la desigualdad entre especies» o la «jerarquía zoológica». Precisamente, tal desigualdad es la que permite a Saura y Borau utilizar la metáfora cinegética para criticar los conflictos de clase de la España tardofranquista.

Después de estas consideraciones previas, Ortega nos ofrece la siguiente definición:

> Caza es lo que un animal hace para apoderarse, vivo o muerto, de otro que pertenece a una especie vitalmente inferior a la suya. Viceversa, esa superioridad del cazador sobre la pieza no puede ser absoluta si ha de haber caza.

La inferioridad del animal no puede ser absoluta porque, ciertamente, «no se caza al superior o al casi igual, pero tampoco al demasiado inferior», a un insecto, por ejemplo. Más adelante, Ortega (1983a: 454) añade que en la caza se «enfrentan dos sistemas de instintos: los agresivos del cazador y los defensivos de la pieza», y que ha de tenerse en cuenta tanto el don de la pieza de «mantenerse oculta» como el esfuerzo del venador en detectarla.

El filósofo madrileño tampoco olvida distinguir algo esencial para las dos películas que analizamos: la diferencia entre la caza deportiva y la utilitaria, la ejercida por necesidad o por razones económicas (1983a: 469). La primera es la practicada por los poderosos, los amigos que se reúnen en el coto de José en la película de Saura, y el gobernador y su séquito en la de Borau, mientras que la segunda es la caza de los de abajo, que en ocasiones es propia de furtivos. Para la utilitaria, lo importante es la finalidad de la caza, la muerte del animal, mientras que en la deportiva es más relevante el medio, cazar, que el fin, matar. El filósofo reconoce que, aunque la muerte de la pieza sea secundaria en la deportiva, sin muerte no hay verdadera cacería. Es conveniente tener en cuenta que Ortega aproxima en todo momento el deporte de la caza —y, en general, todo deporte— a la praxis artística, ya que en ambos casos se trata del «esfuerzo realizado por complacencia en él mismo y no en el resultado transitivo que este esfuerzo rinda» (Turró, 2004: 258).

Muy lejos de las preocupaciones del presente se halla esa obsesión por un vitalismo de sabor nietzscheano que, casi veinte años antes del prólogo sobre la caza, le llevó a Ortega (1983b: 192-196) a ver en el deporte y en el arte de vanguardia los síntomas de una sociedad que comenzaba a valorar los beneficios de la jerarquía. Constituye un error vincular el arte con el deporte en los tiempos de la sociedad de masas, en los que lo esencial es la producción de un cuerpo atlético. Durante el periodo de entreguerras ya era evidente que las obras de arte, tan singulares e insustituibles como la vida de cualquier humano, se parecían poco al cuerpo atlético producido por el deporte, a un cuerpo uniforme, regular, estandarizado e intercambiable como lo son los trabajadores teorizados por Jünger y las máquinas. Además, en nuestro tiempo, en el que una de las principales preocupaciones es la cuestión del Antropoceno y de la crisis climática, solo puede ser catastrófica la obsesión por actividades que, como el deporte, el filósofo asocia al lujo y al despilfarro, y no por actividades relacionadas con la conservación de la vida y de esa naturaleza que se desgasta, consume o muere por la acción del capitalismo neoliberal.

Más aceptables son los pasajes en los que Ortega (1983a: 462-463) se pregunta por el *ethos* del cazador, y admite el carácter problemático y equívoco de la caza: «pertenece —escribe el filósofo— al buen cazador un fondo inquieto de conciencia ante la muerte que va a dar al encantador animal». Pero tal inquietud es compatible con el reconocimiento de que la caza no puede terminar con una simple fotografía, pues la práctica venatoria «es el único caso normal en que matar a una criatura constituye la delicia de otro».

En suma, Ortega (1983a: 470) piensa que en la caza «se manifiesta un misterio fascinante de la naturaleza: la jerarquía inexorable entre los seres vivientes. Todo animal está en relación de superioridad o de inferioridad con respecto a otro». El más tosco de los personajes del filme de Saura, Paco, expresa lo mismo con la manida frase «la caza es como todo: el pez grande se come al chico». Así que la división jerárquica entre la élite dirigente y la masa no es más que una especificación humana de la general jerarquía zoológica. Esta visión jerárquica de la naturaleza que ensalza Ortega a través de la caza, y que critican las películas de Saura y Borau, contrasta con la visión opuesta, democrática, que nos ofrecen los Straub en *La muerte de Empédocles* (1987). De acuerdo con el significado del principal monólogo pronunciado por el filósofo protagonista, con el hecho de que todos los seres naturales, animados e inanimados, tienen el mismo valor, los cineastas decidieron que todos los elementos de su película, desde el más mínimo sonido hasta los más tenues cambios de luz, tuvieran la misma importancia.

4. La caza furtiva como metáfora de un régimen corrupto

En las dos películas que comentamos aparecen enfrentadas la España urbana, moderna y consumista, y la España arcaica, rural y estancada, que se ha ido vaciando con el correr del tiempo. Dos Españas, dos universos, completamente extraños, pero ajenos ambos a la *res publica*. Por un lado, tenemos mujeres y hombres primitivos que, en la película de Borau, viven de infringir las normas legales y civilizatorias. Se trata de los «furtivos» que pertenecen a las clases bajas. Por otro, tenemos, en el caso de *La caza*, burgueses entregados al narcisismo consumista, sin ilusiones ni moral. Uno de los amigos cazadores, Luis, confunde incluso la moral con el egoísmo narcisista cuando señala que «lo moral es lo que a uno le haga sentirse bien». En el caso de *Furtivos*, la crítica se dirige más bien contra la corrupción e hipocresía de unas autoridades que ni siquiera se atienen a sus propias leyes.

El complejo concepto de «furtivo» adquiere mucha importancia en los dos filmes, aunque sobre todo en el titulado con esta misma palabra. Es preciso comenzar haciendo algunas referencias sociológicas y recordar que, durante el franquismo, muchos propietarios de cotos e incluso las mismas autoridades públicas terminaron contratando a los furtivos como guardias jurados. Se pensaba que era la mejor fórmula para poner fin al furtivismo, pues, aparte de conseguir que los delincuentes pasaran a engrosar las filas de la ley, los nuevos guardas eran los que mejor podían atrapar a los furtivos porque conocían perfectamente el campo de caza. Esto es lo que sucede en *Furtivos* de Borau: Ángel «el alimañero», por su extraordinario conocimiento del bosque, caza al Cuqui, un furtivo de la ciudad, antes de que lo haga la Guardia Civil[3]. Juan, el guarda del coto en *La caza*, es un antecedente de Ángel. El dueño del coto, José, comenta acerca de su guarda lo siguiente: «lo que me molesta es que caza los conejos con cepo y luego dice que desaparecen con la mixomatosis». Más adelante añade: «De todas maneras a Juan se lo disculpo [...]. Se pasa todo el año metido en el monte». El dueño del coto excusa las prácticas furtivas de Juan por llevar un tipo de vida apartada de la civilización, y no por su pobreza, por la vida «miserable» de un hombre que no solo debe cargar con una madre enferma y senil, sino también con su sobrina, después de que su hermano, como miles de españoles de la época, emigrara a Alemania (Wood, 2010: 104).

La caza furtiva es la caza utilitaria que practican los miserables o las clases inferiores. Para Ortega (1983a: 475), el furtivo es «el paleolítico municipal», «el troglodita eterno avecindado en nuestras aldeas». Tanto Juan, en *La caza*, como Ángel, en *Furtivos*, representan a esos «paleolíticos supervivientes» de la España subdesarrollada de posguerra (Wood, 2010: 133). Pero es, sobre todo, el incestuoso protagonista de *Furtivos* quien mejor se corresponde con la opinión de Ortega (1983a: 474) de que este cazador ha recalado en «la órbita de una existencia zoológica».

Para Borau, «furtivo» no solo hace referencia a la caza, sino también a una actividad realizada a escondidas. El bosque mismo es una «madriguera, un último escondite donde viven más libremente

3 La temática de la transición de furtivo a guarda es compartida por el filme con la conocida novela de Luis Berenguer, *El mundo de Juan Lobón*.

su vida de "furtivos"» los protagonistas del filme (Álvarez, Calderón, 1978: 50). Con la puesta en escena del mundo del furtivo, Borau denuncia dos males de la España tardofranquista: la oculta realización, bajo la apariencia de pacífica normalidad, de las actividades más abyectas y contrarias al bien común y la falta de libertad que condenó a mucha gente a una vida furtiva. La palabra «furtivos» alude de este modo a la corrupción social y al despotismo de un régimen ilegítimo.

En la película *Furtivos*, los hermanos de leche, el gobernador y Ángel, pertenecen a clases distintas, pero ambos actúan en los márgenes de la ley. Tanto el representante del soberano como el furtivo, el que está en la cúspide y el que está más abajo, se sitúan fuera de la ley porque carecen de un padre simbólico, un «superyó», que limite su comportamiento. Es muy significativo que Borau haya decidido que, en una película acerca de una familia peculiar, no haya ninguna referencia al padre. El hermano de leche rico, el gobernador, ejerce la soberanía cuando, en lugar de aplicar la ley y perseguir el delito, tolera primero la caza furtiva del hermano pobre y luego lo nombra guarda para impedir su detención. Ya Bataille (1993: 7) explicaba que el principal problema de los regímenes fascistas y autoritarios radica en el establecimiento de un régimen en el que la violencia de la policía —«conservadora» la llamaba Benjamin— no se somete a las limitaciones normativas y acaba convirtiéndose en violencia «soberana», constituyente, y, en el fondo, arbitraria.

El mundo fílmico recreado por Borau está marcado por la abyecta relación incestuosa entre Martina y su hijo. Es un mundo abyecto porque la ley se ha corrompido y solo conserva su apariencia. Hablamos de «abyección social» cuando se impone la más perversa ambigüedad, y ya no es posible discriminar entre la verdad y la mentira, el bien y el mal, lo justo y lo injusto o la vida y la muerte. Era inevitable que los espectadores de la época vieran en el gobernador, un representante del régimen, una sinécdoque de la España franquista. Sinécdoque porque la parte, el gobernador, designaba todo el régimen. Sobre la hipocresía de este representante es muy significativa la secuencia en la que, después de decir a los guardas del coto que están «para acabar con el furtivo, sea quien sea», se dirige a la escalera que conecta con el desván, abre la trampilla y se limita a mirar, sin denunciar, toda una serie de objetos y trofeos que son fruto de la caza furtiva de Ángel y Martina.

Los otros subalternos, que, en breve, pasarán a ser los protagonistas del cine quinqui, el Cuqui y Milagros, también se sitúan fuera la ley y sufren la disciplina de los centros de encierro, para expresarlo en términos foucaultianos. El filme comienza con una secuencia en el mercado de una ciudad en la que se presenta a los dos personajes que han escapado de sus respectivos centros de internamiento. Esta secuencia inicial se abre con unos planos que nos muestran a la Guardia Civil desplegándose por el mercado para buscar al Cuqui. Aunque es un delincuente, prófugo de la justicia, el personaje del quinqui era para Borau el más libre (Álvarez, Calderón, 1978: 51). En esa misma secuencia inicial entra en escena Milagros, que también se ha escapado de un reformatorio femenino, «Las Divinas». Enseguida se encuentra con Ángel «el alimañero», que ha bajado a la ciudad para comprar los útiles que requiere la caza furtiva, y entabla con él una relación económica, pues vende sin culpa su cuerpo a cambio de encontrar refugio en el bosque. A propósito de la función social del reformatorio, el gobernador, cuando más tarde se entera de que Ángel se ha enamorado de una joven fugada del centro de reclusión de menores, le dice lo siguiente a su hermano de leche: «De las Divinas, una mujer, o sale casada o sale monja, con que tú verás». Comentario que, en la línea de denuncia de la hipocresía del régimen, deja entrever que esta mujer es problemática solo porque no puede ser trataba como una prostituta más.

En *Furtivos* todos son unos fuera de la ley. Desde los subalternos de la ciudad, el Cuqui y Milagros, y del bosque, los furtivos e incestuosos Ángel y Martina, hasta el representante de los poderosos, el gobernador, pasando por el cura y el dueño de la ferretería que vende alambre y cartuchos, aunque sabe que se van a emplear para una actividad ilegal, todos, o bien incumplen la ley, que es lo que hacen los personajes más positivos de la película, el quinqui y su novia, o bien la corrompen, como sucede con los demás. Sin duda, es preferible incumplir la ley de una autoridad ilegítima que retorcer o invertir su significado. Todo hace referencia al final a un régimen corrompido y abyecto. De arriba abajo, la sociedad está enferma.

La descripción por Borau y su coguionista, Gutiérrez Aragón, de una comunidad corrompida, se corresponde en el filme con el hecho de que sea un mundo sin padres. Es evidente que en nuestra cultura el padre siempre ha simbolizado la ley. En *Furtivos*, el lugar ausente del padre es ocupado por una madre fálica, monstruosa madre-loba, que devora a su hijo. La fuerza simbólica de las imágenes de *Furtivos* es algo de lo que el director adquirió conciencia después de realizarla película. Solo entonces, Borau se dio cuenta de algo sobre lo que insistió la recepción crítica casi desde el día del estreno, que el bosque vedado podía simbolizar un país sin libertades y que el personaje de la madre-loba «podía ser España» (Álvarez, Calderón, 1978: 55).

5. La España despolitizada: hedonismo y olvido

Los años sesenta, tras el Plan de Estabilización de 1959 y la aparición de un nuevo capitalismo dirigido por actores católicos, suponen el fin de la autarquía. La salvación del régimen pasaba entonces por la salvación económica. El neocapitalismo español que se impone durante estos años era, en el fondo, un ordoliberalismo acompañado de protección autoritaria y de transformación de las relaciones entre campo y ciudad (Villacañas, 2022: 309). Tal neocapitalismo llevaba consigo el triunfo de una sociedad de masas secularizada que chocaba con el tradicionalismo del régimen. La salvación económica permitía crear una sociedad despolitizada que se correspondía con la imagen del propio Franco, pero, a diferencia del dictador reaccionario, el pueblo español se entregaba cada vez más al hedonismo de la sociedad de consumo, al «principio del placer» que, como se sabe, es ciego para apreciar los problemas de la realidad política. En este proceso de despolitización también tuvo un papel muy importante el olvido de la Guerra Civil. En el fondo, la receta del régimen para superar el pasado de la guerra era —en palabras del periodista Emilio Romero que hoy nos recuerda Villacañas (2022: 368)— «riqueza y olvido».

5.1 Hedonismo y sexualidad abyecta en la España del desarrollismo

La riqueza estaba en el origen de una España en la que las clases altas, y cada vez más la clase media, se entregaban a prácticas consumistas y hedonistas. La hegemonía del neocapitalismo llevaba consigo el establecimiento de una falsa tolerancia, sobre todo relacionada con la sexualidad, que, como advertía Pasolini desde finales de los sesenta, estaba al servicio del poder «neofascista» —hoy hablaríamos de poder neoliberal—, que precisaba para legitimarse de una nueva subjetividad.

Saura y Borau eran plenamente conscientes de la importancia que en sus filmes cinegéticos tenía el erotismo. El primero, en 1966, poco antes de realizar *La caza*, declaraba que «el erotismo, interpretado a la española es terrible siempre, como muy triste; no sé si esto estará o no en la película [...]» (Wood, 2010: 195). Al final, sí estuvo. Santos Fontela (1966: 15; Wood, 2010: 201) habla a este respecto del «clima soterradamente erótico» de *La caza*. A ello contribuyen las revistas eróticas americanas, el maniquí, la presencia de la joven campesina o la homosexualidad latente que, sobre todo, se aprecia en la escena en la que Luis le pregunta a Enrique, el joven interpretado por Emilio Gutiérrez Caba, con cuántas mujeres ha tenido relaciones sexuales. No faltan tampoco zafias frases de doble sentido, como la que José le dirige a Enrique: «se nota que has ido poco de conejos».

El cine es un arte en el que los objetos son muy importantes y, como explicaba Kracauer (1996: 71), todas las cosas son iguales ante la cámara porque es un arte inclinado «a explorar toda la existencia física, sea humana o no». A pesar de que al final se impuso un modelo de representación fílmica que sitúa al ser humano en el centro, el cine no es en esencia un arte antropocéntrico, ya que el dispositivo sanciona la igualdad ontológica de todo, objetos y sujetos humanos (Cavell, 2017: 68). En el filme de Saura adquieren especial relevancia los objetos relacionados con el sexo femenino, principalmente las revistas eróticas y el maniquí de mujer, que acaban siendo quemados. Tales objetos se convierten en una metonimia de la mujer ausente y cosificada por el macho cazador. En la película, la caza del conejo es una grosera y explícita metáfora de la misógina caza de la mujer[4].

El voyerismo de Enrique, especialmente centrado en Carmen, la sobrina adolescente de Juan, puede ser interpretado también como una metáfora de la condición consumista del espectador de los sesenta. El voyerismo se halla entonces unido, como muestra Pasolini en la terrible escena final de *Salò* (1975), al narcisismo consumista que cosifica o convierte todo, incluidos los otros seres humanos, en objetos. El personaje de Enrique es un *voyeur* que ve el mundo a través de la cámara de fotos y los prismáticos. Esta *mise en abîme* recuerda a otro gran filme de caza, *La regla del juego*, en el que la mira telescópica juega un papel muy importante. En cualquier caso, Saura albergaba esperanzas de que este joven despolitizado y consumista, el único superviviente de los cazadores, pudiera cambiar[5].

4 La misoginia de los cazadores resulta evidente en la secuencia del maniquí (Wood, 2010: 65), en la que Luis, que observa un escarabajo, saca un alfiler del cuello de su camisa y clava el insecto en el pecho del maniquí. Más tarde acaba tiroteado y quemado. Sánchez Vidal (1998: 52) informa que Saura realiza en 1953 una fotografía en la que ya aparece un maniquí con pezones-insectos. Para Wood (2010: 206), el maniquí es una «"mujer raptada", truncada, clavada en un pedestal, pero con un asa fálica, que Enrique manosea antes de bailar con Carmen», la Lolita campesina.

5 Saura reconoce que Enrique, a pesar de sus defectos, «es un personaje absolutamente abierto, es decir, que dependerá del futuro el ser como han sido los otros o ser de otra manera» (Wood, 2010: 114).

En el mismo año que Pasolini rodaba su última película contra el poder neocapitalista de su tiempo, la sexualidad abyecta y perversa de *Furtivos* también se interpretó en un sentido político, si bien es cierto que la puesta en escena de Borau resulta a veces muy convencional y en algunas secuencias se aproxima al comercial cine quinqui que tanto éxito tendrá durante la Transición. La sexualidad perversa del filme se identifica con Martina, la madre-loba que devora a sus hijos y que, de forma magnífica, expresa el cartel que diseñó para la película Iván Zulueta, el director de *Arrebato* (1979). Borau ha relatado que, en el origen de este fascinante personaje, encarnado por Lola Gaos, se encuentra el personaje que la misma actriz interpreta en *Tristana* (1970) de Buñuel. El nombre de este personaje, Saturna, le sugirió enseguida el cuadro de Goya, *Saturno devorando a su hijo*, que a su vez proporcionó el tema principal de la madre que «"devora" a su hijo en el bosque [...] en un sentido sexual» (Álvarez, Calderón, 1978: 50). La madre incestuosa del filme es una figura ominosa, siniestra, que no coincide con la mujer sumisa del franquismo (Guillamón Carrasco, 2018: 184).

La relación incestuosa de Ángel con su madre se interrumpe cuando se enamora y, más tarde, se casa con Milagros, la joven, novia del Cuqui, que al final sustituye el encierro del reformatorio por otro, el del bosque. Este patético personaje femenino, que podría considerarse la infeliz encarnación de la joven España, permite a Ángel poner fin a la fusión incestuosa, abyecta, con la madre. El director lo muestra explícitamente en la secuencia en la que el hijo echa de su cama a Martina y mete en su lugar a Milagros. La madre expulsada de la cama reacciona de forma violenta, pues seguidamente apalea con extrema violencia a la loba atrapada hasta matarla. Es también muy significativa la abyecta escena de seducción de Martina, que ocurre después de que el hijo regrese de buscar, sin éxito, a Milagros, que ya ha sido asesinada por la madre, y es de suponer, pues todo ello queda fuera de campo, que con el mismo ensañamiento con el que ha matado a la loba[6].

6 En esta secuencia Martina le quita las ropas a Ángel, mojado por la lluvia, y comienza a secarle. Esta acción la realiza mientras le tranquiliza y, entre otras cosas, comenta:

A veces se suele decir que la figura materna de *Furtivos* se identifica «con el franquismo y con la ley» (Guillamón Carrasco, 2018: 190). Ciertamente, Martina es la violenta madre fálica que simboliza la España franquista, como finalmente reconoció el propio director. Pero más que identificarla con la ley debiera ser identificada con su corrupción, pues el incesto supone la infracción del tabú que funda la familia y la cultura. Es preciso advertir a este respecto que el niño, en sus etapas iniciales de formación, aun antes de dominar el lenguaje que le permite separar entre sujeto y objeto, se sirve de la abyección —que consiste en sentir asco o repugnancia— para separarse de la entidad materna y comenzar a diferenciar entre la realidad propia y la ajena, entre sí mismo y lo otro. Kristeva (1989: 18) escribía incluso que estos sentimientos de asco son un «don repulsivo», porque ayudan al niño a constituirse como entidad diferenciada. El incesto aparece entonces como una regresión a esa etapa primitiva de la formación del sujeto, y por ello se debe ab-yectar, arrojar fuera de sí, las prácticas incestuosas.

Algunos de los frutos más elevados de nuestra cultura, como la tragedia griega, que encomia la institución del tribunal al final de *Las Euménides* de Esquilo, y la teoría kantiana del derecho, nos enseñan que la ley de la *res publica*, de la comunidad sustentada sobre el bien común, debe fundarse sobre el reconocimiento de la externa alteridad. O en otras palabras, debe fundarse sobre la existencia de un tercero, una institución o un tribunal, que sea capaz de juzgar si la acción del sujeto se corresponde con la norma. No hay ley común si todo depende del mismo sujeto. Por tanto, la comunidad fundada en la ley y en el bien público se aleja del significado profundo de la mismidad, del incesto o de la fusión con la madre.

No solo el paradigma sectario, totalitario o neofascista alude a procesos de fusión e indiferencia con respecto al otro. También

---

«Cariño mío… Tienes los pies helados… Si estamos mejor así, los dos solos, como siempre». Ángel permanece impasible en toda la escena, hasta que la madre descubre sus órganos sexuales y dice: «Uy, uy, uy, si se te ve el pajarito». Seguidamente, Ángel reacciona y la rechaza con estas violentas palabras: «¡No quiero, déjeme en paz, zorra!».

alude a esos procesos el paradigma consumista. En sus últimos años, la España franquista se convierte en una realidad muy compleja porque engloba precisamente los dos procesos anteriores: por un lado, sobrevive esa mezcla de conservadurismo y fascismo que caracterizaba al régimen en sus inicios y, por otro, triunfa el hedonismo neocapitalista fruto de las tecnócratas políticas desarrollistas. *Furtivos* es una excelente muestra de esta fusión de despotismo y consumismo.

El filme de Borau puede ponerse en relación con el consumo voraz que empieza a caracterizar a la sociedad hedonista del final del franquismo. Por eso, es preciso advertir que la relación de Martina con su otro hijo de leche, el gobernador, es también incestuosa. En este caso, la fusión con la madre pasa a través de la comida, como se puede apreciar en las magníficas secuencias interiores de las berzas con sangre y de la caldereta. La fusión incestuosa sigue dependiendo de aquellos sentidos que, a diferencia del oído y la vista, los sentidos de la distancia dificultan la separación y el reconocimiento del afuera. El poder abyecto es el poder neocapitalista y consumista que todo lo corrompe porque no reconoce el afuera, la alteridad, porque reduce las personas a cosas o instrumentos al servicio de los intereses y del placer del nuevo sujeto narcisista. Pasolini (2001: 2066), en su última película, la contemporánea a *Furtivos*, y en su novela póstuma, *Petróleo*, expresó algo que, aun de forma menos rotunda y explícita, se encuentra también en el filme de Borau: el poder neocapitalista es el más anárquico y arbitrario porque ha corrompido completamente el significado de la ley.

5.2 El olvido de la guerra civil española

Olvido era la otra solución que Emilio Romero aconsejaba para superar definitivamente el trauma de la Guerra Civil. El olvido es manifiesto en la película de Borau, donde no hay ninguna referencia al conflicto fratricida. Los hermanos de leche de *Furtivos* se limitan a beneficiarse de la España corrupta. En cambio, no es algo forzado interpretar *La caza* de Saura como una alegoría, y a veces una explícita evocación, de la Guerra Civil[7]. En *La caza*, desde las iniciales alusiones a Arturo, el cuarto amigo que se ha suicidado, y a la coca-cola radiactiva, esto es, a la Guerra Fría y la amenaza nuclear, la muerte se convierte en una presencia constante.

Saura establece una clara relación entre la Guerra Civil y el conflicto entre los amigos cazadores, que va en aumento con el paso de los minutos hasta que desemboca en la matanza final. Ya sabemos que la guerra, o la lucha, es, en principio, muy diferente de la caza. La actividad cinegética siempre supone que solo una de las partes sea el agresor. Por este motivo, Ortega (1983a: 437), en el prólogo comentado, escribía que «la lucha es una agresión mutua», mientras que la caza no es recíproca, porque un animal se afana en cazar y el otro se afana en no ser cazado. Así que, desde este punto de vista, sería algo arbitrario considerar similares o análogas la caza y la lucha o la guerra. Pero, finalmente, nos parece correcta la analogía porque la guerra civil española, en la medida que supone la rebelión de las clases acomodadas, es también una caza cuya pieza es el pueblo republicano. El general golpista, Franco, representa al cazador que quiere diezmar a una parte de la población que considera tan enferma como los conejos apestados por mixomatosis. Una de las metáforas políticas más frecuentes para justificar la Guerra Civil, y que encontramos a lo largo de toda la historia, ha sido precisamente la amputación de la parte enferma para salvar el cuerpo (político).

El espectador español de los años sesenta podía interpretar el descaste, la caza de los conejos para impedir su explosión demográfica, como una alusión indirecta a la guerra del 36, guerra que pretendía el exterminio de la España republicana. La metáfora de la Guerra Civil como caza emprendida por los poderosos, por los dueños de un país convertido en coto de las clases privilegiadas, es acentuada en *La caza* por el hecho de que el coto de José fue campo de batalla durante la guerra. Por esta causa, esa tierra

7 Por citar solo algunos ejemplos, esta interpretación la encontramos en Oms (1986), Gubern (1986) o Brasó (1974: 128).

plagada de conejos apestados aún conserva recuerdos del conflicto (Wood, 2010: 149).

En una destacada secuencia del filme, en la que José le enseña a Paco el esqueleto de un soldado muerto durante la Guerra Civil[8], se hace completamente explícito el tema de la memoria de la guerra. La existencia de cadáveres sin enterrar nos lleva directamente al problema de la ausencia de un verdadero duelo nacional. Un asunto sin resolver que llega hasta nuestros días, pues no se puede superar el trauma hasta que las víctimas de la guerra se exhumen de fosas y cunetas y sean debidamente enterradas. El mismo Paco, el más antipático y feroz de los tres amigos[9], al ver al soldado muerto pregunta sorprendido: «¿por qué no lo entierras como Dios manda?».

La cuestión de la ausencia de duelo, que plantea la obra de Saura en la secuencia del esqueleto, guarda cierta relación con el filme político de Angelopoulos, *Los cazadores*, realizado una década después, en 1977. El gran cineasta griego filma a un grupo de cazadores de los años setenta que no sabe qué hacer con un partisano muerto en 1949, cuyo cuerpo congelado se ha conservado en condiciones tan perfectas que parece un cadáver reciente. Retorna así un pasado que «pensaban liquidado después de la guerra civil» (Horton 2001: 38). El filme de Angelopoulos coincide con el de Saura en criticar a las sociedades que no han realizado esa operación de duelo que Déotte (1994: 19-27) expresa con los términos de «olvido activo». La única manera de dejar atrás los

8 Según Sánchez Vidal (1988: 13; Wood 2010: 105), el director aragonés se inspiró en un suceso de su adolescencia: «Carlos y algunos amigos descubrirían en el colegio un sótano con siete u ocho muertos de la Guerra Civil junto con montones de fusiles y granadas».

9 El personaje de Paco, excamionero y dueño de una fábrica, encarna la movilidad social del franquismo (Wood, 2010: 108). Es difícil no identificar al más violento de los cuatro cazadores con el general Franco, otro Paco aficionado a la caza. La secuencia que mejor refleja la violencia del personaje interpretado por Alfredo Mayo es aquella en la que abate con frialdad a un hurón. Después de matarlo, Paco se disculpa: «Ya me pasó otra vez, pero con una perra. Me salió detrás de unas matas y pegó un salto tan grande que me creí que era una perdiz [...]. La dejé seca en el aire [...]. Le tengo cariño a los animales». Pero José, que no cree en estas disculpas, replica: «Has jugado sucio, Paco. Como siempre».

sentimientos dolorosos para tener un mañana —«olvido»— pasa por el proceso terapéutico —«activo»— que supone la elaboración de la memoria histórica, esto es, pasa por la inscripción del pasado en el museo, en los libros o en las obras de arte.

6. La crueldad del «realismo profundo»

Los dos filmes que tratamos en este capítulo pueden ser calificados de «crueles» en un doble sentido. La crueldad es un concepto complejo, pues es preciso distinguir entre la censurable, la relacionada con un comportamiento extremadamente violento y falto de empatía y aquella crueldad liberadora a la que se refería Artaud. En el caso de *La caza* y *Furtivos*, la primera crueldad la encontramos a nivel diegético, mientras que la segunda se hace evidente cuando nos adentramos en la materialidad misma de la película. A nivel diegético, se entiende que Buñuel dijera que *La caza* es la película más cruel que conocía (Wood, 2010: 67). Algo semejante se puede decir de *Furtivos*. Difícilmente se encontrarán escenas más crueles en el cine español que el comentado apaleamiento y muerte de la loba. Esta es la crueldad de la Guerra Civil, de las pinturas de Goya o la que atribuía Baudelaire a los españoles (Zunzunegui, 2005: 162).

Si atendemos a la materialidad del filme y no tanto a su temática, veremos que, en algunos aspectos, *La caza* y *Furtivos* se ajustan al concepto de «arte de la crueldad», tal como lo expone Artaud. Una obra de arte cruel sería algo parecido a un «cuerpo sin órganos» (Deleuze, Guattari, 2020: 207; Artaud, 2004: 1654). Desde este enfoque, crueldad significa acabar con esa especie de «teología estética», o de organicismo, que implica la subordinación de los distintos elementos del filme (los órganos) a un principio soberano externo, sea el guion, el director, el productor o cualquier otro. Esa teología estética sanciona toda una serie de dualismos y jerarquías, como aquella que antepone el «narrar» (Griffith) al «mostrar» (Stroheim) o la que establece una jerarquía entre los temas, entre los seres humanos y los animales, los seres animados e inanimados, etc. Las dos películas españolas abordadas son aparentemente convencionales, especialmente la de Borau, pero la importancia de los objetos y la excepcional fotografía de Luis Cuadrado dan lugar a obras en las que domina finalmente la provechosa «oposición real» entre narrar y mostrar, y, por tanto, cabe hablar también de «cine de la crueldad» (Rivera García, 2023).

El realismo cinematográfico es cruel cuando cuestiona la jerarquía —o concibe formas híbridas— entre mostrar y narrar y entre los dos grandes géneros del documental y la ficción. El realismo de la película de Saura tiene que ver con esta mezcla. El mismo director confiesa que, «si a *La caza* le quitan los aspectos dramatizados [...], lo que queda es prácticamente un documental». Añade que «pretendía hacer una especie de estudio desde fuera de los personajes», pues, sobre todo, le interesaba el «tratamiento [...] objetal [...], la pormenorización de las cosas» (Wood, 2010: 120). Ciertamente, los objetos adquieren una gran importancia en el filme de Saura. Cualquier espectador puede apreciar la enorme presencia que tienen el Land Rover, los prismáticos, las armas, el maniquí, el insecto o las revistas eróticas. Sánchez Vidal (1988: 48; Wood, 2010: 169) comenta, con razón, que en la película «los objetos se cargan de un protagonismo insólito, que los iguala a los poros de la piel, con lo que el hombre pasa a ser un objeto más, ligado todavía con mayor fuerza al ambiente, formando un todo con ese paisaje tórrido del que ya no puede escapar». Algo parecido se podría decir de los objetos que encontramos en la película de Borau.

Crueldad es también abolir el fácil dualismo entre lo externo, los objetos y los actos físicos, y lo interno, lo relacionado con la psicología de los personajes. Podemos hablar de «realismo profundo» cuando lo exterior —las imágenes de objetos y acciones— se convierte en índice, síntoma, que permite el conocimiento del interior de los seres humanos. Como ha demostrado Krauss (2013), los surrealistas —y conviene no olvidar la importancia de Buñuel y lo onírico en el cine de Saura— pensaban que la imagen más realista, la fotográfica, era, al igual que los sueños y la hipnosis, un signo indiciario que permitía el acceso al interior, a lo más invisible, esto es, a la voluntad y los deseos inconscientes. Se entiende así que, en la entrevista concedida a Antonio Castro (1974: 393), Saura reconociera que los objetos son la puerta de acceso al interior. Si su puesta en escena se caracterizaba por «la meticulosidad de las pequeñas acciones», y no le «importaba tanto la psicología como los actos físicos» y los objetos, era porque «pensaba [...] que los objetos definen perfectamente a las personas que los utilizan. Por eso —concluía el director— utilicé el Macro-Kilar. Me parecía una forma esencial de completar a un personaje a través de los objetos que utiliza».

Sin duda, uno de los planos de *La caza* que más impacta al espectador es el elaborado con el objetivo Macro-Kilar[10]. Saura comenta a Castro (1974: 393-394) que se trata de un plano secuencia «muy calculado que fue muy difícil de hacer. Había que tener perfectamente marcado el recorrido desde la cara de Ismael Merlo hasta la de Alfredo Mayo, porque a ese nivel de enfoque la precisión tiene que ser de milímetros». Al acercarse demasiado, en lugar de precisar más —comenta el entrevistador—, «es como si entraras en otra dimensión». Saura reconoce seguidamente al crítico que, aparte de realista es

> un plano muy onírico. Empieza con una radio y unas voces que salen de la radio; está Ismael Merlo durmiendo, y las voces de la radio corresponden al sueño que está teniendo [...]. Es un sueño que proviene de una realidad y envuelve una realidad. Hay un juego sueño-realidad que me interesa mucho.

Tanto el realismo de los objetos como la voz en *off* se convierten en diferentes vías de acceso al interior del personaje. En ningún caso salimos del «realismo profundo» que seguía Saura en este filme. La influencia de Buñuel no solo se puede apreciar en la anterior

10 Según Terrasa (2021: 73), el Macro-Kilar es «un objetivo que permite enfocar igual al infinito que a veinte centímetros, o sea que puedes realizar planos ligados en que se vea un plano muy general y, al hacer una panorámica, una cosa muy próxima».

conciliación del externo realismo objetual con el mundo interior de los sueños, tan cultivado por los surrealistas, sino también en la visión entomológica que el director de *La caza* compartía con el autor de *Él* (1953)[11]. Saura admitía que su película «es casi un intento de ver a unos personajes como a través de un microscopio; es como un intento de disección de personajes, de objetos y de situaciones» (Wood, 2010: 71). También los magníficos planos picados con los que se abre *Furtivos*, o los que más adelante anteceden a la primera aparición de la madre, pueden relacionarse con esta visión entomológica.

La fotografía de Luis Cuadrado en *La caza* y en *Furtivos* adquiere una belleza pocas veces igualada en el cine español. En *La caza*, muestra un expresivo paisaje abrasado por el sol, el más adecuado para hacer manifiesta la violencia del filme. Cuadrado nos ofrece imágenes muy contrastadas por la utilización de «emulsiones forzadas que incrementan el grano de la película», y que son «idóneas para representar un paisaje quemado por el sol del verano castellano» (Terrasa, 2021: 74). Luis Cuadrado dijo que esta fotografía en blanco y negro, tan contrastada que prácticamente eliminaba los grises, «iba en contra de lo que se consideraba como el buen hacer, una fotografía compensada, sin estridencias, gris como la propia sociedad de aquel momento» (Sánchez Vidal, 1988: 48). La materialidad fotográfica del filme, esto es, la granulación de la foto y el violento contraste en blanco y negro, es, para Terrasa, algo propio del informalismo que Carlos Saura comparte con Tàpies y con su hermano Antonio. Todo ello evidencia que la fotografía alcanza tal protagonismo y autonomía que de ningún modo podemos decir que se limita a ilustrar el guion o ponerse al servicio del principio soberano del «narrar».

Borau reconoció a críticos colombianos en una entrevista que en *Furtivos* concedió «libertad absoluta» a Luis Cuadrado para

11 «El héroe de Él —declara Buñuel en una entrevista concedida a Bazin (1977: 108) y Doniol-Valcroce— es un tipo que me interesa como un escarabajo o un anofeles». A continuación, el cineasta añade: «soy un poco entomólogo» porque «el examen de la realidad me interesa mucho».

que hiciera en color el equivalente a lo que había hecho en blanco y negro en *La caza*. Para Borau, Cuadrado era un fotógrafo que tendía a la oscuridad, a la belleza terrible, a una «especie de realismo macabro» (Álvarez, Calderón, 1978: 53). La fotografía de Cuadrado, en ambas películas, logra una extraordinaria fusión del paisaje con los cuerpos y rostros de los actores. Particularmente lograda es la simbiosis entre el bosque y el cuerpo de Lola Gaos. Tiene razón Company (2012: 97) cuando escribe que Martina es una «prolongación del paisaje que la rodea, asimilable a la rama sarmentosa de un árbol». Entre otras secuencias, podemos citar la magnífica fotografía del matricidio. En esta breve secuencia invernal se muestra un paisaje nevado, casi en blanco y negro, que produce el mismo efecto violento y trágico que las escenas veraniegas y abrasadoras del filme de Saura.

El realismo de las dos películas se corresponde también con la «contaminación de estilos» (Auerbach, 2002) que será adoptada por Pasolini. Si al estilo realista unimos la crítica del hedonismo contemporáneo, se comprende que el director de *Accattone* fuera el responsable de la concesión del Oso de plata del Festival de Berlín a la mejor dirección a *La caza* de Saura. Podemos hablar de contaminación de estilos porque el cineasta español mezcla, como hemos aludido antes, el documental con la ficción. Asimismo, el realismo externo, que otorga una importancia central a los objetos y a los actos físicos, está contaminado por la voz en *off* que pretende expresar directamente la psicología de los personajes, y por los planos-detalle que adquieren un carácter onírico y aproximan el realismo al surrealismo. Finalmente, podemos hacer referencia a la mezcla de la música «culta» de Luis de Pablo con la música pop del momento.

En *Furtivos* encontramos una similar contaminación de estilos, no solo porque fusiona ficción y estilo documental, sino porque a nivel diegético es el resultado de la mezcla de un drama rural primitivo, protagonizado por Ángel y Martina, con el cine urbano centrado en el lumpen. El Cuqui y Milagros, los dos personajes que escapan de centros de encierro, son personajes que se parecen mucho a los que, años más tarde, encontramos en el cine quinqui, un cine español de serie B muy popular en los años setenta y comienzos de los ochenta, sobre todo por su violencia y por un erotismo emparentado con el «destape». Es evidente que esta contaminación de géneros pone de relieve que no estamos ante un simple drama rural.

Por último, nos parece llamativa la coincidencia del plano final de *La caza* y de *Furtivos*. Ambas películas acaban con una imagen congelada. *La caza* termina después de que el más joven de los hombres, Enrique, eche a correr huyendo del lugar de la matanza fratricida, con un primer plano congelado de su rostro. Se trata de lo que los franceses denominan «*arrêt sur l'image*». Según Serge Daney (2012: 319), la imagen podía detenerse para proteger el filme del mal de la ausencia de un final. El mejor ejemplo de ello lo suministraba *Los cuatrocientos golpes* (1959) de Truffaut, con Antoine Doinel corriendo por la playa hasta que la imagen se congelaba. Algo parecido ocurre en el filme de Saura. En su caso, la detención de la imagen produce inevitablemente un efecto de distanciamiento, ya que hace visible para el espectador la materia misma de la imagen cinematográfica.

En el caso de *Furtivos*, aunque no se congela la imagen fílmica, el último plano muestra una fotografía, que es también una imagen congelada, detenida o sin movimiento. A diferencia del primer final pensado, que terminaba con el suicidio de Ángel después de cometer el matricidio, la película que conocemos acaba con la foto de Milagros de niña. Foto que Ángel extrae de la caja de tesoros de Milagros, y que prueba que ha sido asesinada por Martina, pues nunca se separaba de esa caja. Barthes (1990) nos ha enseñado el poder que tienen las fotografías de la infancia para hacer el duelo. Si consideramos análogas la fotografía infantil de la madre del pensador francés y la de Milagros, cabría preguntarse si el duelo de Ángel pasa por asumir el papel de padre de su esposa, el del padre ausente en un filme en el que la ley no ha sido más que un simulacro.

Terminamos señalando que los dos extraordinarios filmes de Saura y Borau demuestran que el cine es, en ocasiones, el gran arte del presente. Los dos cineastas supieron reflejar perfectamente la atmósfera, la *Stimmung*, del final del franquismo. Lo hicieron con un estilo, el «realismo profundo» comentado en este apartado dedicado a la materialidad del filme, que es perfectamente compatible con lo onírico y lo simbólico, y que supone en el fondo una ruptura estética con el naturalismo imperante en el cine más comercial. Aun sin la radicalidad de otros cineastas (Godard, 1985: 342), nos parece adecuado concluir que lograron «hacer políticamente cine político».

Bibliografía

Artaud, Antonin (2004): *Œuvres*, París, Gallimard.

Álvarez, Luis Alberto y Calderón, Luis Fernando (1978): «Entrevista con José Luis Borau», en *Cinemateca*, nº4, pp. 48-55.

Auerbach, Erich (2002): *Mimesis. La representación de la realidad en la literatura occidental*, México, Fondo de Cultura Económica.

Barthes, Roland (1990): *La cámara lúcida. Nota sobre la fotografía*, Barcelona, Paidós.

Bataille, George (1993): *El Estado y el problema del fascismo*, Valencia, Pre-Textos.

Brasó, Enrique (1974): *Carlos Saura. Introducción incompleta*, Madrid, Ediciones B.

Castro, Antonio (1974): *El cine español en el banquillo*, Valencia, Fernando Torres editor.

Cavell, Stanley (2017): *El mundo visto. Reflexiones sobre la ontología del cine*, Córdoba: UCOPress.

Chamayou, Grégoire (2010): *Les chasses à l'homme*, París, La fabrique.

Company, Juan Miguel (2012): «Crudezas de la carne», en R. Cueto (coord.), *Clásicos del cine español. «Furtivos» de José Luis Borau*, Valencia, Ediciones de la Filmoteca, pp. 91-104.

Daney, Serge (2012): *La Maison cinéma et le monde. 3. Les Années Libé 1986-1991*, París, P.O.L.

Deleuze, Gilles y Guattari, Félix (2020): *Mil mesetas. Capitalismo y esquizofrenia*, Valencia, Pre-Textos.

Delibes, Miguel (1964): *El libro de la caza menor*, Barcelona, Destino.

Déotte, Jean-Louis (1994): *Oubliez! Les ruines, l'Europe, le musée*, París, L'Harmattan.

Godard, Jean-Luc (1985): *Jean-Luc Godard par Jean-Luc Godard*, París, Cahiers du cinéma, Éditions de l'Étoile.

Gubern, Román (1986): *1936-1939: La guerra de España en la pantalla*, Madrid, Filmoteca española.

Guillamón Carrasco, Silvia (2018): «El monstruo femenino. Lo siniestro y la construcción de lo materno en *Furtivos*», en *Fonseca, Journal of Communication*, n.º 17, pp. 173-191.

Horton, Andrew (2001): *El cine de Theo Angelopoulos. Imagen y contemplación*, Madrid, Akal.

Kracauer, Siegfried (1996): *Teoría del cine. La redención de la realidad física*, Barcelona, Paidós.

Krauss, Rosalind (2013): *Le Photographique. Pour une Théorie des Écarts*, París, Éditions Macula.

Kristeva, Julia (1989): *Poderes de la perversión. Ensayo sobre Louis-Ferdinand Céline*, Ciudad de México, SigloXXI Editores.

Oms, Marcel (1986): *La guerre d'Espagne au cinéma*, París, Éditions du Cerf.

Ortega y Gasset, José (1983a): *Prólogo a «Veinte años de caza mayor» del conde de Yebes*, en *Obras Completas*. Tomo VI, Madrid, Alianza Editorial-Revista de Occidente.

— (1983b): «El tema de nuestro tiempo», en *Obras Completas*. Tomo III, Madrid, Alianza Editorial-Revista de Occidente.

Pasolini, Pier Paolo (2001): «Il sesso come metafora del potere», en *Per il cinema*, 2 vols., W. Siti y F. Zabagli (eds.), Milán, Mondadori.

Rivera García, Antonio (2023): *La crueldad de las imágenes. Estética y política del cine*, Madrid, Guillermo Escolar.

Sánchez Vidal, Agustín (1988): *El cine de Carlos Saura*, Zaragoza, Caja de Ahorros de la Inmaculada.

— (1998): *Retrato de Carlos Saura*, Barcelona, Círculo de Lectores.

Santos Fontela, César (1966): «Tiempo de violencia: *La caza* de Carlos Saura», en *Nuestro Cine*, n.º 51, pp. 12-17.

Terrasa, Jacques (2021): «Saura, 1966: entre *La Caza*, película de Carlos, y los *collages* de Antonio, una memoria expandida», en N. Berthier y M. Bloch-Robin (coords.), *Carlos Saura o el arte de heredar*, Valencia, Shangrila, pp. 70-88.

Turró, Guillem (2004): «Algunas consideraciones en torno al deporte, el placer y el dolor», en *Ars brevis*, n.º 10, pp. 256-265.

Wood, Guy H. (2010): La caza *de Carlos Saura: un estudio*, Zaragoza, Prensas Universitarias de Zaragoza.

Villacañas, José Luis (2022): *La revolución pasiva de Franco*, Madrid, Harper Collins.

— (2023): *Ortega y Gasset. Una experiencia filosófica española*, Madrid, Guillermo Escolar.

Zunzunegui, Santos (2005): *Los felices sesenta. Aventuras y desventuras del cine español (1959-1971)*, Barcelona, Paidós.

Joaquim Jordà: En el umbral de la experiencia y la experimentación[1]

Steven Marsh

Comienzo remitiendo a *Monos como Becky* (1999), una cinta tardía de Joaquim Jordà. El prólogo de esta película evoca un episodio emblemático de *Nocturno 29*, película realizada en 1968 por el decano del cine independiente español, Pere Portabella, cuando el personaje encarnado por Lucia Bosé y su amante bajan las escaleras que llevan al Laberinto de Horta. *Monos como Becky* empieza en el mismo lugar de Barcelona con la imagen de la placa del monumento, el bajorrelieve de mármol cuyas palabras se escuchan recitadas fuera de pantalla por el mismo Jordà. La combinación de la imagen del laberinto de cipreses, la distintiva y reconocible voz y el antecedente de Portabella apuntan tanto al elemento autobiográfico como al legado vanguardista del cine de Jordà, a los factores de experiencia y experimentación.

Se pueden añadir otros momentos de coincidencia entre la biografía del director y la historia del cine experimental español. Como es bien sabido, Jordà y Portabella coincidieron en el piso barcelonés de Ricardo Bofill en 1966, cuando se planificó una película de episodios que serviría de manifiesto para lo que se llamaría La Escuela de Barcelona y que, al final, solo dirigirían Jordà y Jacinto Esteva, la célebre *Dante no es únicamente severo* (1967)[2]. Es un ejemplo de lo que Marsha Kinder (en otro contexto) ha llamado, de modo sugerente, «retroserialidad», imágenes que obligan al espectador a volver a películas anteriores del mismo autor

1 Una primera y abreviada versión de este trabajo se presentó en el simposio «Joaquim Jordà: vigència i llegat», celebrado en la Universitat Pompeu Fabra el 21 de marzo de 2023. Agradezco especialmente al profesor Xavier Pérez Torio la invitación.

2 Al final, en vez de participar en el proyecto, Bofill realizaría su propio cortometraje *Cercles* (1966). Portabella haría *No compteu amb els dits* (1967).

con ojos frescos (nunca mejor dicho). En el documental *Monos como Becky* se reproduce la puesta en escena de una intervención quirúrgica ocular de *Dante no es únicamente severo*. En *Monos como Becky* Jordà se somete a una operación cerebral treinta y dos años después de Susan Holmquist, la actriz de *Dante no es únicamente severo*[3]. Volveré a las secuencias de quirófanos más adelante, pero por ahora solo quiero señalar que indican, una vez más, cierta fidelidad de su obra, a pesar de (o tal vez a causa de) la aparente tendencia en su corpus hacia la ruptura y el cambio de rumbo, es decir, hacia cierto tipo de disyunción.

En este sentido, el término genérico «película ensayo» define, aunque sea de modo imperfecto, el cine de Joaquim Jordà, especialmente en el periodo que transcurre desde su vuelta a la dirección, en 1979, hasta su muerte[4]. Digo «de modo imperfecto» porque el término ensayo es en sí impreciso. Laura Rascaroli identifica el «filme ensayístico como un cine centrado en la disyunción» (Rascaroli: 301). Y, en efecto, Jordà es un cineasta que redefine la *forma* de lo que entendemos por «ensayo» con cada película, y la subvierte al hacerlo. Es un cineasta de crisis. Y por crisis me refiero, no tanto a la crisis económica, sino a lo que surge en el espacio que se abre de modo embrionario entre lo personal y lo político, lo subjetivo y lo institucional. Además, en esta última etapa de la vida y obra de Jordà la disyunción emerge de la cuestión temporal —la brecha entre el pasado y el presente— y, a la vez, de una cuestión notablemente visual, como es la distorsión de la visión.

Aquí vamos a centrarnos en los últimos documentales de Jordà, pero de paso quiero hacer énfasis en una constante que permanece a lo largo de su carrera como cineasta, desde el franquismo hasta el neoliberalismo contemporáneo. Si el «díptico» *Numax presenta...* (1979) y *Veinte años no es nada* (2004) establece ciertos parámetros temporales, es decir, si estas películas delinean un mapa de los

3 Kinder escribe sobre Pedro Almodóvar. Aunque las imágenes son similares, la naturaleza de las respectivas operaciones es muy distinta. La de Holmquist es de cataratas.

4 Veáse otro texto mío sobre Jordà: «The Militant Cinema of Joaquim Jordà: The Essay Film as Form», en Steven (2024).

movimientos de sensibilidad correspondientes a distintos momentos históricos, al cambio de época, se puede puntualizar que toda su obra hasta el momento de su muerte en 2006 marca una trayectoria que va desde el colectivo al individuo, con todas las tensiones concomitantes y productivas que emergen de esa relación. Es este factor *emergente* el que quiero resaltar. El último Jordà, tal vez a su pesar, retrata la transformación sociológica, psicológica, y afectiva, producto —crítico— del proyecto ideológico de los tiempos que le han tocado vivir. En estas películas no se trata tanto de retratar la relación entre el individuo y la sociedad como de registrar los efectos latentes o inarticulados que surgen de modo parcial y fragmentario a raíz de las complicaciones de esta relación. Es más, la presencia física de Jordà en sus propias películas, los tintes autobiográficos que imbuyen su cine (incluso en *Dante no es únicamente severo*) ejemplifican este movimiento y, a la vez, señalan un proceso afectivo y subversivo. Quiero, entonces, volver a algunas de las últimas películas de Jordà para insistir en la cartografía de los espacios, reales y discursivos, de los tiempos que muestran. Al dirigirme hacia la complejidad de su cine, propongo hacer hincapié en una de las constantes en la obra de Joaquim Jordà: su interés en «la cuenta de los incontados», para citar a Rancière en otro contexto (Rancière, 1996: 148). Esa insistencia, junto con una crítica permanente, define una postura fílmica que podemos denominar política en el sentido más amplio de la palabra. Jordà dibuja las fisuras de una anatomía afectiva de la sociedad en su preciso momento histórico, de manera que su cine realiza una intervención en lo que Raymond Williams en su día denominó «estructura de sentimiento».

Me refiero aquí a la afectividad como algo presubjetivo, incompleto y pendiente de realizar, una subjetividad en ciernes. Williams plantea que «las estructuras del sentir pueden ser definidas como experiencias sociales *en solución*, a diferencia de otras formaciones semánticas sociales que han sido *precipitadas* y resultan más evidentes y más inmediatamente aprovechables» (Williams, 1988: 156). En el cine de Jordà de esta última etapa se produce, por añadidura, una relación limítrofe entre experiencia y experimento. Por un lado, Jordà encuentra lo incongruente y lo inquietante dentro de lo rutinario y lo cotidiano: en el centro de trabajo, la fábrica, la oficina, el colegio, la calle, el barrio. Por otro, lo suyo es una preocupación por la experiencia de la vida diaria que, a pesar de su aparente convencionalidad formal, vincula su cine con la tradición surrealista y lo experimental. Es algo, insisto, expresado con cierta continuidad (entre discontinuidades) por la mirada. Esta, no obstante, no es tanto la mirada del espectador sometido a la ideología dominante, sino la de los propios participantes/protagonistas —los sujetos— del cine de Jordà. Es una mirada que gira en torno al recurso del ojo, de observar, de la perspectiva, de los fallos de observación, del ser propio observado y de la observación del Otro dentro de uno mismo. No es casualidad, como veremos, que los espejos proliferen en sus películas[5].

En esa línea, la palabra «experimentar» asume una importancia particular: es un verbo del que se derivan en castellano los dos sustantivos ya mencionados: experiencia y experimentación. La duplicación inmanente del verbo contiene su propia duplicidad. De ahí lo subversivo del cine de Jordà. Experimentar también, igual que la película ensayo, produce una disyunción que causa desasosiego. Esta tensión entre experiencia y experimentación es, por tanto, paradigmática de una especie de crisis y, asimismo, fundamental a la diégesis de los propios filmes: la desorientación de los dos historiadores que se pierden —entre datos y cronologías— dentro del Laberinto de Horta, o la incapacidad de reconocer de Esther Chumillas, la protagonista de *Más allá del espejo,* o incluso la transformación de la perspectiva del axolotl/narrador de Cortázar, que desempeña un papel importante en *Dante no es únicamente severo*.

La palabra «ensayo», como es sabido, tiene más de un significado. Un ensayo es un proceso de investigación que requiere

5 Implícito en el espejo está el impulso narcisista (el bajorrelieve del Laberinto de Horta cuenta la historia de Eco y Narciso), pero también el autorretrato. Quizá más relevante, sin embargo, a los propósitos de este trabajo es la importancia del espejo en el concepto de *mise en abyme*.

pruebas, parafraseando a Timothy Corrigan, es un encuentro del sujeto con el mundo, con la vida pública que, a su vez, genera posibilidades de pensar esa vida pública. Pero la palabra «ensayo» también se asocia a las artes dramáticas, con la práctica (que es otro tipo de prueba, un proceso en desarrollo) de una representación teatral antes de su realización pública. El teatro forma una parte estructuralmente importante en muchas de las películas de Jordà, desde *Numax presenta...* en adelante. Son estas dos facetas del ensayo y el encuentro entre ambas lo que caracteriza el cine de Jordà, sobre todo en esta última fase de su carrera y de su vida.

Institución, barrio y geografía urbana

En 2003 Jordà dirige *De niños*, una larga y compleja película que se enfoca, de entrada, en un caso de pederastia, célebre en su día debido a la cobertura que se le dio en prensa. Con las detenciones iniciales en 1997, se proclamó en los medios de comunicación que se había desarticulado una red internacional de pedofilia que emanaba del centro de Barcelona y que llegó a extenderse por toda Europa. En el momento del juicio, el Barrio Chino barcelonés era el lugar en el que Jordà había establecido su residencia desde su vuelta a Cataluña, unos pocos años atrás, y cuya historia no carecía de episodios sórdidos. La importancia de la película y su poder, sin embargo, se encuentran en su minuciosa disección de los aparatos institucionales de la sociedad civil y su manera de ejercer control, tanto corporal como comunitario, sobre todo a través del poder jurídico, la geografía urbana y el discurso médico. A todo esto, hay que añadir el papel del periodismo y la policía como agentes de este proceso: el primero para convencer, el segundo para coaccionar.

Por otra parte, *De niños* sigue el espíritu de *Numax presenta...* (y después *Veinte años no es nada*) al elaborar un capítulo más en la crónica no escrita —obviada y olvidada— de la Transición y de la historia reciente de la clase obrera: el papel de las asociaciones de vecinos en la democratización del país y la reconstrucción de los núcleos urbanísticos después de la muerte de Franco. El principal acusado en el juicio, Xavier Tamarit, es una figura destacada de la Asociación de Vecinos Taula del Raval, que se escindió de la asociación original por discrepancias sobre la connivencia de esta con las autoridades municipales en el proyecto de remodelación del barrio.

Formalmente, el filme presenta una curiosa mezcolanza de géneros cinematográficos: es un drama judicial y una investigación ensayística sobre la transformación urbanística de un barrio histórico de Barcelona: el Barrio Chino, convertido en Raval. Como dice una de las acusadas en la película al testificar: «Yo soy del viejo Barrio Chino, no el nuevo Raval». Por otra parte, es un filme que invierte las convenciones de una película tradicional de juicios. Mucho de lo que vemos del proceso judicial está en compás de espera; aguardamos un resultado del que sospechamos que está decidido de antemano. Por la colocación de la cámara en la parte trasera de la sala, compartimos el punto de vista —la línea de visión— de los acusados, lo que somete a las propias autoridades (magistrados, fiscales, etc.) a un escrutinio particular. Es una película de bajo tono, sin los giros dramáticos típicos del género popular. Filmada mayoritariamente con planos generales de la sala y sus componentes y planos medios, prestando atención a los retratos de los letrados y jueces dormitando o cuchicheando entre sí, la película hace una excepción significativa: el recurso frecuente al primerísimo plano de las esposas que lleva Tamarit al entrar y salir de la sala.

De niños pone en práctica una crítica sutil e irónica (y sin embargo, devastadora), de las instituciones y sus representantes que, a su vez, se ven traicionados por sus propias palabras —emplean un lenguaje muy propio del discurso institucional— y comportamiento. Precisamente por esto, *De niños* ejemplifica el proceder, frágil y poco fiable, que define, a través del juicio, los medios de comunicación y el estatuto del mismo cine documental, el carácter resbaladizo de la palabra «verdad». Es significativo que, a pesar de la franqueza del acusado, que roza lo alarmante, se le informa a Tamarit que no está obligado a decir la verdad en su declaración[6]. Hay un conflicto —un debate, a veces subrepticio, a veces abierto— entre juristas y periodistas y entre los mismos miembros del gremio mediático en torno a la veracidad y la deontología profesional. Este es el caso, en especial, del periodista Arcadi Espada, que fue citado como testigo después de haber leído el sumario, que le habían filtrado mientras estaba bajo secreto, y que luego publicó un libro sobre el asunto[7]. El tema de la veracidad y el periodismo se vuelve candente décadas antes de que el término *fake news* se convirtiera en el lugar común del discurso político que es hoy en día. Fundamental para un juicio es el concepto del «testimonio», y más en concreto la figura del «testigo» que cuenta su verdad. Hay una tensión palpable entre la institución hostil y los testigos del barrio, que parece definida por una cuestión de clase social. Uno de los testigos, un joven que vivió en casa de Tamarit, es increpado por el presidente de la sala cuando, al cambiar su versión de los acontecimientos, el magistrado le acusa de prestar «falso testimonio» y le manda responder ante otra instancia, el juez de guardia.

Hay un momento durante el juicio en el que los abogados defensores, el presidente del tribunal y un testigo policial se enzarzan en una discusión sobre el contenido de unas fotografías cuyo carácter supuestamente erótico es no solo discutible, sino que ni siquiera hay consenso acerca de lo que muestran. Esta controversia pone en duda la prueba fotográfica, la propia imagen, cuya indexicalidad —su relación directa con la realidad— debe ser incontrovertible. A fin de cuentas, el objetivo final de un juicio es llegar a una conclusión definitiva y emitir un «veredicto» y, en este caso, uno especialmente desconcertante ya que procede de una denuncia

6 En una entrevista, Jordà describe a Tamarit como «un alma de Dios, un inocente» (Seifert y Castillo, 2004).

7 Espada es autor del libro *Raval, del amor a los niños*, Barcelona, Anagrama, 2000. Una parte del interés de Jordà en el caso surgió cuando asistió a la presentación del libro.

no contrastada. Por otra parte, la tarea de los jueces debería ser la de asumir el papel de un árbitro de la verdad y mantener una neutralidad implacable, inmune a los rumores generados por los medios o las viejas rencillas entre vecinos. La película analiza el proceso por medio del cual la «verdad» como idea se ve matizada y mediada por las condiciones sociológicas e institucionales o por mero prejuicio. Existe, no solo en esta película, sino tal vez en toda la obra de Jordà, sobre todo en esta última etapa, un marcado interés por cuestionar conclusiones definitivas. Entre procesos judiciales o políticos, el cine de Jordà busca incertidumbres, coyunturas inconclusas, zonas borrosas o sensibilidades sedimentadas y pendientes de emerger.

De niños muestra como la discutida palabra «verdad» en sí, lejos de ser un hecho incontrovertible, es una formulación discursiva. La fisura en el seno de un discurso forjado alrededor del concepto de la verdad, patente en el juicio, revela una fractura en la aparente inviolabilidad de la institución. La complicidad entre juristas y los medios se hace evidente en los pasillos del Palacio de Justicia de Barcelona, donde los periodistas que cubren el proceso conversan de forma relajada con el presidente de la tribuna (un señor que, por otra parte, es retratado como autoritario, altanero y prepotente, pero también como ineficaz, proclive a perder los papeles y a quien le cuesta prestar atención a lo que ocurre en la sala). Los múltiples registros del propio filme de Jordà contribuyen a subvertir la naturaleza de documentar y verificar, invitándonos a cuestionar lo que se nos dice tanto en el juicio como en los despachos de las autoridades municipales (arquitectos, funcionarios, «expertos» de toda índole) o en las asociaciones de vecinos. Así es como *De niños* rompe el consenso establecido como norma incuestionable por la Transición, el emblemático, y hasta 2011 casi intocable, relato histórico que ha dado forma al discurso de la «democracia modélica» española, una Verdad con mayúscula. Un consenso sostenido por la movilización de aparatos discursivos que impregnan las entrañas de la sociedad civil y las instituciones del Estado. En particular, la justicia y los medios de comunicación destacan en el desempeño de este papel de consolidación de dicho relato. Las asociaciones de vecinos (que figuran en esta película) dan la voz disonante de resistencia; otra verdad subterránea. Jordà ha perseguido una forma de trabajar que desenreda esta maquinaría y genera otra forma: la discordia política, el disenso, un cine disidente.

Frente a las incongruencias procesales —cuya supuesta objetividad se ve puesta en evidencia por sus propios protagonistas— el documental de Jordà encuentra su registro propio. En la composición de la película se moviliza una serie de fragmentos de material suplementario que se encuentra injertado en el texto fílmico y que provoca fisuras en el orden discursivo impuesto por el régimen de normatividad. El contexto discursivo social-judicial-urbanístico-mediático que enmarca el terreno de *De niños* se ve alterado por los distintos registros desplegados a lo largo de la película: las perturbantes canciones de Albert Pla —esa voz entre chirriante y gimiente— que tachonan el filme, o los ensayos de la compañía teatral La Vuelta, en yuxtaposición con el juicio mismo. Estos elementos extraños a la narración del proceso y al relato oficial del vecindario, presentan también un desafío formal ante el concepto de ensayo articulado por la misma película. Los tonos desconcertantes de Pla, así como el contenido de sus letras, junto con el docudrama del grupo de teatro, cuentan una contrahistoria del Barrio Chino, en parte inventada, en parte rescatada, resucitada de los recuerdos de los vecinos. Añadido a esto, y como es habitual en sus películas, la figura del mismo Jordà que planea en el fondo genera cierta sensación titubeante frente a las certezas judiciales, mediáticas o administrativas.

Institución e intimidad: tacto, texto y textura

El juicio de *De niños* destaca, entre otras cosas, por la ausencia de tecnología digital. Los magistrados y letrados se asoman detrás de los montones de archivos que se apilan en los escritorios. No se ve un ordenador, ni una pantalla en la sala. Aunque la falta de tecnología en *De niños* sea llamativa, asumirá cierta importancia en *Más allá del espejo* (2006), sobre todo si tenemos en cuenta la asociación que puede hacerse entre el dedo, el cerebro y la pantalla y, a la vez, entre el tacto y la imagen. Conectada con esta cadena de vocablos está la relación entre institucionalidad e intimidad que se ejemplifica en las secuencias, rodadas en el Hospital del Valle d'Hebron en Barcelona, de unas imágenes digitales proyectadas que sugieren una serie de vínculos entre la pantalla, el espejo y el ojo.

Los motivos del espejo y el ojo se encuentran en el primero y el último de los largometrajes que Jordà dirigió o en cuya dirección participó. No solo está en la operación de cataratas de *Dante no es únicamente severo*, sino que figura en el prólogo de la misma película, de modo poderosamente simbólico, cuando un miembro del equipo rompe el espejo retrovisor del coche para que una de las actrices (Holmquist) pueda maquillarse. Lo interesante de esta secuencia es su carácter caleidoscópicamente distorsionado. Es una imagen marcada por una fisura tanto formal como temática: el ojo cortado y una grieta que divide el cristal del espejo. El espejo agrietado genera una turbulencia visual a la que se puede añadir otro plano, unos segundos después, de la misma actriz con solo un ojo maquillado y el otro todavía sin maquillar. Se produce así un desajuste óptico en torno a los ojos. Llama la atención, además, que un espejo retrovisor tenga una importancia *retroserial* en la obra fílmica de Jordà; de nuevo, la relación temporal se perturba, la fuerza simbólica y proléptica del espejo y el ojo conjuran un futuro visto de manera retrospectiva.

Como su propio título sugiere, *Más allá del espejo* se inspira, en parte, en la novela de Lewis Carroll *Alicia a través del espejo*. El uso de la tabla de ajedrez, tomado directamente de la novela, funciona en la película de Jordá, por un lado, como un comentario o coro griego y, por otro, como un elemento que enmarca en una estructura narrativa, el drama —el desasosiego subyacente— de los individuos que aparecen en la película. Es el caso de Esther

Chumillas, figura central de la película, que, como secuela de una meningitis mal diagnosticada en su adolescencia, padece una especie de ceguera (agnosia) que le permite ver pero le impide reconocer a las personas más íntimas de su entorno o los lugares que frecuenta habitualmente en su vida diaria[8]. Por ser esta la última película de Jordà, se trata de un apto testimonio de su vida personal y profesional. Él mismo ha experimentado una condición similar después de un infarto cerebral que le ha dejado con alexia, una dolencia que le impide descifrar letras y, por tanto, leer: algo especialmente cruel para alguien que había dedicado muchos años de su vida a la lectura, la traducción y la escritura[9].

Al igual que *De niños*, que cuestiona las instituciones jurídicas, *Más allá del espejo* pone en tela de juicio el discurso médico, y a la vez plantea algo más: el desplazamiento de lo óptico, o mejor dicho, lo «oculocéntrico» hacia otras sensaciones, sobre todo hacia el tacto, lo táctil o lo háptico. El texto de Lewis Carroll se vuelve textura que se expresa, no por lo visible, sino por lo palpable, por el encuentro físico y tangible de los cuerpos con el mundo a su alrededor, el entorno rural o el espacio urbano. De esa manera, la película documenta la navegación de los ciegos por otro laberinto —esta vez afectivo—, generando una relación entre moción y emoción. Es notable que las protagonistas de *Más allá del espejo* no dejen de moverse por el país, la ciudad, el campo. Es el caso, sobre todo, de Esther, que traza su ruta diaria a clase tanteando la corteza de los árboles que forman una fila de una calle de la ciudad de Cuenca.

En el transcurso de la película, Jordà y Yolanda Cañamares, una mujer que se quedó completamente ciega con veinticinco años, viajan a una zona rural que ella conocía antes de perder la visión dos décadas atrás. Yolanda recuerda en detalle un punto particular del

8 En un texto que data del año 2003 Jordà recoge la definición del diccionario de agnosia "Pérdida de la facultad de transformar las sensaciones simples en percepciones" (53). El texto fue recopilado recientemente por Jordi Balló y Albert Elduque (*Estímulos* 2023).

9 Jordà fue un guionista prolijo y en su faceta de traductor, tradujo centenares de textos del francés y el italiano.

paisaje, un terreno montañoso con pinos atravesado por un río, y es en la orilla de ese mismo río donde se sientan ella y Jordá. En algún momento de la conversación, Yolanda describe el río y una roca, luchando por acordarse con precisión de la forma de la roca. Para ayudarla, Jordà le coge la mano a Yolanda y dibuja con el dedo la forma de la roca en ella[10]. El dibujo, hecho con el dedo, de un paisaje sentimental, ilustra de manera clara la importancia evocativa de lo háptico en un momento muy emotivo para Yolanda, en el que confluyen la memoria y la cognición, el cerebro y el cuerpo, lo visual y lo táctil. Es más, si la presencia de Jordà en casi todas sus películas suscita un debate en torno a la cuestión autobiográfica, que también es un debate acerca de la experiencia, los recuerdos de Yolanda añaden otra dimensión, construida alrededor de una memoria sensorial, de sensaciones, de sentimientos, de sentidos.

Hay en *Más allá del espejo* dos secuencias destacadas que tienen lugar en el hospital. La primera introduce un nuevo registro al filme, el del documental pedagógico, donde una neuróloga explica el cerebro y sus componentes, delineándolo, segmento por segmento. A través de un gráfico que vemos en una pantalla, se recorre un territorio, se identifican las funciones de los distintos elementos que configuran el terreno cerebral (entre ellas, destaca la del tacto). Se crea así una especie de mapa de un paisaje científico. Hay una disyunción interesante que se extiende a lo largo de la película entre la experiencia vivida por los personajes a menudo en forma de recuerdos, y la explicación científica divulgada a través de diagramas y el discurso médico. En un breve diálogo fuera de plano entre Jordà y una de las neurólogas con referencia a la imagen del cerebro que ocupa la pantalla, se escucha la voz de Jordà, que observa: «El ojo no es más que un espejo», a lo que la doctora responde: «No es más que una cámara».

La segunda secuencia en el hospital podría considerarse la puesta en práctica de este diálogo entre ojo, cámara y espejo,

10 Estoy muy agradecido a Cristina Rubio López por haberme recordado esta secuencia, fundamental para mi tesis.

por su singular manera de filmar. Los encuentros entre neurólogas y pacientes (Esther, Jordà y Elvira, otra mujer que padece una lesión cerebral) parecen ocurrir delante de un espejo en una sala de dimensiones reducidas. Por una parte, se produce un peculiar encuentro claustrofóbico entre el reflejo y el reconocimiento (la condición de Esther, recordemos, le impide reconocer objetos y personas). Por otra, una y otra vez, la cámara —en una variación del convencional plano/contraplano— gira desde la cara retratada de Elvira a un plano más amplio detrás de ella, en el que se ven Jordà y Esther reflejados en el espejo (aun estando sentados al lado de Elvira). Este plano, que se repite en dos ocasiones, produce cierto desasosiego en el espectador. La ironía de este tipo de uso de la cámara es que tradicionalmente se emplea para reforzar la continuidad y aquí produce una ruptura en la línea de visión del espectador. Se genera así un distanciamiento que a la vez enfoca la atención en la importancia del espejo tanto en la forma como en el contenido de la película.

Hacia el final de *Más allá del espejo*, vemos que Esther, al haber terminado con éxito sus estudios de educación especial, trabaja ahora con un niño pequeño con autismo severo. El chico solo responde de manera positiva a la música, es decir a un sentido no visual, corporalmente. Incapaz de hablar o de reconocer a sus acompañantes habituales, parece funcionar por puro instinto. El niño encarna lo presubjetivo, una idea a la que antes he hecho referencia[11]. Es más, tiene algo supuestamente primitivo que solemos asociar con animales.

La proximidad —la condición limítrofe— entre los animales humanos y sus homólogos no humanos figura de modo latente en una película de Jordà anterior a las dos aquí analizadas (y la primera que hizo después de su embolia): *Monos como Becky*, cuyo título procede del nombre del chimpancé a quien se practicó la

11 Con la idea de lo «presubjetivo» me refiero a una serie de fenómenos que tienen que ver con las ideas de Williams y su teoría de estructuras de sentir como una sensibilidad o conciencia en ciernes, no plenamente desarrollada, o todavía en la condición que él mismo denomina como «solución».

primera lobotomía. Entre la jerga médica y científica, la presencia de psiquiatras y expertos en la historia de la medicina, y una estructura fílmica compleja, ingeniosa con una secuencia inicial laberíntica, hay en *Monos como Becky* un discurso filosófico sobre qué constituye la vida[12]. Se trata, quizá, de la película más formal y temáticamente heterogénea de las de Jordà. Aunque contenga varios de los elementos constituyentes que figuran en los otros filmes, sobre todo en su interés por el teatro, incluye otros muchos que contribuyen a su complejidad estructural y hacen que la película tenga múltiples capas. Es una película que contrasta dos aproximaciones médicas alternativas en el tratamiento y la terapia de la enfermedad mental: la represiva y la afectiva.

El director de teatro y actor portugués João María Pinto tiene un papel importante en la historia. Aparece al principio, en el segmento que constituye la biografía, o biopic, la dramatización de la vida del célebre neurólogo portugués António Egas Moniz, premio Nobel de medicina en 1949 y pionero de la técnica de la leucotomía o lobotomía. Aparte de su papel de neurólogo, el actor portugués tiene otra función en *Monos como Becky*: es director y protagonista (otra vez haciendo el papel de Egas Moniz) de la representación teatral que preparan los enfermos psiquiátricos internados en la Comunitat Terapèutica de Malgrat del Mar. Más tarde nos informa de que él también padece una enfermedad mental, habiendo pasado unas semanas en una institución hace unos veinte años a consecuencia de una crisis depresiva[13].

Si el objetivo de Jordà de ir más allá del espejo tiene una función simbólica en la película epónima (*Más allá del espejo*), en otras ocasiones y en otros filmes, el espejo es un objeto material importante. En *Monos como Becky*, Pinto es una figura muy

12 El filósofo Jorge Larrosa explica este discurso sobre «la vida» en términos muy específicos al inicio del filme dentro del laberinto. Es un tema que impregna el texto fílmico desde un momento tempranero de la película.

13 En una secuencia, Pinto nos enseña un centro portugués donde fue internado. Al parecer es el mismo en el que se rodó una parte de otra película, *Recordações da Casa Amarela*, de João César Monteiro, diez años antes de *Monos como Becky*. Agradezco a la profesora Gloria Salvador esta información.

asociada con el espejo. Durante la preparación para su papel en la representación, se corta el bigote delante de un espejo (con la fotografía de Egas Moniz pegado en un rincón). Por otra parte, varios elementos dramatizados de la biopic histórica, que se desarrolla en paralelo a la narración (ubicada en la actualidad) de la película, transcurren delante de un espejo. Pinto va de papel en papel, se transforma en Egas Moniz y salta desde el presente al pasado, precisamente a través de un espejo, como si de Alicia se tratara. El espejo actúa en función de su capacidad de reproducir —doblar— la imagen. Pinto es el representante más evidente de este espacio de desdoblamiento que se extiende a lo largo de toda la película, y vincula varios de sus componentes, tanto formales como temáticos. En un momento dado, Jordà desde su despacho se dirige a la cámara y cuenta el instante de su infarto cerebral. Lo describe en términos de una experiencia religiosa —un relámpago o «rayo»— y lo compara con «la caída de caballo de Saulo cuando se convierte en Pablo». Un cambio radical, trepidante, que divide el tiempo (un antes y un después) en una especie de pliegue o desdoblamiento, una experiencia límite o paso a través del espejo al otro lado.

Entre los especialistas (más sus amigos y familiares) que comentan la vida de Moniz resalta la contradicción del doctor João Lobo Antunes, que en su primera apariencia en el filme dice: «Yo he heredado la cátedra de Esas Moniz y de Almeida Lima» para después hablar de la rama de medicina de Moniz —la neuropsiquiatría — como algo imposible de dejar en herencia. La disciplina —afirma— es «un híbrido. Decían que la neuropsiquiatría era como una mula, sin descendencia». Aquí el animal hace que el actual ocupante del puesto fundado por el mismo Moniz — su *heredero*— se desdiga. Mientras tanto, el personaje de Moniz, representado por Pinto, actúa con fondo sonoro del grito de los chimpancés[14]. Remarca el horizonte de lo humano, el límite —y la afinidad— entre humanos y no humanos, igual que el límite entre

14 En una secuencia tempranera de *Monos como Becky*, los internos del centro terapéutico visitan el zoológico de Barcelona y prestan especial atención a los primates.

personas y su imagen en el espejo, su paso a través de su cristal por distintos tiempos e incluso entre locura y cordura.

Hacia el final de *Monos como Becky* los enfermos internados en el centro terapéutico se miran a sí mismos en la pieza teatral ya filmada y proyectada en la sala. La representación gira en torno a dos momentos en la vida de Egas Moniz: la concesión del Nobel y una agresión anterior contra el médico portugués por parte de uno de sus pacientes. En esta secuencia culminante se produce un cruce de perspectivas: lo que ocurre en la pantalla que ven los pacientes, pero no los espectadores de la sala de cine o en casa. El documental que los espectadores sí vemos, y el pequeño *sketch* dramático, con participación de Jordà, que ya hemos visto. La pantalla es tanto membrana como barrera, algo poroso que nos absorbe y nos separa; otro límite. Aquí presenciamos otro giro en «un juego de representaciones» (que es como Roberto Esposito define la política), o un juego de espectáculos que alteran nuestro lugar en la cadena de acontecimientos. El espectador periférico, marginado, se convierte en figura central, el objeto, en sujeto, reduciéndose al mínimo la distancia entre película y su público. Es una imagen de personas que se ven en el espejo, entre ellas Joaquim Jordà.

Conclusión

Esta secuencia de la proyección de *Monos como Becky* señala un aspecto importante en la obra de Jordà, que he enfatizado a lo largo de este texto: la relación entre espejo, pantalla y el espectador. Tradicionalmente, en los estudios psicoanalíticos de cine se procura establecer una relación entre estos tres elementos alrededor de la mirada como factor clave en un proceso identificatorio[15]. En una película en la que el espejo figura de modo decisivo (en

15 Me refiero, sobre todo, al ensayo pionero de Laura Mulvey *Placer visual y cine narrativo* (1973) o al trabajo, algo anterior, de Christian Metz. El texto de Mulvey ha sido criticado por pensadores como Joan Copjec y Todd McGowan, que sugieren que Mulvey y otros se han equivocado en su lectura de Lacan.

transportar João María Pinto entre el personaje de Egas Moniz y su papel como director del grupo teatral), la pantalla sirve para que los internos se vean a sí mismos actuando. Pero en este caso, no se trata de un proceso de identificación, o tal vez sí, aunque de una manera que complica ese proceso considerablemente. La figura de Pinto ayuda a que entendamos mejor la función de teatro en el cine de Jordà (desde *Numax presenta...* en adelante). Pinto asume tres o, posiblemente, cuatro papeles: es el actor que encarna la figura de Moniz en el biopic en el que al mismo tiempo hace de investigador que indaga en la vida de su personaje; es también el actor que hace de Moniz en la representación teatral de los internos de la clínica, y en algún momento importante de la película el mismo Pinto reflexiona sobre su propia enfermedad mental. Esta multiplicación de roles ejemplifica la proposición de Ian Penman, en su reciente libro sobre Fassbinder, según la cual «la idea de que a menudo las personas interpretan roles en sus vidas personales se ve reflejada en su estilo de actuar» (Penman, 2023: 88). Tal proceso borra la línea que divide la ficción de la no ficción de modo fragmentario, subvierte el estatuto de la película documental y ofrece una vía alternativa para forjar algo verdadero. Esto se ve nítidamente en el juicio de *De niños* y la idea del testimonio falso, produciendo una fractura de la verdad que se extiende a través de la institución y sus representantes para generar una imagen de una justicia astillada que se refleja en su propio espejo. De una manera parecida, lo que ven los pacientes del centro es una imagen de ellos mismos en sus respectivos papeles ficticios que, presuntamente, les revelan una verdad. Es decir, se trata de una imagen distorsionada, una especie de reconocimiento alterado (como el que experimenta Esther en *Más allá del espejo*) o, en términos lacanianos, reconocimiento erróneo. En todos estos casos, se produce una imagen dividida, algo que resulta explícito al negarse a los espectadores de *Monos como Becky* la posibilidad de ver las dos imágenes; una pantalla que es denegada por medio de otra pantalla. Esa denegación de la imagen por medio de otra imagen genera disociación, ingravidez, una sensación de desarraigo, de estar a la deriva y sin anclaje, igual que Esther que navega las calles de Cuenca guiada tentativamente por las manos, por el tacto. Nos encontramos aquí con la disyunción que caracteriza la forma del ensayo-cine. La secuencia comentada arriba de los internos delante de la pantalla tiene mucho que ver, la misma imagen en el espejo que distorsiona e inquieta, con el episodio que aparece cerca del inicio de *Monos como Becky,* cuando los internos del centro miran con curiosidad jocosa a los monos en el zoológico de Barcelona. Como en el caso del espejo roto que emplea Susan Holmquist, se trata de reconocimiento en el espejo sin una identificación plena. Más bien, es una identificación afectiva, social, algo que se escapa al cierre del discurso institucional; algo incipiente, todavía no articulado. Cabe pensar aquí en la definición de Steven Shaviro, quien, con ecos de Williams, distingue el afecto de la emoción, indicando que «Afecto es prepersonal y presubjetivo; es social, o incluso ontológico, antes de ser estrictamente individual».

He hecho hincapié en la *experiencia* propia de Jordà, tal como se expresa por las fugitivas apariciones del director en sus propias películas. Mientras mantiene un papel secundario en sus propias obras, Jordà siempre ha estado atento a las estelas producidas por los cambios en la sociedad, más allá de su propia persona. A Jordà le interesa, al parecer, la experiencia general como una especie de complejo nudo de sentimientos, una maraña pendiente de desenredar y a la que su testimonio aporta algo. Las particularidades de la historia contemporánea española, una coyuntura concreta, junto con más las circunstancias específicas de la vida del mismo Jordà, crean una sensación permanente de crisis sin resolver a pesar de los discursos dominantes, relatos o narrativas convencionales que buscan un cierre en falso de tal crisis. Mucho de esto se evidencia en las propiedades formales de los documentales de Jordà, precisamente por su condición imperfecta, provisional o inacabada. Su cine es un síntoma de lo que Williams identificaba como una «crisis profunda de la experiencia» (Williams, 2001: 312, Matthews, 1998: 128).

Bibliografía

Carroll, Lewis (2015; 1872): *Through the Looking Glass and What Alice Found There*, Londres, Pan Macmillan.

Corrigan, Timothy (2016): «Essayist and Contemporary Film Narrative», en *The Essay Film: Dialogue, Politics, Utopia*, Elizabeth A. Papazian y Caroline Eades (eds.), Londres y Nueva York, Wallflower Press.

Esposito, Roberto (2022): *Institución*, Madrid, Herder.

Jordà, Joaquim (2023): *Estímulos: Vida, cine y política*, Jordi Balló y Albert Elduque (eds.), Barcelona, Arcadia.

Kinder, Marsha (2009): «All about the Brothers: Retroseriality in Almodovar's Cinema», en All about Almodóvar. A passion for cinema, Brad Epps y Despina Kakoudaki (eds.), Minneapolis, University of Minnesota Press, pp. 267-294.

Marsh, Steven (2024): «The Militant Cinema of Joaquim Jordà: The Essay Film as Form», en *Catalan Cinema: The Barcelona Film School and the New Avant-Garde*, Anton Pujol y Jaume Marti-Olivella (eds.), Toronto, Toronto University Press.

Matthews, Sean (1998): «The Structure of Feeling in Raymond Williams», *Studies in Languages and Cultures*,n.° 9.

Penman, Ian (2023): *Fassbinder Thousands of Mirrors*, Londres, Fitzcarraldo Editions.

Rancière, Jacques (1996): *El desacuerdo: político y filosofía*, Buenos Aires, Nueva Visión Argentina.

Rascaroli, Laura (2016): «The Idea of Essay Film», en *The Essay Film: Dialogue, Politics, Utopia*, Elizabeth A. Papazian y Caroline Eades (eds.), Londres y Nueva York, Wallflower Press.

Shaviro, Steven (2016): «Affect vs. Emotion», consultado en www.thecine-files.com/shaviro2016/.

Williams, Raymond (1988): *Marxismo y literatura*, Barcelona, Ediciones Península.

— *The Long Revolution* (2001; 1961), Letchworth, Broadview Press.

Biografías

Germán Cano es profesor titular de Pensamiento Contemporáneo en el Departamento de Filosofía y Sociedad de la Universidad Complutense de Madrid. Entre sus publicaciones destacan *Transición Nietzsche* (Pre-Textos, 2020); junto con Jorge Alemán, *Del desencanto al populismo. Encrucijada de una época* (NED Ediciones, 2017); *Fuerzas de flaqueza. Nuevas gramáticas políticas: del 15M a Podemos* (Catarata, 2015); *Freud* (RBA, 2016); *Adoquines bajo la playa. Escenografías biopolíticas del 68* (Grama, 2011); *Hacer morir, dejar vivir. Biopolítica y capitalismo* (ed.) (Catarata, 2010). Especializado en filosofía contemporánea, los temas y autores sobre los que ha trabajado le ayudan particularmente a centrar su reflexión en la conexión crítica entre la filosofía política y nuevas subjetividades

Gloria Durán es profesora de la Facultad de Bellas Artes de USAL, Universidad de Salamanca. Autora de *Sicalipticas. El gran libro del cuplé y la sicalipsis* (Felguera, 2021) entre otros. Experta en mujeres fuera del canon, marginales y desdibujadas a conciencia.

Ana Fernández-Cebrián es profesora de Estudios Ibéricos en el Departamento de Culturas Latinoamericanas e Ibéricas de la Universidad de Columbia. Es autora del libro *Fables of Development: Capitalism and Social Imaginaries in Spain (1950-1967)* (Liverpool University Press, 2023) y ha publicado ensayos sobre estudios culturales en revistas internacionales y en compilaciones académicas para editoriales como Cambridge University Press, Vanderbilt University Press, Tamesis o University of Toronto Press, entre otras.

Luis López Carrasco (Murcia, 1981) es escritor, productor y director de cine. Cofundador del colectivo audiovisual Los Hijos, su trabajo ha sido seleccionado en numerosos festivales internacionales. Su último largometraje, *El año del descubrimiento*, recibió diferentes premios nacionales e internacionales, además de los premios Goya a Mejor Documental y Mejor Montaje. En 2023 ganó el Premio Herralde con la novela *El desierto blanco*. En la actualidad trabaja como profesor de Comunicación Audiovisual en la Universidad de Castilla-La Mancha.

Steven Marsh es catedrático de cine y estudios culturales españoles de la Universidad de Illinois, Chicago. Entre sus publicaciones más recientes destaca *El cine español contra sí mismo: Cosmopolitismo, experimentación, militancia* (Cátedra: 2022). Anteriormente, *publicó Popular Spanish Film Under Franco: Comedy and the Weakening of the State* (Palgrave 2006) y coordinó *Gender and Spanish Cinema* (Berg 2004). Es uno de los colaboradores del proyecto, *Cinema and the Mediation of Everyday Life: An Oral History of Cinema Going in 1940s and 1950s Spain.* Actualmente está terminando un libro nuevo titulado *The Rule of Law in an Age of Crisis: Judicial Politics, the Left, and the Case for Radical Justice in Contemporary Spain* y ha empezado una nueva investigación sobre cine y la revolución portuguesa. Forma parte del colectivo editorial del *Journal of Spanish Cultural Studies*.

Eduardo Maura es profesor de Filosofía en excedencia en la Universidad Complutense de Madrid. Autor de los libros *Las teorías críticas de Walter Benjamin* (2013) y *Los 90. Euforia y miedo en la modernidad democrática española* (2018), actualmente dirige el Instituto Cervantes de Belo Horizonte.

Anna Pol es licenciada en Bellas Artes y Antropología Social y Cultural, Doctora en Bellas Artes con la tesis «Poéticas desde el trauma y los afectos. Articulaciones de otras voces [auto]biográficas entre-guerras». Trabaja como profesora en la Facultad de Bellas Artes de la Universidad de Salamanca desde el año 2006 en el área de Escultura y en la Facultad de Bellas Artes de la Universidad Complutense de Madrid desde febrero del 2018 en el Departamento de Historia del Arte.

Manuel Romero es director del Instituto de Estudios Culturales y Cambio Social (IECCS) y doctorando en la Universidad Complutense de Madrid con una tesis sobre los itinerarios de Antonio Gramsci en el pensamiento contemporáneo. Junto a Antonio Gómez Villar, ha sido coordinador de una antología de textos de Mark Fisher en la editorial Manifest llibres. En el blog Culturalmarx, además de en otros diarios, publica regularmente comentarios sobre libros, traducciones de artículos y crítica cultural.

Antonio Rivera García es Catedrático del área de Estética y Teoría de las Artes en el Departamento de Filosofía y Sociedad de la UCM, del que actualmente es su director. Es asimismo codirector desde 2010 de *Res publica. Revista de Historia de las Ideas Políticas*. Ha formado parte de todos los proyectos de investigación de la Biblioteca Saavedra Fajardo sobre filosofía y pensamiento político español y latinoamericano. En la actualidad es director del Grupo UCM de investigación «Estética contemporánea: arte, política y sociedad». Sus investigaciones se han centrado en la historia de las ideas y conceptos políticos y en la estética contemporánea, con particular atención a la teoría de la imagen. Su último libro es *La crueldad de las imágenes. Estética y política del cine* (2022).

María Rosón Villena estudia lo popular, lo feo, lo cursi, lo excesivo. Historiadora de álbumes fotográficos de madres y recolectora de secretos. Profesora de historia del arte contemporáneo en la UCM. Sus investigaciones conectan la cultura visual y material del siglo XX español con perspectivas de los feminismos intersecciones, las memorias y archivos disidentes. Ha trabajado en la UAM, donde se doctoró, en el Museo Reina Sofía (Departamento de Colecciones) y en la Universidad de Valencia.

Nuria Sánchez Madrid es licenciada en Filosofía, Filología Clásica y Doctora en Filosofía y Ciencias de la Religión. En el plano docente, es profesora titular de la Facultad de Filosofía de la Universidad Complutense de Madrid, especializada en pensamiento alemán clásico, en pensamiento contemporáneo, en historia de la filosofía griega y en historia de las ideas políticas. Dirige en la misma universidad el grupo de investigación Normatividad, Emociones, Discurso y Sociedad.

Este libro está impreso con tipografía
Sabon tamaño 10,7 pt.
Se terminó de imprimir en los talleres
de Kadmos en marzo de 2025.